山西博物院
古籍善本圖目

山西博物院　編著

國家圖書館出版社

子　部

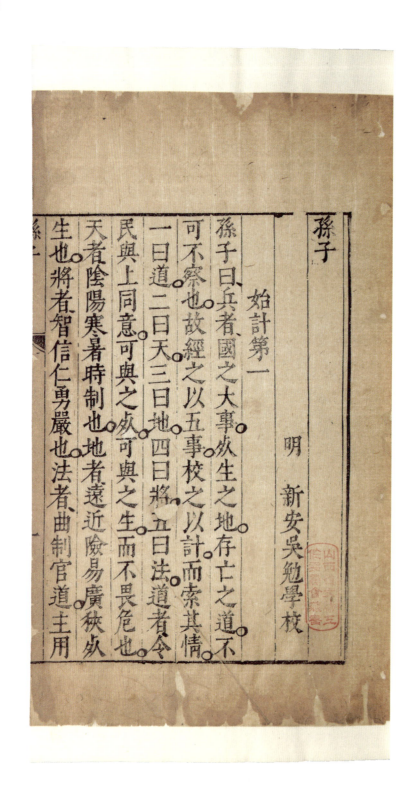

1　二十子全書一百六十九卷　（明）吳勉學編　明吳勉學刻本　二冊

半葉九行十八字，白口，左右雙邊，單黑魚尾。框高 19.9 厘米，廣 13.7 厘米。存四卷（孫子一卷、吳子一卷、鬼谷子一卷、黃石公素書一卷）。金鑲玉裝。

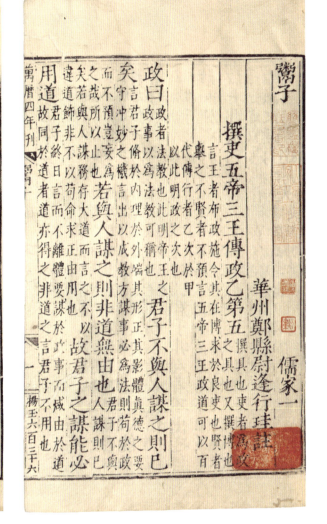

2　子彙二十四種三十四卷　〔鬻子一卷　晏子春秋内篇二卷　孔叢子三卷　陸子一卷　賈子新書二卷　小荀子一卷　鹿門子一卷　文子二卷　關尹子一卷　亢倉子一卷　鶡冠子一卷　黃石公素書一卷　天隱子一卷　玄真子外篇一卷　无能子三卷　齊丘子一卷　鄧析子一卷　尹文子一卷　公孫龍子一卷　慎子一卷　鬼谷子一卷外篇一卷　墨子一卷　子華子二卷　劉子二卷〕　（明）周子義編　明萬曆四年至五年（1576-1577）南京國子監刻本　傅增湘批校題識　十二册

　　半葉十行二十一字，白口，四周雙邊，雙順黑魚尾。框高21.7厘米，廣15.2厘米。藏印"雙鑑樓藏書印"（朱文）、"沅叔"（朱文）、"傅增湘"（白文）、"傅沅叔藏書記"（朱文）、"鋤經樓藏書印"（朱文）。版心上題"萬曆四年刊""萬曆五年刊"；下題刻工：蔣寅、郭奇、楊玉等；又題字數。傅增湘舊藏。

【儒家類】

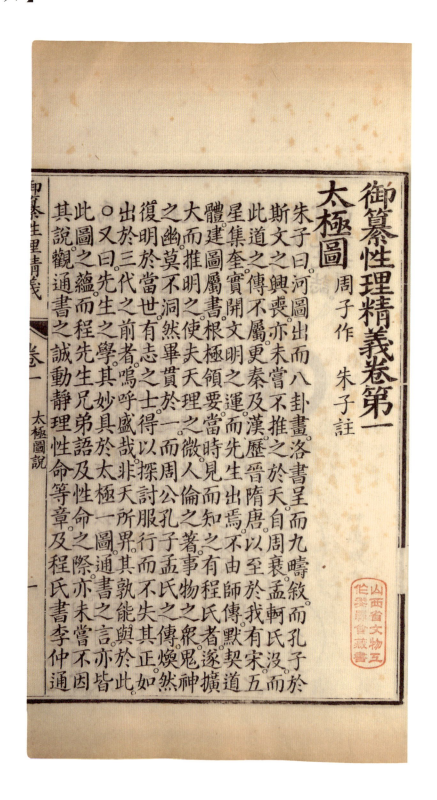

3　御纂性理精義十二卷　（清）李光地纂修　清康熙五十六年（1717）武英殿刻本　五册

半葉八行十八字，小字雙行二十一字，白口，四周雙邊，單黑魚尾。框高 22.2 厘米，廣 16 厘米。藏印"體元主人"（朱文）、"萬幾餘暇"（白文）、"渾源田氏所藏"（白文）。

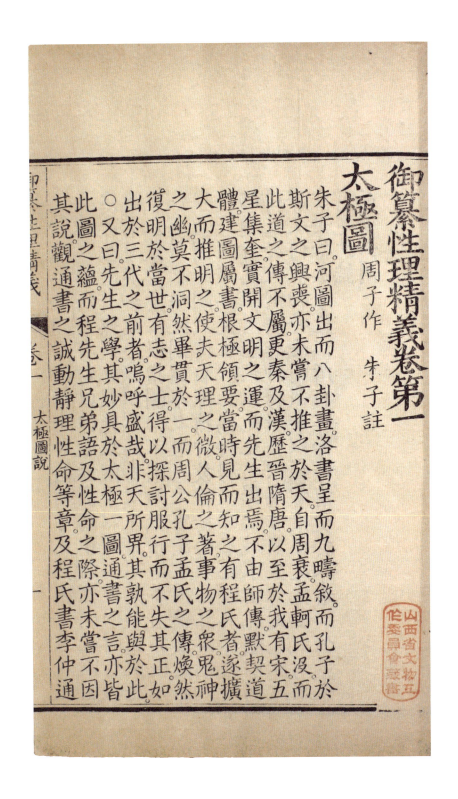

御纂性理精義卷第一

太極圖　周子作　朱子註

太極圖

朱子曰河圖出而八卦畫洛書呈而九疇敍而孔子於斯文之與喪亦未嘗不推之於天自周衰孟軻氏沒而此道之傳不屬及漢歷晉隋唐以至於我有宋五星集奎而實開文明之運而先生出焉不由師傳默契道體而推明之使夫天理之微人倫之著事物之衆鬼神之幽莫不洞然畢貫於一而周公孔子孟氏之傳燦然復明於當世有志之士得以探討服行而不失其正如大明之出於三代之前者嗚呼盛哉非天所界其孰能與於此出又曰先生之學其妙具於太極一圖通書之言皆此圖之蘊而程先生兄弟語及性命之際亦未嘗不因其說觀通書之誠動靜理性命等章及程氏書李仲通

4　御纂性理精義十二卷　（清）李光地纂修　清康熙五十六年（1717）武英殿刻本　五冊

半葉八行十八字，小字雙行二十一字，白口，四周雙邊，單黑魚尾。框高 21.7 厘米，廣 15.8 厘米。

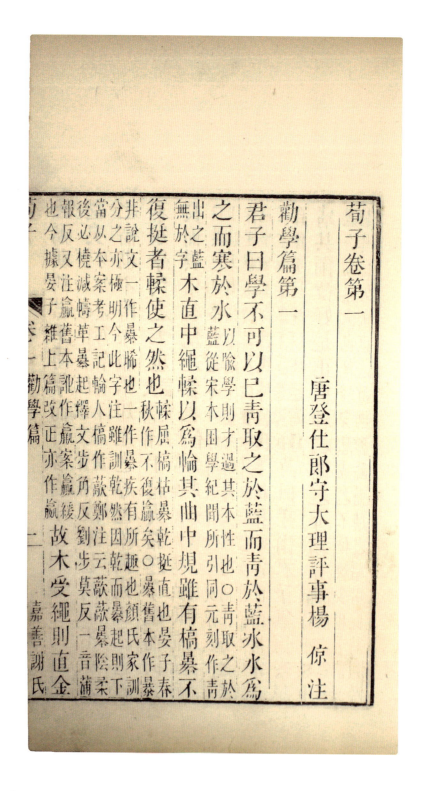

5　荀子二十卷　（唐）楊倞注　（清）謝墉輯補　校勘補遺一卷　（清）謝墉撰　清乾隆五十一年（1786）謝墉刻本　四册

　　半葉十行二十字，小字雙行同，白口，左右雙邊，單黑魚尾。框高18.5厘米，廣13.1厘米。藏印"啖蔗山房私印"（白文）、"蘽邨藏書"（朱文）。版心下題"嘉善謝氏藏版"。卷末鐫"江寧劉文奎刻字"。

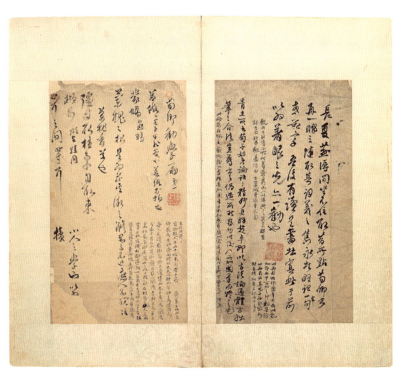

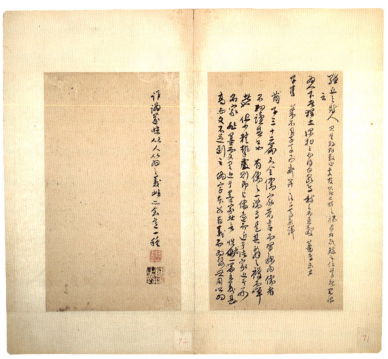

6 荀子評註三十二卷 （清）傅山撰 稿本 曹潤堂、曹克紹跋 四冊

半葉行字不等。藏印"傅山之印"（白文，大、小數枚）。入選第二批《國家珍貴古籍
名録》（04409）和第二批《山西省珍貴古籍名録》（00291）。

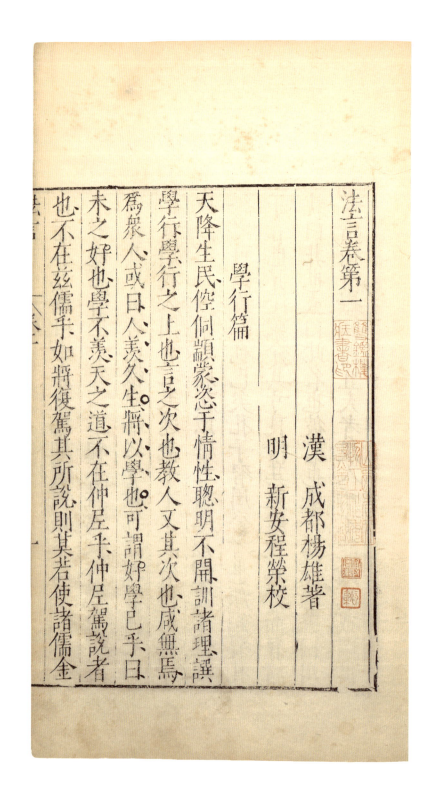

7　法言十卷　（漢）揚雄撰　明萬曆程榮刻漢魏叢書本　墨筆圈點　一册

　　半葉九行二十字，白口，左右雙邊，單白魚尾。框高 19.5 厘米，廣 14 厘米。藏印"雙鑑樓藏書印"（朱文）、"沅叔"（朱文）、"傅增湘"（朱文）、"傅沅叔藏書記"（朱文）。末頁墨筆題"江安傅氏迪后堂藏"。傅增湘舊藏。

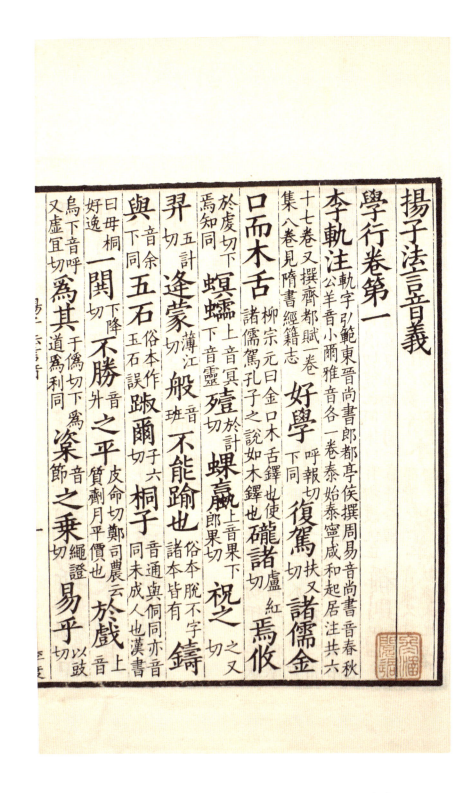

8　揚子法言十三卷　（漢）揚雄撰　（晉）李軌注　音義一卷　清嘉慶二十三年（1818）石研齋影宋刻本　一冊

　　半葉十行十八字，小字雙行二十四字，白口，左右雙邊，單黑魚尾。框高 20.5 厘米，廣 17 厘米。存一卷（音義一卷）。藏印"雲輪閣"（朱文）、"荃孫"（朱文）。有牌記"嘉慶二十三年石研齋秦氏重刻"。繆荃孫舊藏。

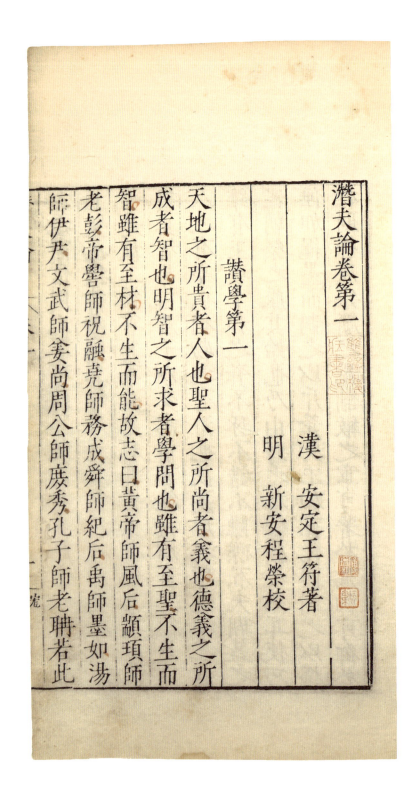

9　潛夫論十卷　（漢）王符撰　明萬曆程榮刻漢魏叢書本　朱筆圈點　二冊

　　半葉九行二十字，白口，左右雙邊，單白魚尾。框高 19.8 厘米，廣 13.9 厘米。藏印“雙鑑樓藏書印”（朱文）、“傅增湘”（朱文）、“沅叔”（朱文）、“傅沅叔藏書記”（朱文）。版心下題刻工：鋒、梓等。末葉墨筆題“江安傅氏迪后堂藏”。傅增湘舊藏。

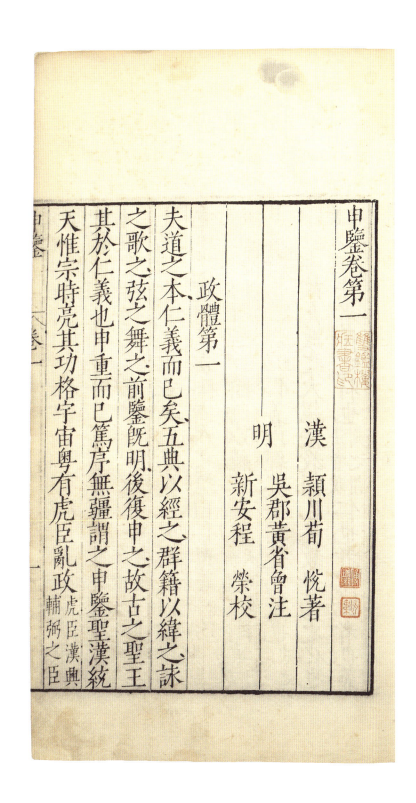

申鑒卷第一

　　　　漢　潁川荀　悅著

　　明　　吳郡黃省曾注

　　　　　新安程　榮校

政體第一

夫道之本仁義而已矣五典以經之群籍以緯之詠
之歌之弦之舞之前鑒既明後復申之故古之聖王
其於仁義也申重而已篤序無疆謂之申鑒聖漢統
天惟宗特亮其功格宇宙粵有虎臣亂政輔弼之臣〔虎臣漢興輔弼之臣〕

10　**申鑒五卷**　（漢）荀悅撰　（明）黃省曾注　明萬曆程榮刻漢魏叢書本　傅增湘批注　一冊
　　半葉九行二十字，白口，左右雙邊，單白魚尾。框高 19.8 厘米，廣 13.9 厘米。藏印"雙鑑樓藏書印"（朱文）、"沅叔"（朱文）、"傅增湘"（朱文）、"傅沅叔藏書印"（朱文）。版心下題刻工：柱、俊等。卷五末葉墨筆題"江安傅氏迪后堂藏"。傅增湘舊藏。

321

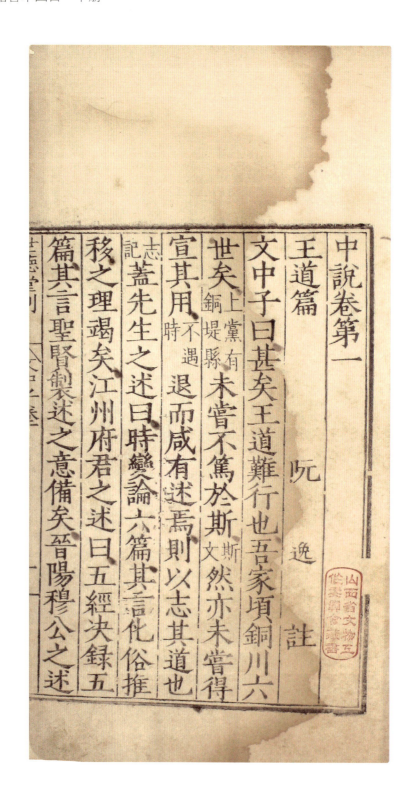

11　**中說十卷**　（隋）王通撰　（宋）阮逸注　明嘉靖十二年（1533）顧春世德堂刻六子書本　四册

　　半葉八行十七字，小字雙行同，白口，四周雙邊，單白魚尾。框高19.4厘米，廣14.1厘米。版心上題"世德堂刊"。

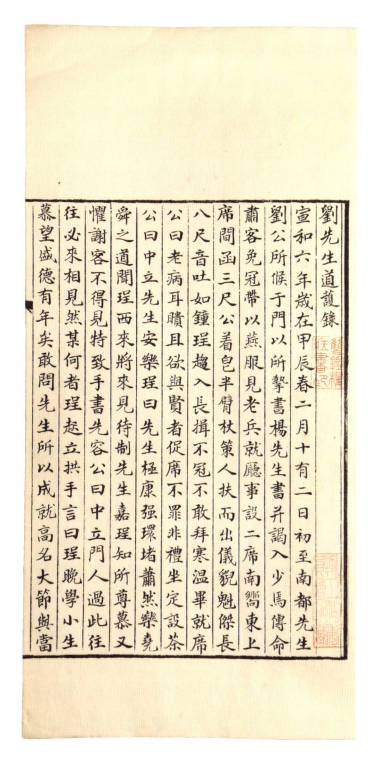

劉先生道護錄

宣和六年歲在甲辰春二月十有二日初至南都先生

劉公所候于門以所挈書楊先生書并謁入少焉傳命

蕭客免冠著帶以燕服見老兵就廳事設二席南嚮東上

席間函三尺公著皂半臂杖策人扶而出不冠不敢拜寒溫畢就長

八尺音吐如鐘程趨入長揖不罪非禮坐設茶

公曰老病耳瞶且欲與賢者促席不設茶

公曰中立先生安樂程曰先生極康強環堵蕭然樂堯

舜之道聞程西來將來見待制先生嘉程知所尊慕又

懼謝客不得見特致手書先容公曰中立門人過此往

往必來相見然某何者程趨立拱手言曰程晚學小生

慕望盛德有年矣敢問先生所以成就高名大節與當

12 劉先生譚錄一卷劉先生道護錄一卷 （宋）劉安世撰 民國傅氏雙鑑樓抄本 傅增湘題
識 一册

半葉十二行二十一字，白口，左右雙邊，單黑魚尾。框高20.2厘米，廣14.6厘米。藏
印"雙鑑樓藏書印"（朱文）、"傅沅叔藏書記"（朱文）、"沅叔"（朱文）、"傅"（白
文）。傅氏雙鑑樓據抄本《諸儒鳴道》轉錄。傅增湘舊藏。

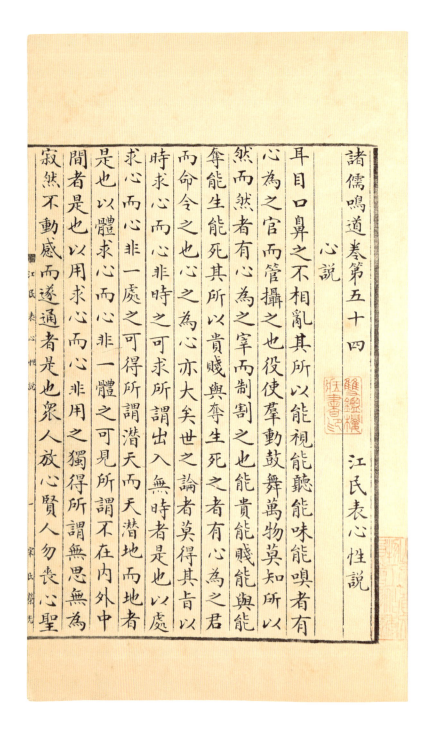

13　江民表心性説一卷　（宋）江民表撰　崇安聖傳論二卷　（宋）劉子翬撰　民國傅氏雙鑑樓抄本　傅增湘批校題識　一冊

　　半葉十二行二十一字，白口，左右雙邊，單黑魚尾。框高 20.1 厘米，廣 14.6 厘米。藏印"沅叔校勘"（朱文）、"耽書是宿緣"（朱文）、"沅叔手校"（朱文）、"雙鑑樓藏書印"（朱文）、"傅沅叔藏書記"（朱文）、"校書亦已勤"（白文）。版心下題"宋氏榮光樓抄本"。欄外上鎸"江安傅氏鈔本"。傅氏雙鑑樓據明寫本《諸儒鳴道》卷五十四、六十九至七十轉録。傅增湘舊藏。

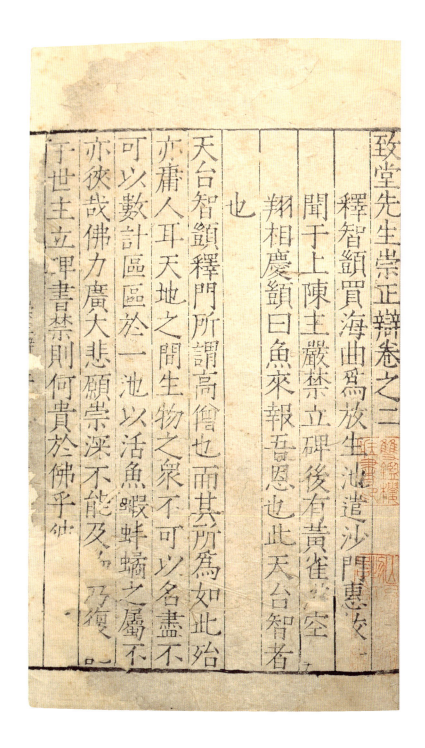

致堂先生崇正辯卷之二

釋智顗買海曲爲放生池遣沙門惠

聞于上陳主嚴禁立碑後有黃雀空

翔相慶顗曰魚來報吾恩也此天台智者

也

天台智顗釋門所謂高僧也而其所爲如此始

亦庸人耳天地之間生物之衆不可以名盡不

可以數計區區於一池以活魚鰕蚌蠣之屬不

亦狹哉佛力廣大悲願崇深不能及乃復

于世主立甲書禁則何貴於佛乎仲

14　致堂先生崇正辯三卷　（宋）胡寅撰　明刻本　四冊

　　半葉十行十八字，白口，四周單邊。框高 18.2 厘米，廣 13.4 厘米。存二卷（二至三）。
藏印“雙鑑樓藏書印”（朱文）、“傅沅叔藏書記”（朱文）。版心下題刻工：余堅等。傅
增湘舊藏。

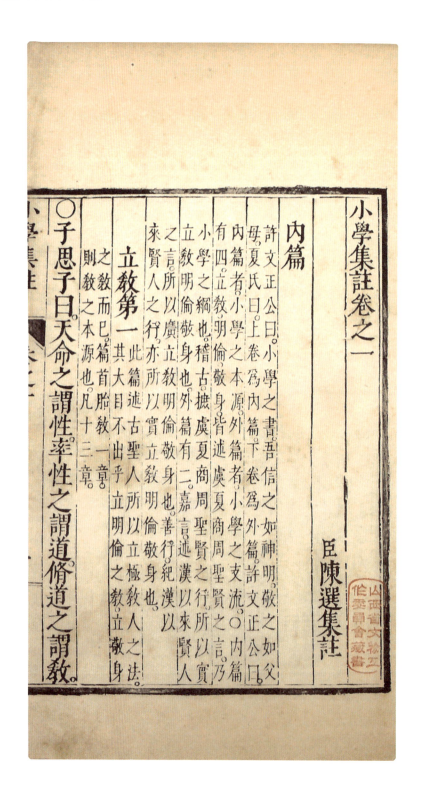

15　小學集註六卷　（明）陳選撰　明崇禎八年（1635）内府刻本　二册
　　半葉十行二十字，小字雙行同，白口，四周雙邊，單黑魚尾。框高20厘米，廣15厘米。

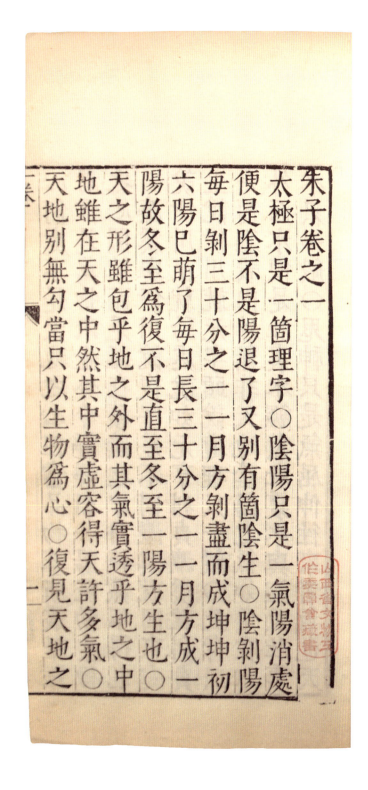

朱子卷之一

太極只是一箇理字○陰陽只是一氣陽消處
便是陰不是陽退了又別有箇陰生○陰剝陽
每日剝三十分之一一月方剝盡而成坤坤初
六陽已萌了每日長三十分之一一月方成一
陽故冬至爲復不是直至冬至一陽方生也○
陽之形雖包乎地之外而其氣實透乎地之中
天雖在天之中然其氣實虛容得天許多氣○
地雖別無勾當只以生物爲心○復見天地之
天地別無勾當只以生物爲心○復見天地之

16 朱子節要十四卷 （明）高攀龍撰 明萬曆三十年（1602）刻本 二冊

半葉九行十八字，白口，四周單邊，單黑魚尾。框高 19.1 厘米，廣 11.3 厘米。

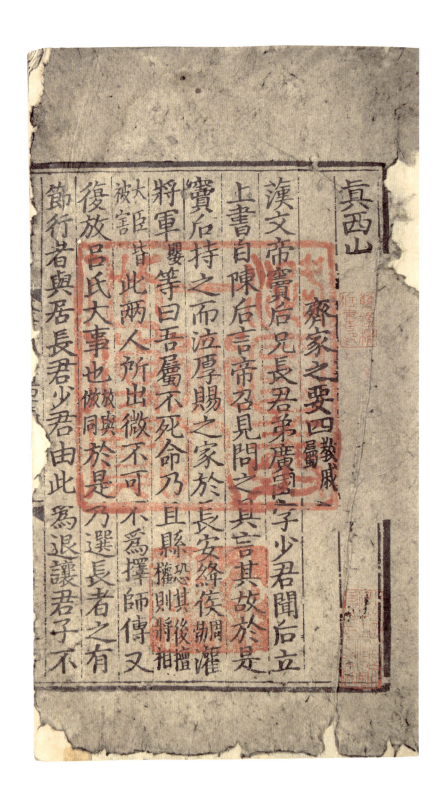

17　真西山讀書記乙集上大學衍義四十三卷　（宋）真德秀撰　明刻本　一册

　　半葉九行十七字，白口，四周雙邊，雙順黑魚尾。框高 22.8 厘米，廣 15.6 厘米。存一
卷（四十三）。藏印"潞國敬一道人世傳寶"（朱文）、"雙鑑樓藏書印"（朱文）、"傅
沅叔藏書印"（朱文）。傅增湘舊藏。

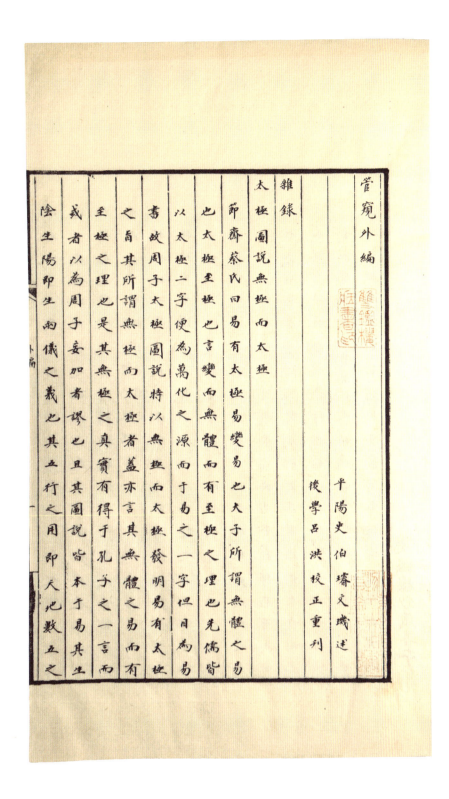

18 管窺外編一卷 （元）史伯璿撰　民國傅氏雙鑑樓抄本　一冊

半葉十三行二十字，黑口，左右雙邊，單黑魚尾。框高20厘米，廣14.3厘米。藏印"雙鑑樓藏書印"（朱文）、"傅沅叔藏書記"（朱文）。欄外下鐫"雙鑑樓鈔藏善本"。傅氏雙鑑樓據汲古閣藏明成化刻本傳抄。傅增湘舊藏。

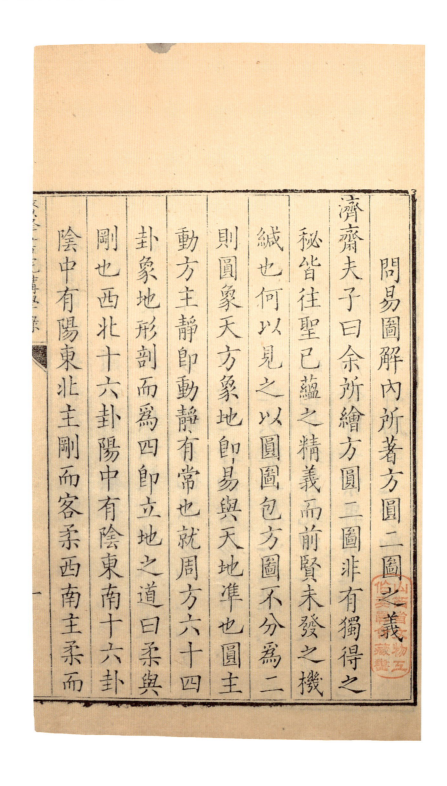

問易圖觧內所著方圓二圖之義

濟齋夫子曰余所繪方圓二圖非有獨得之

秘皆往聖已蘊之精義而前賢未發之機

緘也何以見之以圓圖包方圖不分爲二

則圓象天方象地即易與天地準也圓主

動方主靜卽動靜有常也就周方六十四

卦象地形剖而爲四卽立地之道曰柔與

剛也西北十六卦陽中有陰東南十六卦

陰中有陽東北主剛而客柔西南主柔而

19　鰲峰書院講學録附實踐録不分卷　（清）德沛撰　清乾隆刻本　五册

半葉九行十七字，白口，四周雙邊，單黑魚尾。框高 18.9 厘米，廣 13.9 厘米。包背裝。

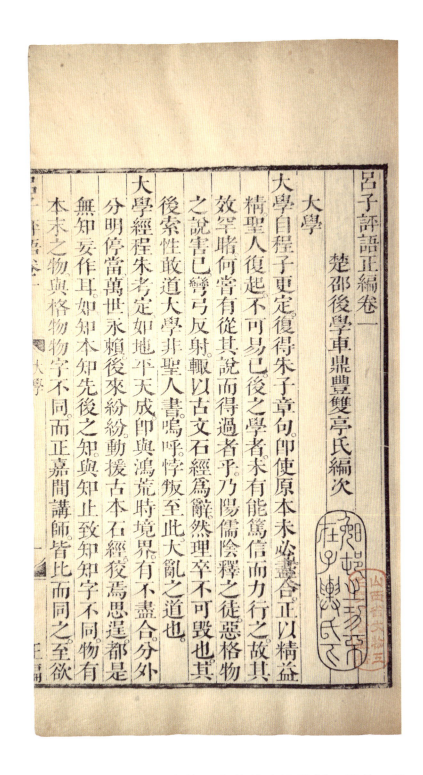

20　呂子評語正編四十二卷附刻一卷首一卷餘編八卷附刻一卷首一卷　（清）呂留良撰　（清）車鼎豐編次　清康熙五十五年（1716）車鼎豐晚聞軒刻本　十二册

半葉十二行二十五字，白口，左右雙邊，雙對黑魚尾。框高 19.5 厘米，廣 13.8 厘米。藏印"寶坻顧氏慎齋藻鑒"（朱文）。内封題"晚邨呂子評語正編　楚邵車雙亭編次　晚聞軒藏板""康熙丙申秋仲新鐫"；"晚邨呂子評語餘編　楚邵車雙亭編次　晚聞軒藏板""康熙丙申孟冬新鐫"。

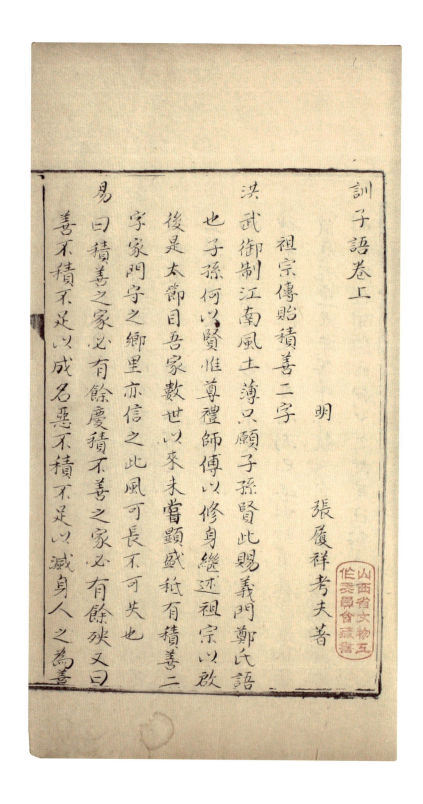

21　訓子語一卷　（明）張履祥撰　清抄本　一册

　　半葉九行二十字，白口，四周雙邊，單黑魚尾。框高 19.8 厘米，廣 13.8 厘米。藏印"雪苑宋氏蘭揮藏書記"（朱文）、"己丑進士太史圖書"（白文）、"友竹軒"（朱文）。

文王之爲世子。朝於王季日三。雞初鳴而衣服至於寢
門外問內豎之御者曰。今日安否何如。內豎曰安。王
乃喜。及日中又至。亦如之。及暮又至。亦如之。其有不安
節。則內豎以告文王。文王色憂行不能正履王季復膳
然後亦復初食上。必在視寒煖之節食下。問所膳命膳
宰曰末有原應曰諾然後退
王季是文王之父。文王爲世子時。朝見王季。每日凡
三次。雞初鳴時即起著衣服。到王季寢門外間內豎
之供御者曰今日安否何如。內豎對曰安文王喜形
於色。及日中時文王又到問安也。似早間一般及日

22　養正圖解不分卷　（明）焦竑撰　（明）丁雲鵬繪　明萬曆刻本　四冊
　　半葉十行二十一字，白口，四周單邊，單黑魚尾。框高23.2厘米，廣16厘米。藏印"雙
鑑樓藏書印"（朱文）、"沅叔"（朱文）、"雙鑑樓"（朱文）、"傅沅叔藏書印"（朱
文）、"傅增湘"（白文）。內封題"養正圖解　焦狀元訓釋原本　金陵五雅堂發兑"。傅
增湘舊藏。

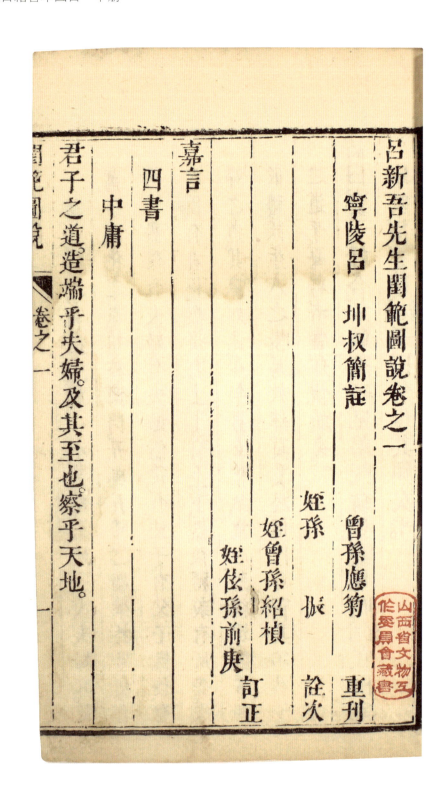

23　呂新吾先生閨範圖說四卷　（明）呂坤撰　明呂應菊刻本　六册

半葉九行二十二字，小字雙行同，白口，四周雙邊，單黑魚尾。框高20.7厘米，廣13厘米。

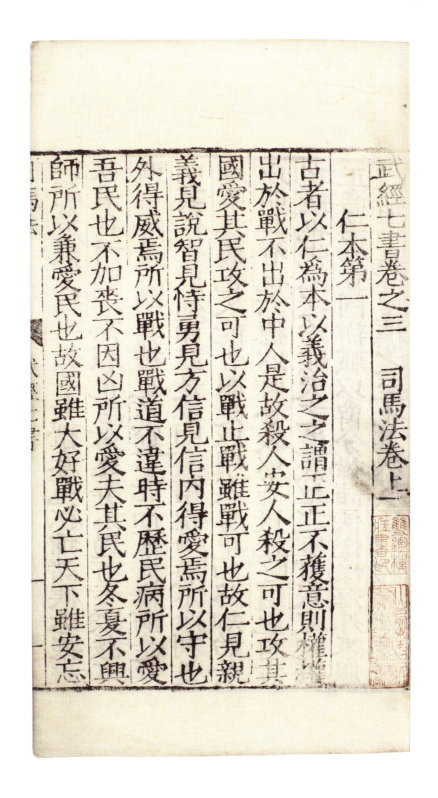

師所以兼愛民也故國雖大好戰必亡天下雖安忘
吾民也不加喪不因凶所以愛夫其民也冬夏不興
外得威焉所以戰也戰道不違時不歷民病所以愛
義見說智見恃勇見方信見信內得愛焉所以守也
國愛其民攻之可也以戰止戰雖戰可也故仁見親
出於戰不出於中人是故殺人安人殺之可也攻其
古者以仁為本以義治之之謂正正不獲意則權

仁本第一

武經七書卷之三　司馬法卷上

24　**武經七書二十五卷**　明嘉靖刻本　一冊

　　半葉九行二十字，白口，四周單邊，單黑魚尾。框高21.2厘米，廣15.5厘米。存六卷（司馬法三卷、唐太宗李衛公問對三卷）。藏印"傅沅叔藏書記"（朱文）。傅增湘舊藏。

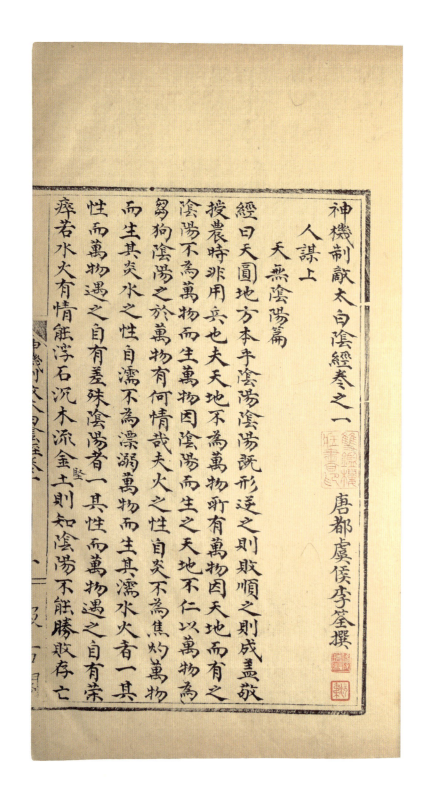

25 神機制敵太白陰經十卷 （唐）李筌撰　明末毛氏汲古閣抄本　二冊

　　半葉十行二十四字，白口，四周雙邊，單黑魚尾，無行格。框高21.1厘米，廣13.8厘米。版心下題“汲古閣”。藏印“何元錫印”（白文）、“敬祉”（白文）、“錢唐何氏夢華館嘉慶甲子後所得書”（朱文）、“雙鑑樓藏書印”（朱文）、“傅沅叔藏書記”（朱文）、“沅叔”（朱文）、“企驥軒”（白文）、“傅增湘”（白文）。傅增湘舊藏。

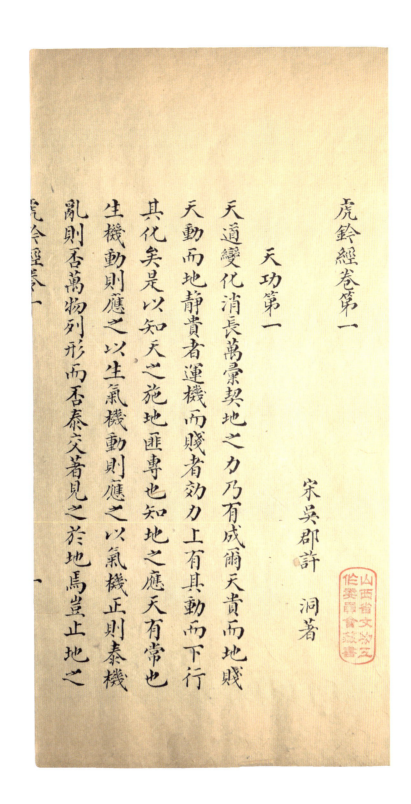

虎鈐經卷第一

　　　　　　　　　　　宋吳郡許　洞著

天功第一

天道變化消長萬彙契地之力乃有成爾天貴而地賤
天動而地靜貴者運機而賤者効力上有其動而下行
其化矣是以知天之施地匪專也知地之應天有常也
生機動則應之以生氣機動則應之以氣機正則泰機
亂則否萬物列形而否泰交著見之於地焉豈止地之

虎鈐經卷第一

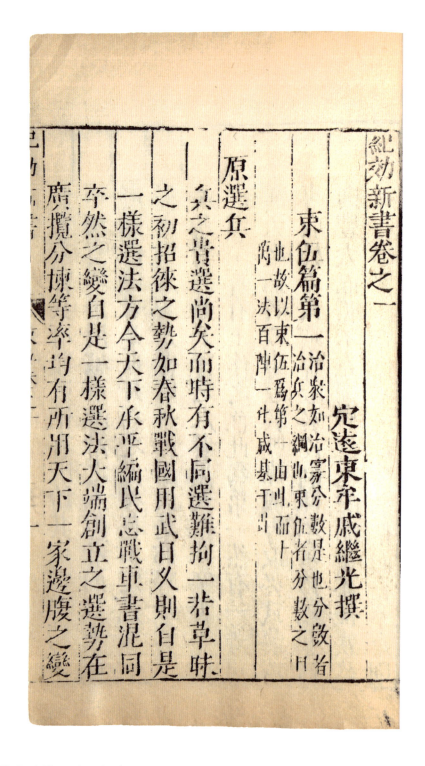

27　紀效新書十八卷　（明）戚繼光撰　明萬曆二十三年（1595）嶺南書林明雅堂江殿卿刻本　八册

　　半葉十行二十字，白口，四周單邊，單黑魚尾。框高20.1厘米，廣14.1厘米。藏印"李氏珍藏"（朱文）、"削凡心賞"（白文）。内封題"紀效新書　定遠戚侯著　武略正宗百將先資　本堂藏板"。卷末題"明雅堂江殿卿重刻發行"。目録葉下題"嶺南書林江殿卿重刻發行"。

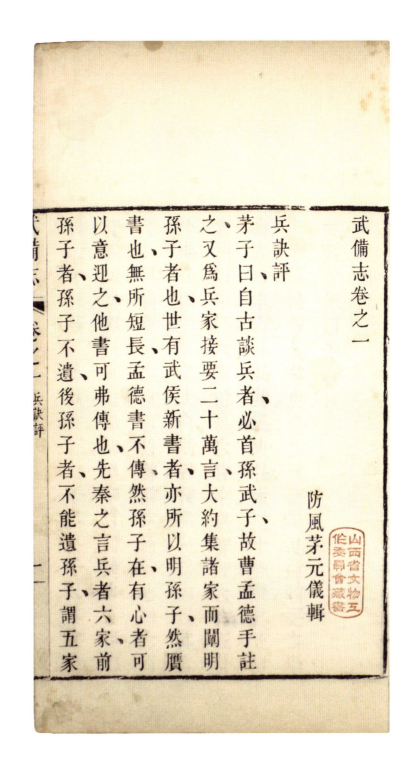

武備志卷之一

防風茅元儀輯

兵訣評

茅子曰、自古談兵者必首孫武子、故曹孟德手註
之、又爲兵家接要二十萬言大約集諸家而闡明
孫子者也、世有武侯新書者、亦所以明孫子然贋
書也、無所短長孟德書不傳然孫子在有心者可
以意迎之他書可弗傳也先秦之言兵者六家、前
孫子者孫子不遺後孫子者不能遺孫子謂五家

28　武備志二百四十卷　（明）茅元儀輯　清道光活字印本　七十二冊

　　半葉九行十九字，小字雙行同，白口，四周單邊，單黑魚尾。框高 19.5 厘米，廣 15 厘米。藏印"常運隆印"（朱白文）、"子崇"（朱文）。

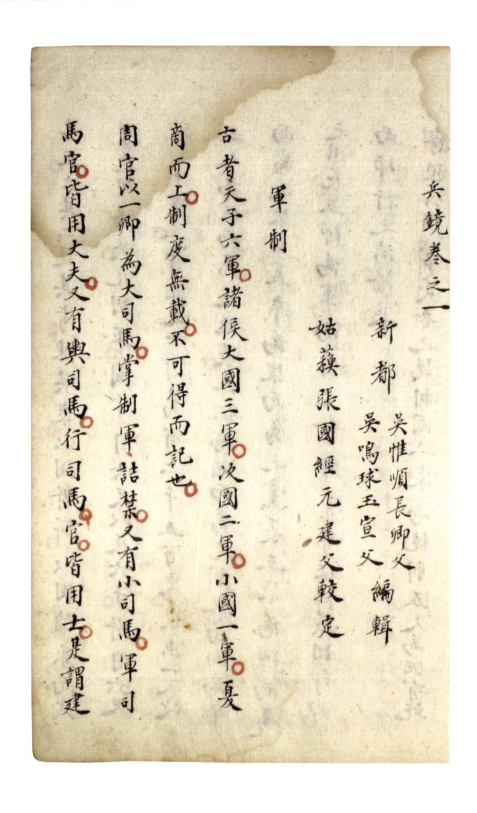

兵鏡卷之一

新都　　吳惟順長卿父　編輯

　　　　吳鳴球玉宣父

姑蘇　張國經元建父較定

軍制

古者天子六軍諸侯大國三軍次國二軍小國一軍夏

商而上制度無載不可得而記也

周官以一卿為大司馬掌制軍詰禁又有小司馬軍司

馬官皆用大夫又有興司馬行司馬官皆用士是謂建

29　兵鏡十八卷綱目一卷　（明）吳惟順　（明）吳鳴球撰　清抄本　朱筆批點　十一冊
半葉八行字數不等。無欄格。

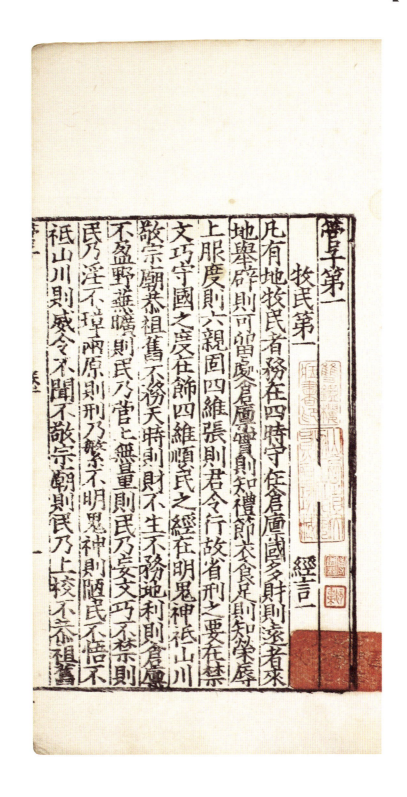

30 管子二十四卷 明刻本 四册

　　半葉十行二十一字，白口，左右雙邊。框高17.3厘米，廣12.1厘米。藏印"雙鑑樓藏書印"（朱文）、"沅叔"（朱文）、"傅增湘"（白文）、"傅沅叔藏書記"（朱文）。傅增湘舊藏。

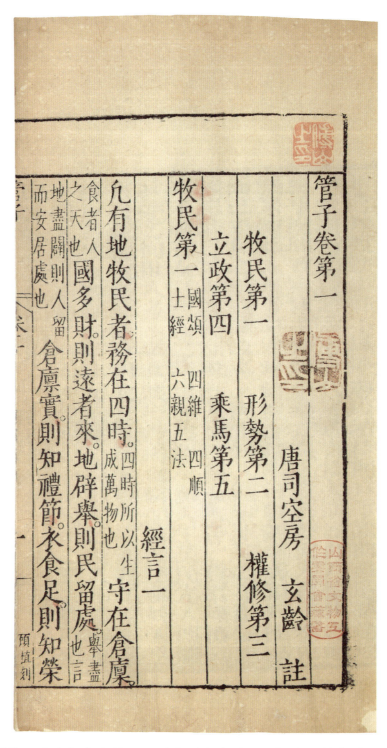

31 管子二十四卷 （唐）房玄齡注 明萬曆十年（1582）趙用賢管韓合刻本 清傅山批校 十六冊

上下兩欄。半葉九行十九字，小字雙行同，白口，四周單邊，單白魚尾。框高22厘米，廣13厘米。存十六卷（一至八、十七至二十四）。藏印"傅山之印"（白文）。版心下題刻工：顧時中、章扱、顧植、劉廷惠、何成德、何成業、章扡等。清傅山舊藏。入選第三批山西省珍貴古籍名錄（00376）。

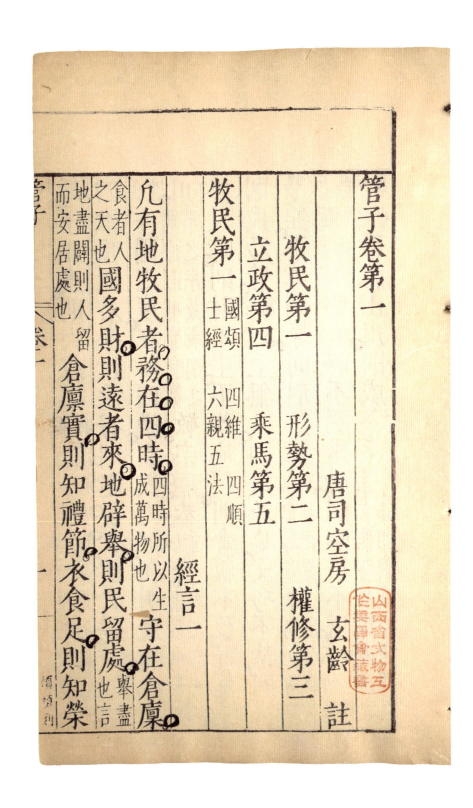

管子卷第一

唐司空房 玄齡 註

牧民第一

形勢第二

權修第三

立政第四

乘馬第五

牧民第一 國頌 四維 四順 十經 六親五法

經言一

凡有地牧民者務在四時 四時所以生守在倉廩 成萬物也

食者人之天也 國多財則遠者來地辟舉則民留處也 地盡闢則人留而安居處也 倉廩實則知禮節衣食足則知榮 舉盡

倉廩 顧頌刻

32　管子二十四卷　（唐）房玄齡注　明萬曆十年（1582）趙用賢管韓合刻本　十二冊

上下兩欄。半葉九行十九字，小字雙行同。白口，四周單邊，單白魚尾。框高 22 厘米，廣 13 厘米。版心下題刻工：顧時中、章掖、顧植、劉廷惠、何成德、何成業、章抛等。

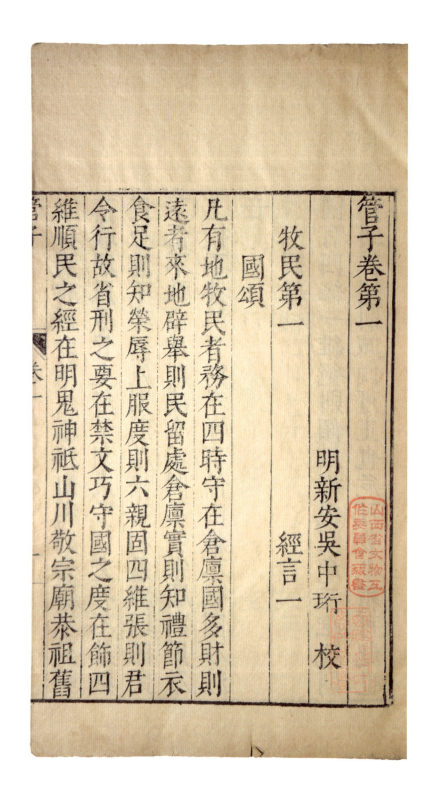

33 管子二十四卷 明刻本 四册

　　半葉九行十八字，白口，左右雙邊，單黑魚尾。框高 19.5 厘米，廣 14.2 厘米。藏印"西城范氏貞如藏書"（朱文）。范貞如舊藏。

韓非子卷之十二

外儲說左第三十三

一以罪受誅人不怨上罪當故躬危坐子皐雖刑之有不

忍之心朞者以功當故不

懷恩報德以功受賞臣不德君以爲德不知功當故不知功當故也翟璜操

右躬而乘軒功當受寵故無慼

卯五乘而履驕五乘功大賞薄猶富人而履驕也

卯西郭東止齊大賞薄襄王不知不知厚賞而王唯養之故昭

上不過任臣不誣能即臣將爲失少室周事襄王

二恃勢而不恃信恃信則有時不信

信者即進之以自代周以勇力

信不誣人有勇力多

已者即進之以自代

二恃勢則信者不生心故

管仲以危矣公欲專仲國柄牙以仲雖忠矣儻

公因命仲理外隰朋治勺

---

34 韓非子二十卷 明刻本 二冊

半葉十行二十字，白口，左右雙邊，單黑魚尾。框高 20.1 厘米，廣 15.2 厘米。存十卷（十一至二十）。藏印"芷齋圖籍"（朱文）、"沅叔"（朱文）、"雙鑑樓藏書印"（朱文）、"傅沅叔藏書記"（朱文）、"傅增湘"（白文）。傅增湘舊藏。

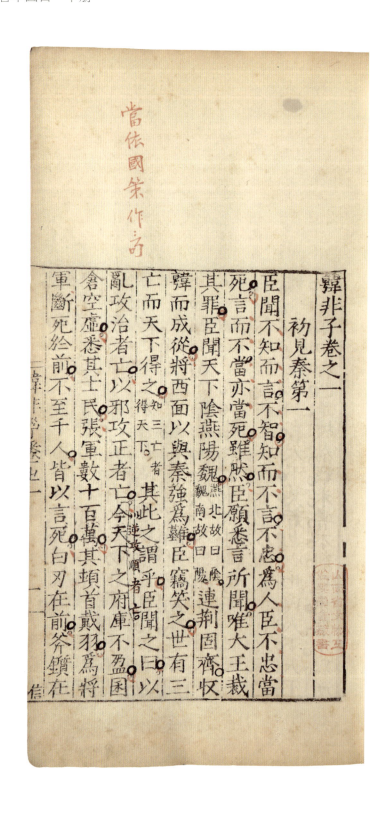

35　**韓非子二十卷**　明嘉靖四十年（1561）張鼎文刻本　朱、墨筆圈點　四册

　　半葉十行二十字，小字雙行同，白口，四周單邊。框高 18 厘米，廣 13.3 厘米。卷十末鐫"順齋張鼎文伯甫校刊"。版心下題刻工：信、同等。金鑲玉裝。

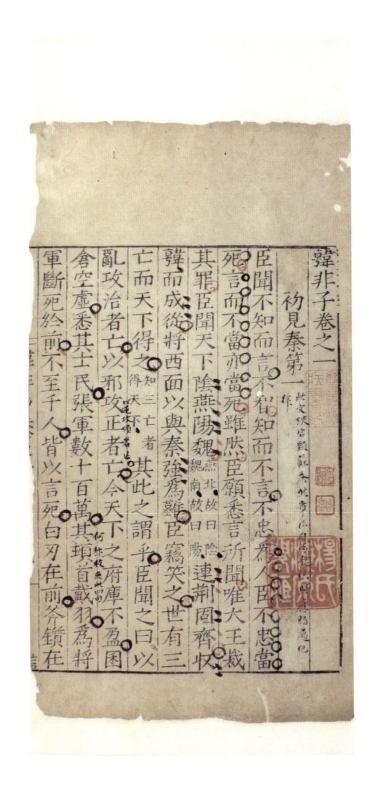

36　韓非子二十卷　明嘉靖四十年（1561）張鼎文刻本　二冊

　　半葉十行二十字，小字雙行同，白口，四周單邊。框高17.3厘米，廣13厘米。藏印"李文藻印"（白文）、"南澗居士"（朱文）、"楊氏海源閣藏"（白文）、"傅增湘"（白文）、"沅叔"（朱文）、"雙鑑樓藏書印"（朱文）。版心下題刻工：信、艮等；又題字數。經清李文藻、楊氏海源閣及傅增湘遞藏。

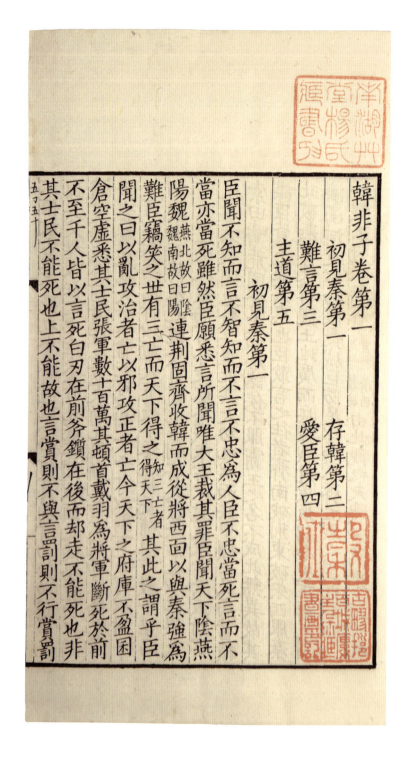

37　韓非子二十卷　清嘉慶二十三年（1818）吳鼒影宋刻本　識誤三卷　（清）顧廣圻撰　清嘉慶二十三年（1818）吳鼒刻本　二册

　　半葉十三行二十四字，小字雙行同，細黑口，四周單邊，雙順黑魚尾。框高18.1厘米，廣13.3厘米。藏印“古嚳攤百城樓主人珍藏書畫印記”（朱文）、“縠士”（朱文）、“廖世蔭印”（白文）、“南湖草堂楊氏藏書印”（朱文）。内封題“乾道本韓非子廿卷　嘉慶二十三年重刊”。有牌記“全椒吳氏四世學士祠堂藏板”。

棠陰比事

向相訪賊錢推求奴

丞相向敏中判西京時有僧過村舍求宿主
人不許遂宿於門外夜半忽見有賊攜一婦
人幷物踰牆者僧恐明日爲主人所執因亡
去走荒草中誤墜眢井而踰牆婦人已爲人
殺在其中既而主人蹤迹捕獲送官不勝拷
掠遂自誣服但云賊與刀罾在井旁不知何
人持去獄成公獨以賊仗不獲疑之詰問數
四僧云前生負此人命無可言者力問之乃

38　棠陰比事一卷　（宋）桂萬榮撰　清道光二十九年（1849）刻本　一冊

　　半葉十行十八字，白口，左右雙邊，單黑魚尾。框高23.3厘米，廣17.6厘米。藏印"張"
（朱文）。清道光二十九年（1849）據嘉慶十三年（1808）影宋本刊刻。

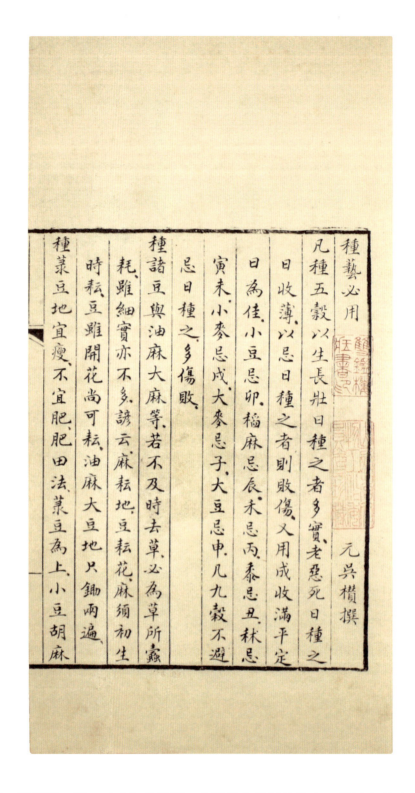

39　種藝必用一卷補遺一卷　（元）吳欑撰　民國傅氏雙鑑樓抄本　傅增湘題識　一册

　　半葉十行二十至二十一字，白口，四周單邊，單黑魚尾。框高 16.8 厘米，廣 13.2 厘米。藏印“雙鑑樓藏書印”（朱文）、“傅沅叔藏書記”（朱文）、“薀庵”（朱文）。封面有傅增湘題記“種藝必用一卷　元吳欑撰。自永樂大典內録出。丁丑九月朔藏園老人記。”欄外下鎸“長春室寫本”。傅增湘舊藏。

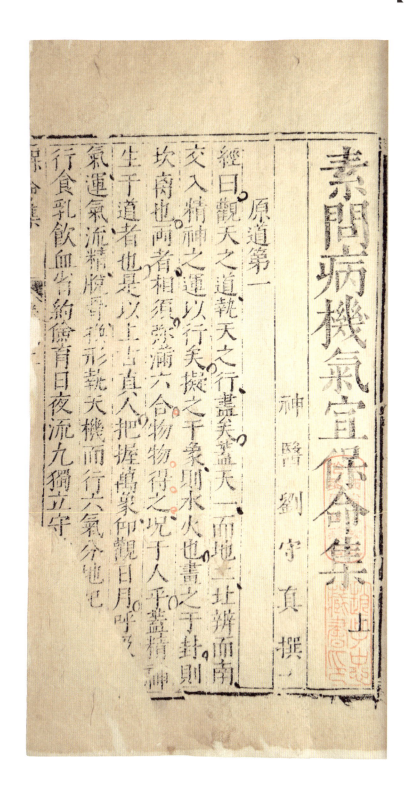

40　素問病機氣宜保命集三卷　（金）劉完素撰　明怀德堂刻本　朱筆點校　三册

半葉十行二十二字，白口，四周雙邊。框高 19.5 厘米，廣 13 厘米。藏印"趙子忠藏書印"（朱文）。版心上題"保命集"。

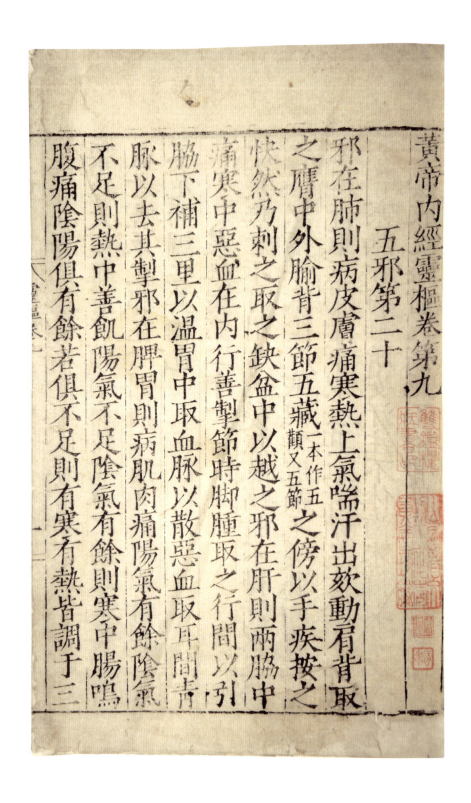

黃帝內經靈樞卷第九

五邪第二十

邪在肺則病皮膚痛寒熱上氣喘汗出欬動肩背取
之膺中外腧背三節五藏一本作五藏又五節之傍以手疾按之
快然乃刺之取之缺盆中以越之邪在肝則兩脅中
痛寒中惡血在内行善掣節時脚腫取之行間以引
脅下補三里以溫胃中取血脈以散惡血取耳間青
脈以去其掣邪在脾胃則病肌肉痛陽氣有餘陰氣
不足則熱中善飢陽氣不足陰氣有餘則寒中腸鳴
腹痛陰陽俱有餘若俱不足則有寒有熱皆調于三

41 新刊黃帝內經靈樞二十四卷 （宋）史崧音釋 明刻本 二册

　　半葉十行二十字，白口，左右雙邊，單白魚尾。框高 19.8 厘米，廣 13.9 厘米。存十二卷（九至十六、二十一至二十四）。藏印"雙鑑樓藏書印"（朱文）、"沅叔"（朱文）、"傅增湘"（白文）、"傅沅叔藏書記"（朱文）。傅增湘舊藏。

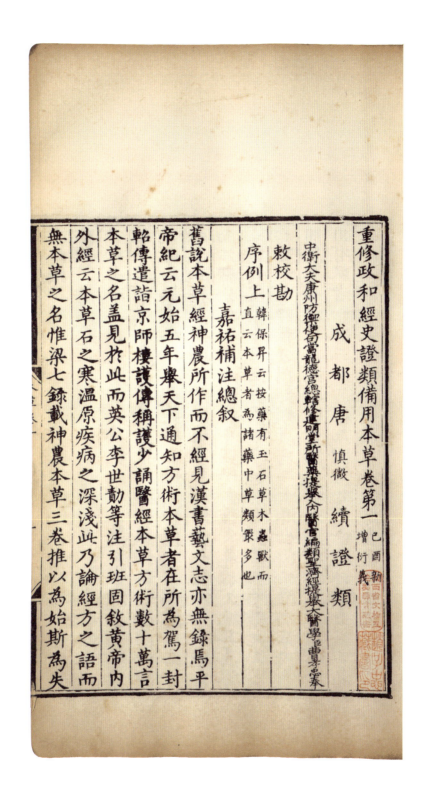

42　重修政和經史證類備用本草三十卷　（宋）唐慎微撰　（宋）寇宗奭衍義　明萬曆十五年
（1587）内府刻本　十冊

　　半葉十二行二十三字，粗黑口，四周雙邊，雙對黑魚尾。框高 29.5 厘米，廣 22.6 厘米。
藏印"趙子忠藏書印"（朱文）。

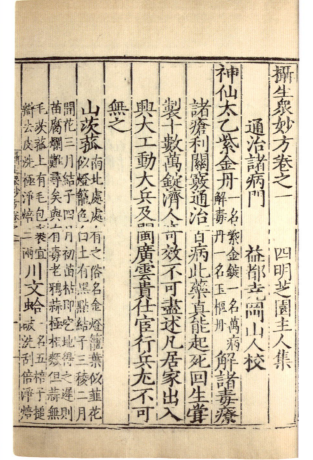

43　攝生眾妙方十一卷急救良方二卷　（明）張時徹輯　明隆慶三年（1569）衡府刻本　四冊
　　半葉十行十八至二十字，小字雙行十八字，白口，四周雙邊。框高20.1厘米，廣15.7厘米。
《急救良方》半葉十行十九至二十字，白口，四周雙邊。框高20.4厘米，廣16厘米。此書
與《元敖氏傷寒金鏡錄》合函。

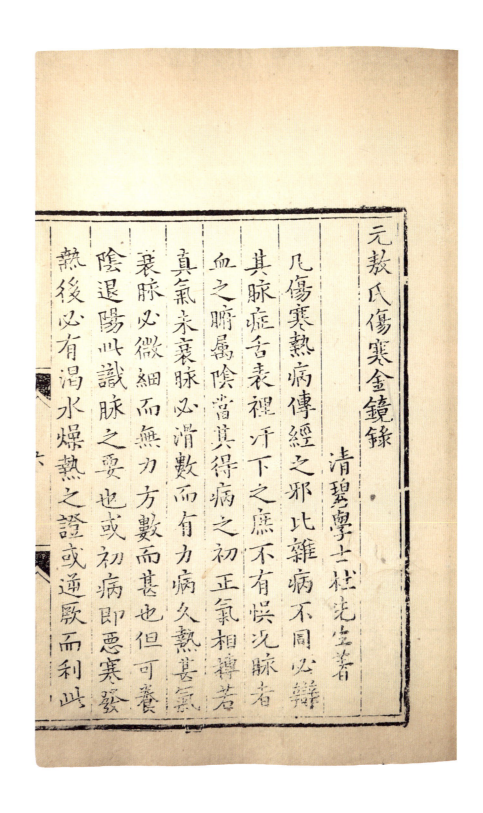

元敖氏傷寒金鏡錄

清碧學士杜先生著

凡傷寒熱病傳經之邪此雜病不同必辨
其脉症舌表裡汗下之應不有慎況脉者
血之蹯屬陰當其得病之初正氣相摶若
真氣未衰脉必滑數而有力病久熱甚氣
衰脉必微細而無力方數而甚也但可養
陰退陽此識脉之要也或初病即惡寒發
熱後必有渴水燥熱之證或通歇而利此

44 元敖氏傷寒金鏡錄一卷 （元）杜清碧撰 明嘉靖三十八年（1559）北海馬崇儒刻本 一册
半葉九行十六字，白口，四周雙邊，雙順黑魚尾。框高18.2厘米，廣13.3厘米。此書與《攝
生衆妙方》《急救良方》合函。

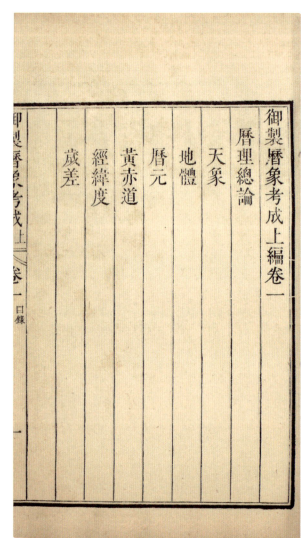

45　御製律曆淵源一百卷　（清）允祉　（清）允禄纂修　清雍正二年（1724）內府刻

本　十三冊

　　半葉九行二十字，小字雙行同，白口，四周雙邊，單白魚尾。框高20厘米，廣14.7厘米。存二十六卷（曆象考成上篇十六卷、下篇十卷）。

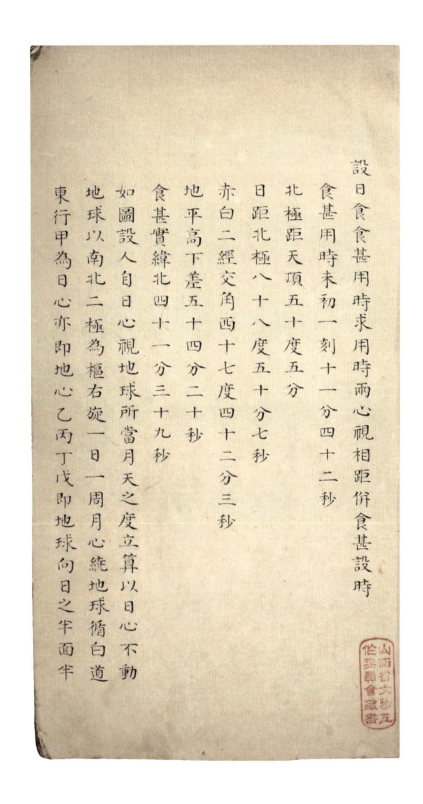

設日食食甚用時求用時兩心視相距俯食甚設時

食甚用時未初一刻十一分四十二秒

北極距天頂五十度五分

日距北極八十八度五十分七秒

赤白二經交角西十七度四十二分三秒

地平高下差五十四分二十秒

食甚實緯北四十一分三十九秒

如圖設人自日心視地球所當月天之度立算以日心不動

地球以南北二極為樞右旋一日一周月心繞地球循白道

東行甲為日心亦即地心乙丙丁戊即地球向日之半面半

46　日食不分卷　（清）陳書撰　清乾隆抄本　一冊
　　半葉十行字數不等。無欄格。

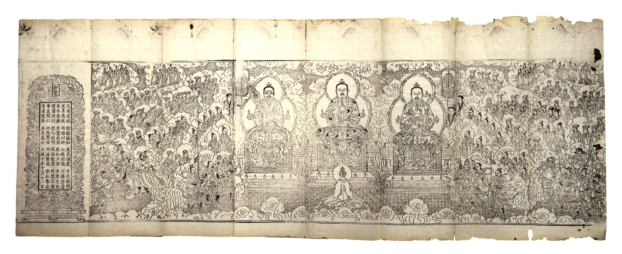

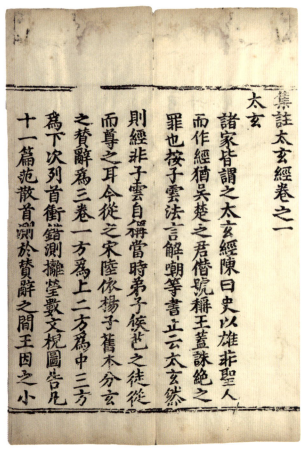

集註太玄經卷之一

太玄

太玄

諸家皆謂之太玄經曰史以雄非聖人
而作經猶吳楚之君僭號稱王蓋誅絕之
罪也按子雲法言解嘲等書止云太玄然
則經非子雲自稱當時弟子侯芭之徒從
而尊之耳今從之宋塵依揚子舊本分玄
之贊辭為三卷一方為上二方為中三方
為下次列首衝錯測擬瑩數文棿圖告凡
十一篇范散首測於贊辭之間王因之小

47　集註太玄經六卷　（宋）司馬光撰　明正統十年（1445）内府刻道藏本　六册
　　半葉五行十七字，白口，上下雙邊。框高28厘米，廣13厘米。版心下題刻工：徐、欽等。
經折裝。

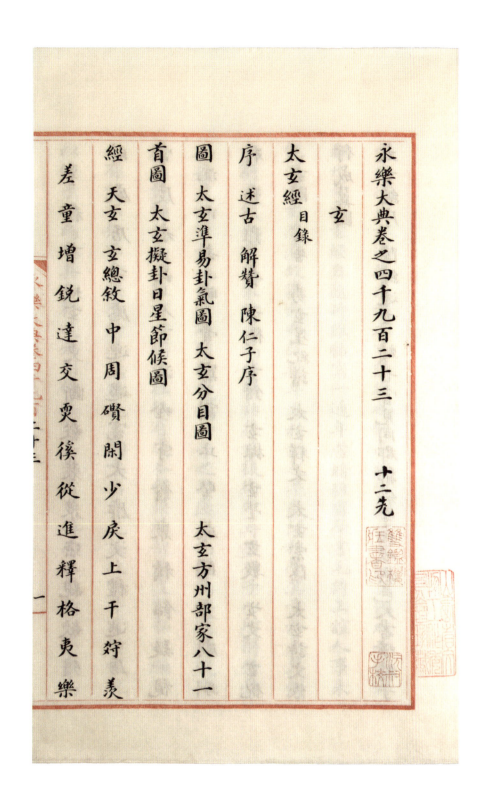

48　太玄彙抄四十卷　民國傅氏雙鑑樓抄本　十四冊

　　半葉八行二十八至二十九字，白口，四周雙邊，單紅魚尾。框高22.2厘米，廣15.2厘米。藏印"雙鑑樓藏書印"（朱文）、"沅叔手校"（朱文）。傅氏雙鑑樓據明永樂大典先韻本傳抄。傅增湘舊藏。

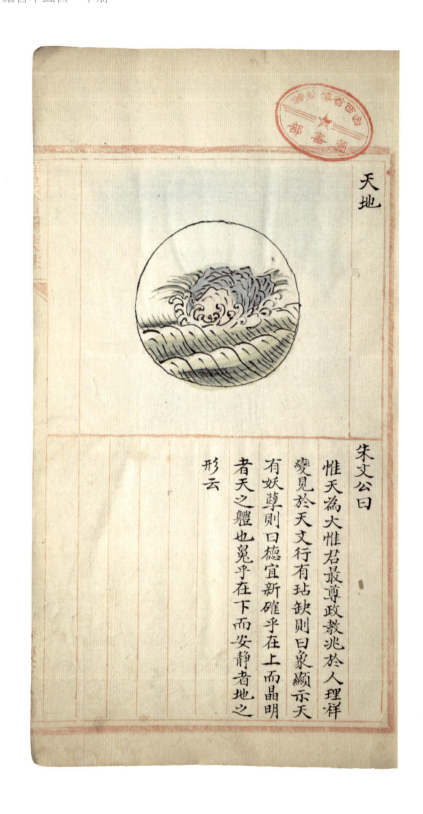

天地

朱文公曰

惟天為大惟君最尊政教兆於人理祥
變見於天文行有玷缺則日象顯示天
有妖孽則日德宜新確乎在上而晶明
者天之體也冤乎在下而安静者地之

形云

49　祥異繪圖集註十卷　（明）方儀編　明洪熙元年（1425）抄本　十册
　　上圖下文。半葉十一行十六字。框高 22.6 厘米，廣 14.2 厘米。版心下題"静觀主人藏"。

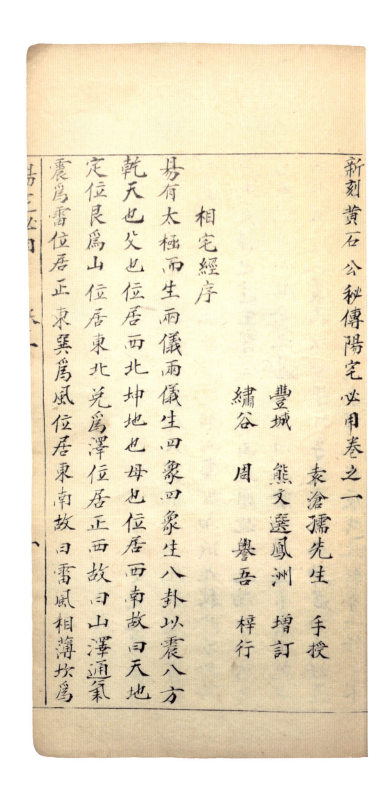

新刻黃石公秘傳陽宅必用卷之一

袁滄孺先生　手授

豐城　熊文選鳳洲　增訂

繡谷　周譽吾　梓行

相宅經序

易有太極而生兩儀兩儀生四象四象生八卦以震八方
乾天也父也位居西北坤地也母也位居西南故曰天地
定位艮為山位居東北兌為澤位居正西故曰山澤通氣
震為雷位居正東巽為風位居東南故曰雷風相薄坎為

50　陽宅必用四卷　（清）熊鳳洲訂　清抄本　四冊

半葉九行二十一字，白口，四周單邊。框高19.2厘米，廣12.2厘米。內封題"黃石公先生秘傳　陽宅必用　熊鳳洲先生增訂　致和堂梓"。

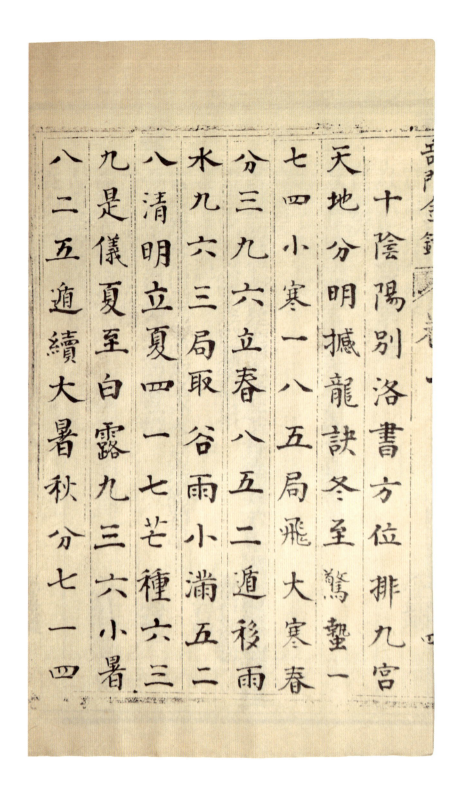

51　奇門遁甲金鏡十六卷　清抄本　十六册

　　半葉八行十二字，白口，四周雙邊，單黑魚尾。框高 17.3 厘米，廣 12.3 厘米。藏印"壽椿堂"（朱文）、"壽椿堂王氏家藏"（白文）。內封題"奇門遁甲金鏡　甲辰秋月　青雲"。

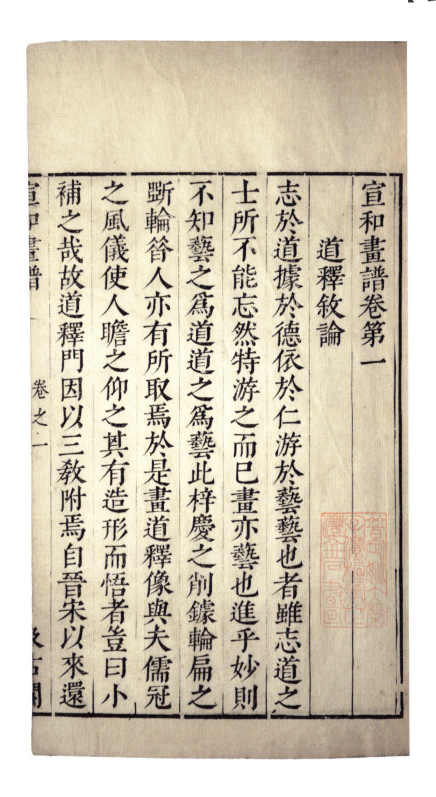

宣和畫譜卷第一

道釋敍論

志於道據於德依於仁游於藝藝也者雖志道之
士所不能忘然特游之而已畫亦藝也進乎妙則
不知藝之為道道之為藝此梓慶之削鐻輪扁之
斲輪舊人亦有所取焉於是畫道釋像與夫儒冠
之風儀使人瞻之仰之其有造形而悟者登曰小
補之哉故道釋門因以三教附焉自晉宋以來還

宣和畫譜

卷之一

汲古閣

52　宣和書譜二十卷宣和畫譜二十卷　（明）毛晉訂　明崇禎毛氏汲古閣刻津逮秘書本　十二冊
　　半葉八行十九字，白口，左右雙邊。框高 19 厘米，廣 13.5 厘米。藏印“奕慶氏”（白
文）、“奕慶”（朱文）、“理孫之印”（白文）、“寓山書譜”（白文）、“寓山藏書”
（白文）、“竹中小隱”（陰陽文）、“普定姚士榮字儷桓號芷禮金石書畫”（朱文）。版
心下題“汲古閣”。

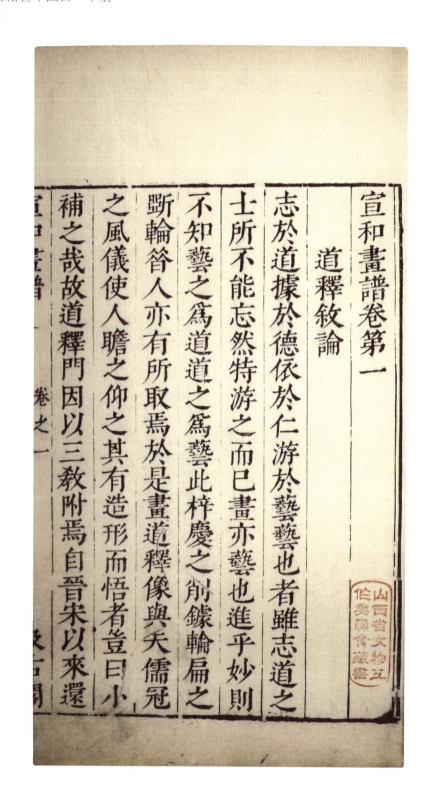

53　宣和畫譜二十卷　（明）毛晉訂　明崇禎毛氏汲古閣刻津逮秘書本　八冊

半葉八行十九字，白口，左右雙邊。框高18.8厘米，廣13.5厘米。版心下題"汲古閣"。

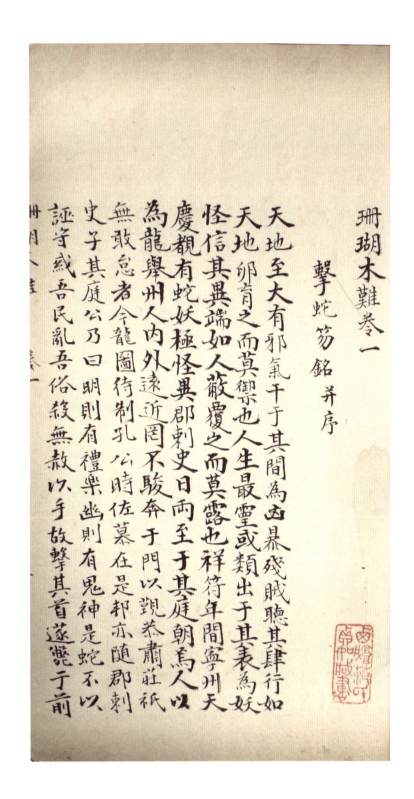

54　珊瑚木難八卷附錄一卷　（明）朱存理輯　明抄本　八冊

半葉十一行二十一字。無欄格。藏印"渤海武夫珍藏金石書畫之章"（朱文）、"西城范氏貞如藏書"（朱文）。范貞如舊藏。

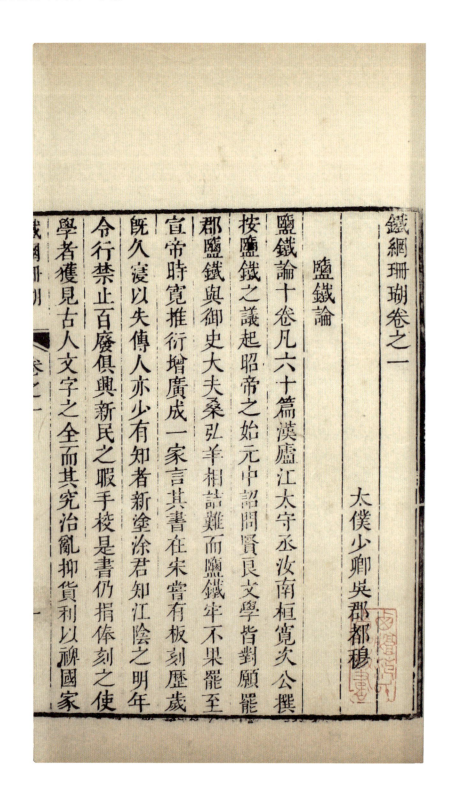

55　鐵網珊瑚二十卷　　（明）都穆撰　清乾隆刻本　六册

　　半葉十行二十二字，白口，左右雙邊，單黑魚尾。框高 19.8 厘米，廣 13.2 厘米。藏印"西城范氏貞如藏書"（朱文）。范貞如舊藏。

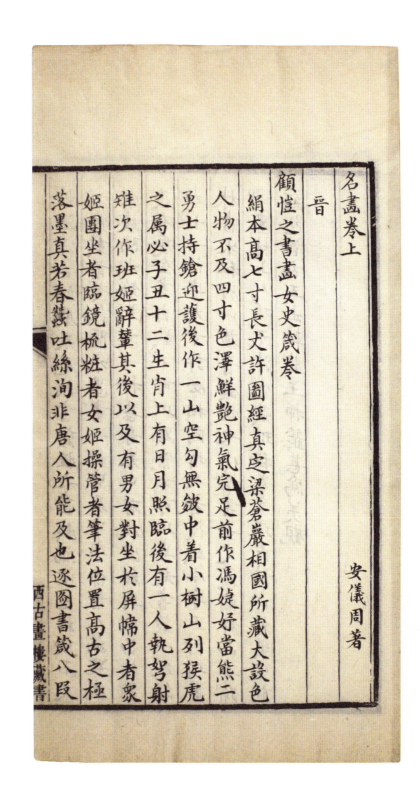

名畫卷上

晉

安儀周著

顧愷之書畫女史箴卷

絹本高七寸長丈許圖經真定梁蒼巖相國所藏大設色人物不及四寸色澤鮮艷神氣完足前作馮婕好當熊二勇士持鎗迎護後作一山空勾無皴中著小樹山列猛虎之屬必子丑十二生肖上有日月照臨後有一人執弩射雉次作班姬辭輦其後以及有男女對坐於屏幃中者象姬圍坐者臨鏡梳粧者女姬操管者筆法位置高古之極逐圖書箴八段落墨真芳春蠶吐絲洵非唐人所能及也

西古畫樓藏書

56 墨緣彙觀四卷 （清）安岐輯 清西古畫樓抄本 四冊

半葉十行字數不等，白口，左右雙邊，單黑魚尾。框高 21.3 厘米，廣 13.3 厘米。藏印"西城范氏貞如藏書"（朱文）。版心下題"西古畫樓藏書"。范貞如舊藏。

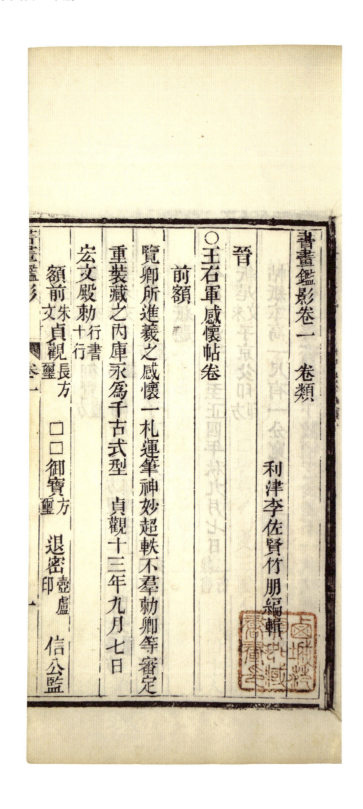

57　書畫鑑影二十四卷　（清）李佐賢編　清同治十年（1871）利津李氏家刻本　十二册

半葉九行二十三字，白口，四周雙邊，單黑魚尾。框高 17.6 厘米，廣 11.5 厘米。藏印 "次風所藏"（朱文）、"西城范氏貞如藏書畫印"（朱文）。范貞如舊藏。

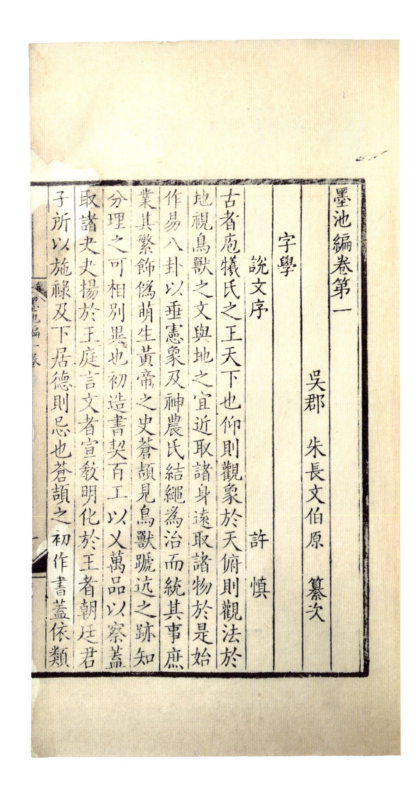

58　墨池編二十卷　（宋）朱長文輯　清雍正十一年（1733）就閑堂刻本　八冊

　　半葉十一行二十一字，白口，左右雙邊，雙對黑魚尾。框高 16.2 厘米，廣 11.5 厘米。內封題"墨池編　□藏正本　就閑堂雕版"。藏印"西城范氏貞如藏書"（朱文）。范貞如舊藏。

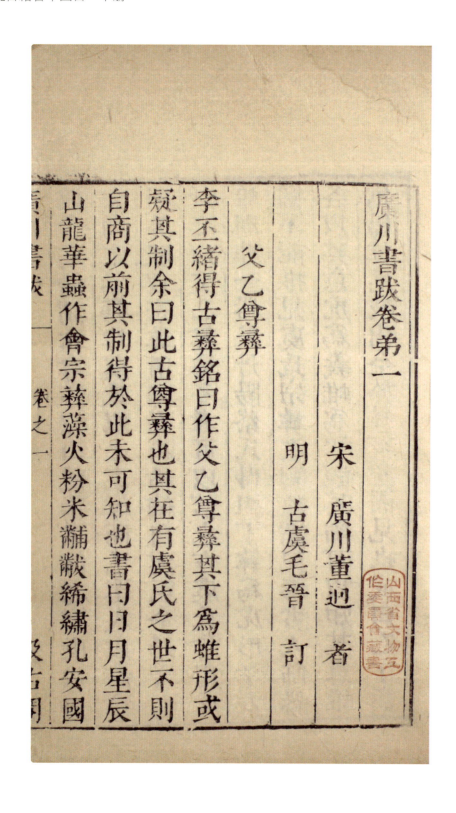

廣川書跋卷弟一

宋　廣川董逌　著

明　古虞毛晉　訂

父乙尊彝

李丕緒得古彝銘曰作父乙尊彝其下爲蜼形或
疑其制余曰此古寧彝也其在有虞氏之世不則
自商以前其制得於此未可知也書曰曰月星辰
山龍華蟲作會宗彝藻火粉米黼黻絺繡孔安國

卷之一

59　廣川書跋十卷　（宋）董逌撰　明崇禎毛氏汲古閣刻津逮秘書本　一册

　　半葉八行十九字，白口，左右雙邊。框高 19 厘米，廣 13.7 厘米。版心下題"汲古閣"。

370

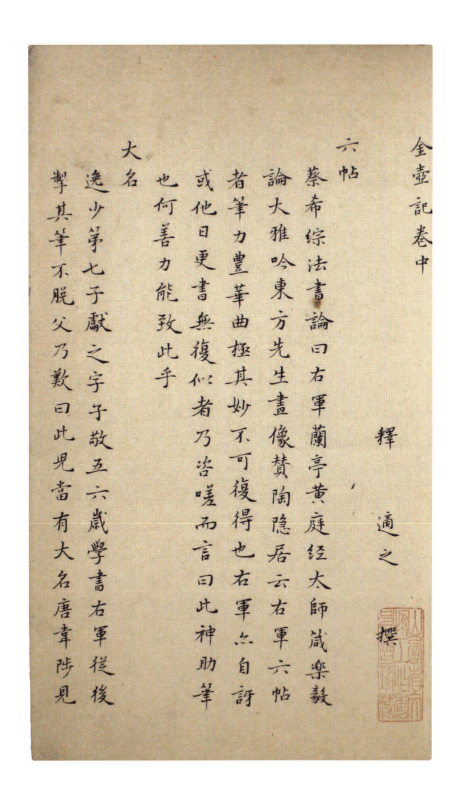

金壺記卷中　　　　釋適之撰

六帖

蔡希綜法書論曰右軍蘭亭黃庭經太師箴樂毅
論大雅吟東方先生畫像贊陶隱居云右軍六帖
者筆力豐華曲極其妙不可復得也右軍忩自詩
或他日更書無復似者乃咨嗟而言曰此神助筆
也何善力能致此乎

大名

逸少第七于獻之字子敬五六歲學書右軍從後
掣其筆不脫父乃歎曰此兒當有大名唐韋陟見

60　金壺記三卷　（宋）釋適之撰　清抄本　一冊
　　半葉十一行二十字。無欄格。存二卷（中、下）。傅增湘舊藏。

371

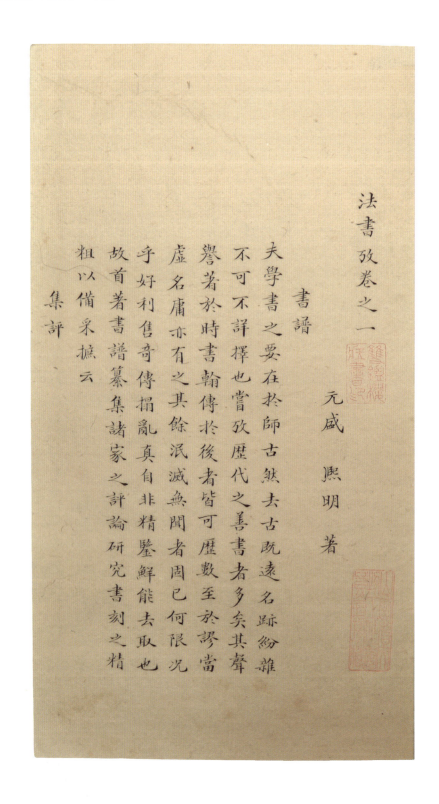

61 法書攷八卷 （元）盛熙明撰　民國傅氏雙鑑樓抄本　二册

　　半葉十一行二十字，小字雙行二十七至二十九字，白口，無欄格。藏印"雙鑑樓藏書印"（朱文）、"傅沅叔藏書記"（朱文）。傅氏雙鑑樓據舊抄本傳寫。傅增湘舊藏。

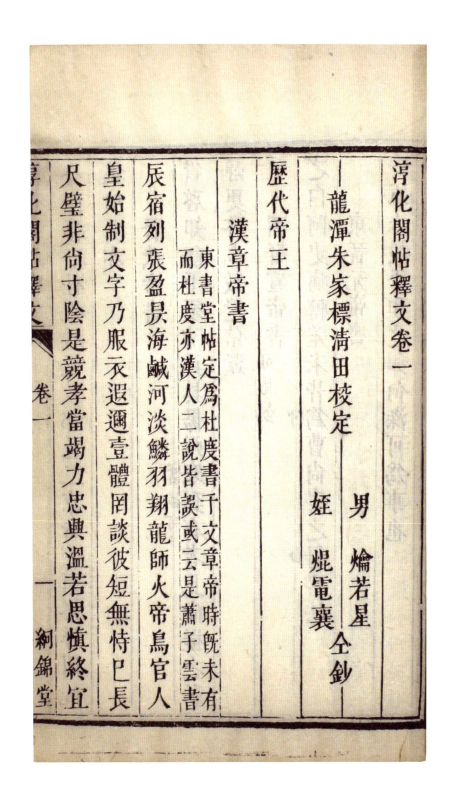

62　淳化閣帖釋文十卷　（清）朱家標輯　清康熙二十二年（1683）朱氏絅錦堂刻本　一册

　　半葉九行二十字，小字雙行同，白口，四周雙邊，單黑魚尾。框高19.5厘米，廣13.7厘米。藏印"西城范氏貞如藏書"（朱文）。版心下題"絅錦堂"。序尾題"康熙癸亥朱家標清田題於絅錦堂"。范貞如舊藏。

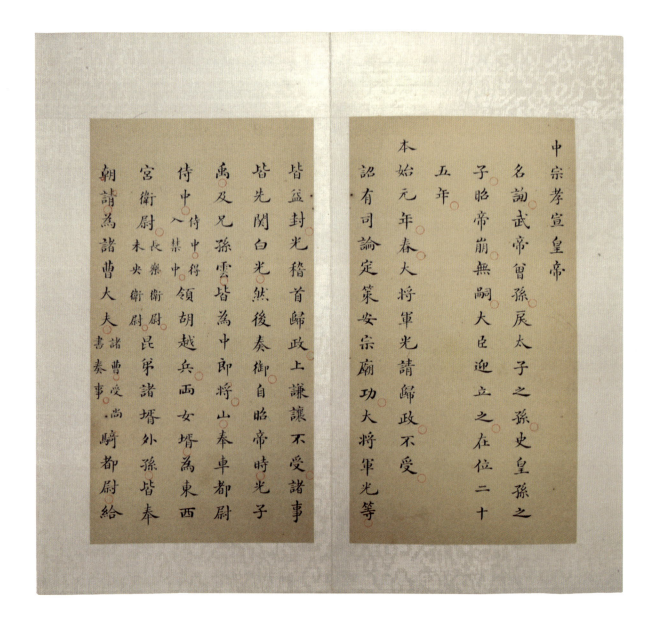

63　清初六名家經筵墨寶四卷　（清）沈荃　（清）王鴻緒　（清）趙執信　（清）曹鑑
倫　（清）汪楫　（清）湯又曾等手書　稿本　1932年張履春跋　四册
　　半葉五或六行，每行十五或十六字。藏印"我齋珍賞"（朱文）、"渾源田氏所藏"（白
文）、"履春"（朱文）、"一字熙衆"（朱文）。經折裝。

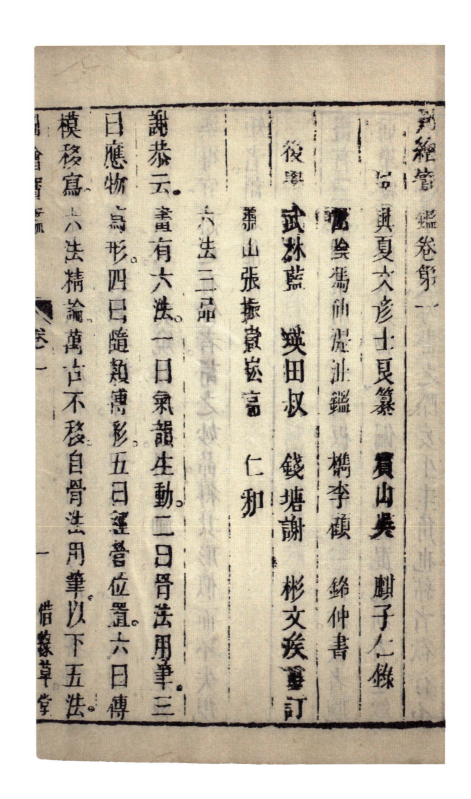

64　圖繪寶鑑八卷　（元）夏文彥纂　（清）藍瑛等重訂　清康熙借緑草堂刻本　四册

半葉九行二十字，白口，四周單邊，單黑魚尾。框高 20 厘米，廣 14.5 厘米。藏印“西城范氏貞如藏書”（朱文）。内封題“圖繪寶鑑　借緑草堂梓”。版心下題“借緑草堂”。范貞如舊藏。

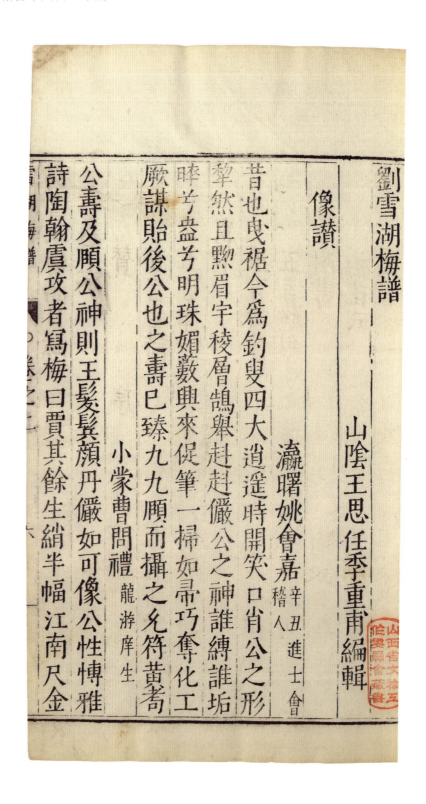

65　劉雪湖梅譜二卷　（明）劉世儒撰　明萬曆二十三年（1595）刻清初墨妙山房印本　四冊

半葉十一行二十字，白口，四周雙邊，單黑魚尾。框高 23.6 厘米，廣 16.4 厘米。內封題 "劉雪湖梅譜　會稽鍾式林訂　墨妙山房藏版"。

題十竹齋畫冊小引
王宰十日一山五日一石豈
肖形之難栽山有情石有
態礧礧磈乃之為難耳近代
畫手千臨百摹如里媼持
心不揀兒寢而目食者爭
售之大軸小圖袒為璧坼
新安胡曰從氏清姿博學

66　十竹齋書畫譜不分卷　（明）胡正言輯　清光緒五年（1879）刻套印本　八冊
半葉行字不等。包背裝。

67　芥子園畫傳二集不分卷　（清）王槩　（清）王著　（清）王臬輯　清乾隆四十七年（1782）
金閶書業堂刻彩色套印本　二册

　　半葉九行二十字，白口，四周單邊。框高 21.8 厘米，廣 14 厘米。內封題"芥子園畫傳
二集　宇內諸名家合訂　繡水王宓草　王安節　王司宜摹古　金閶文淵堂鐫藏"。書末鐫"乾
隆壬寅仲春月金閶書業堂重鐫"一行。

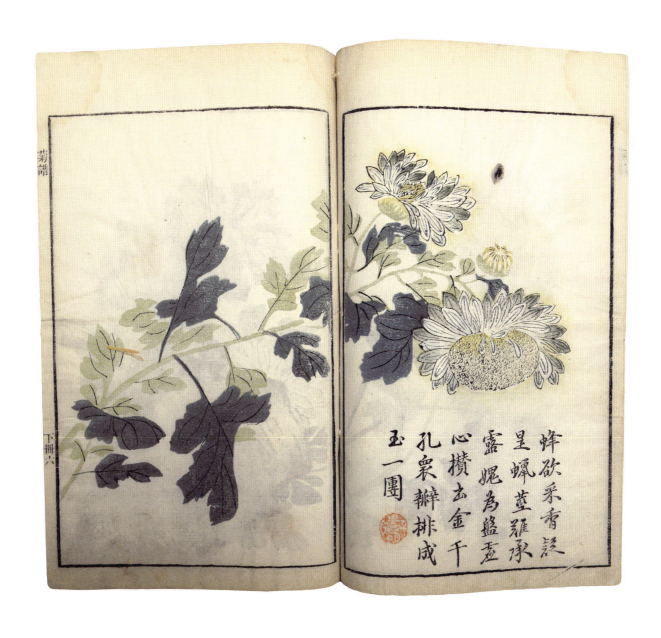

蜂欲採香疑
呈蠅莖雖承
露娓為盤盂
心攢出金干
孔衆瓣排成
玉一團

菊譜

下冊六

68　芥子園畫傳二集不分卷　　（清）王槩撰　清嘉慶五年（1800）芥子園刻彩色套印本　四冊
　　半葉九行十八字，白口，四周單邊。框高 21.3 厘米，廣 13.8 厘米。內封題"畫傳二
集　宇內諸名家合訂　繡水王宓草王安節王司直摹古　蘭譜竹譜梅譜鞠譜　金陵芥子園重鐫"。

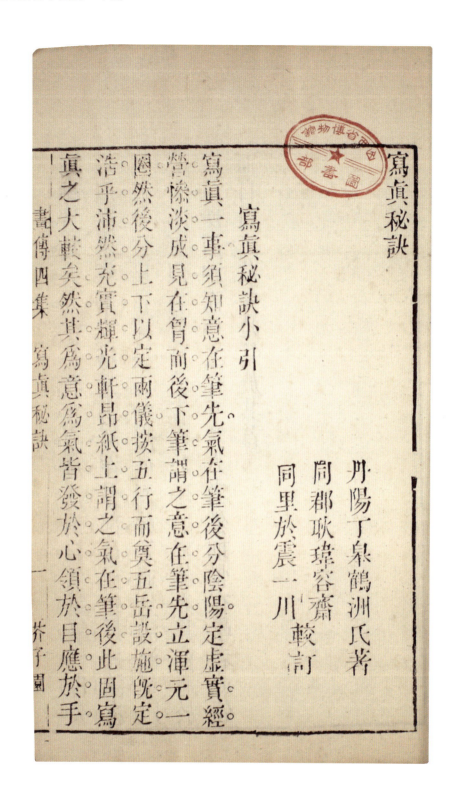

69　芥子園畫傳四集四卷　（清）丁皋等撰輯　芥子園圖章會纂一卷　（清）李漁撰　清嘉慶二十三年（1818）刻本　四册

　　半葉十行二十一字，白口，四周單邊。框高21.1厘米，廣14.2厘米。版心下題"芥子園"。

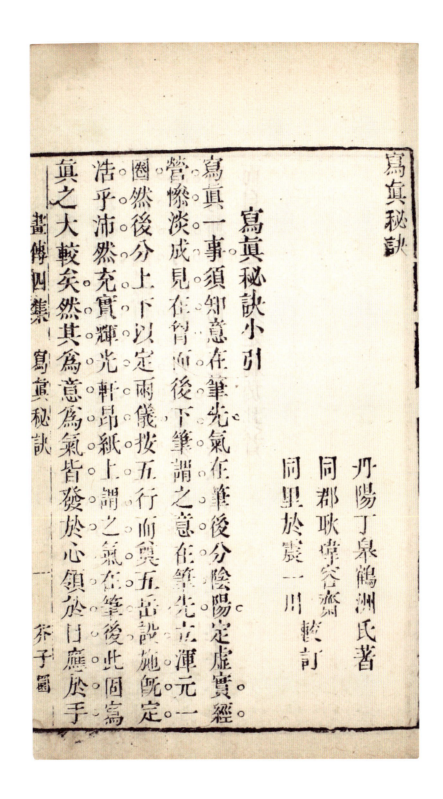

70　芥子園畫傳四集四卷　（清）丁皋等撰輯　芥子園圖章會纂一卷　（清）李漁撰　清嘉慶二十三年（1818）刻本　四册

　　半葉十行二十一字，白口，四周單邊。框高 20.9 厘米，廣 14 厘米。內封題"芥子園畫傳四集　寫真秘傳　仙佛圖　賢俊圖　美人圖　附圖章繪纂　金陵抱青閣珍藏"。版心下題"芥子園"。

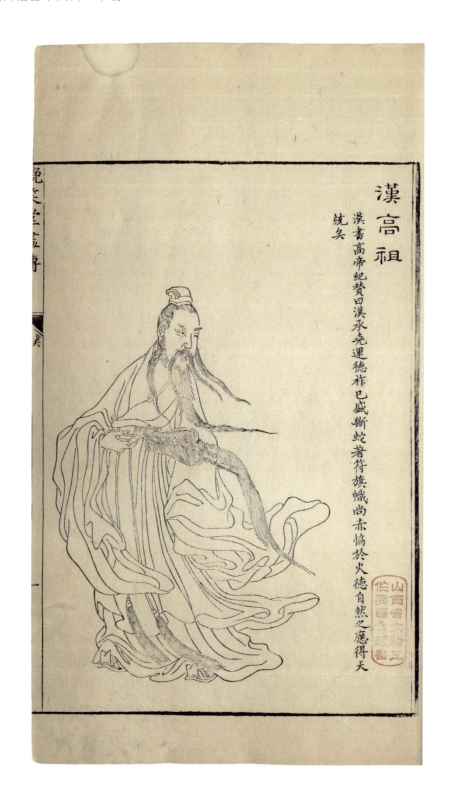

71　晚笑堂竹莊畫傳不分卷附明太祖功臣圖　（清）上官周撰并繪　清乾隆刻本　四册

　　半葉行字不等，白口，左右雙邊，單黑魚尾，無行格。框高 23.2 厘米，廣 16.6 厘米。

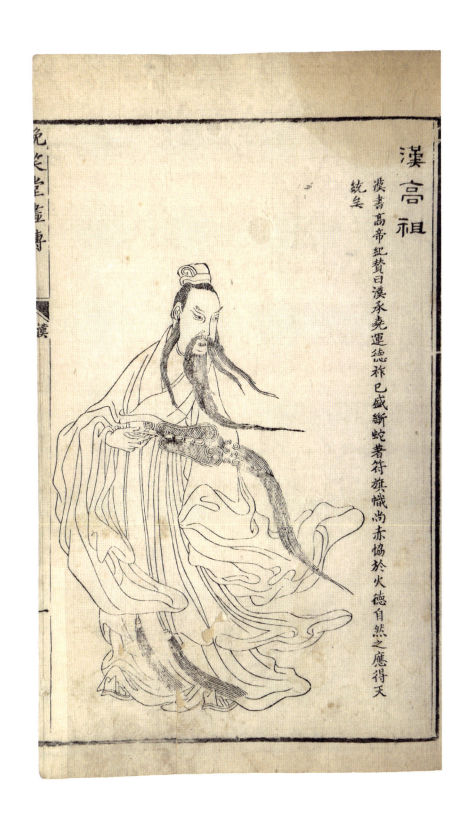

72　晚笑堂竹莊畫傳不分卷附明太祖功臣圖　（清）上官周撰并繪　清刻本　六冊

　　半葉八至十行二十二字，白口，左右雙邊，單黑魚尾。框高22厘米，廣15.5厘米。"西城范氏貞如藏書"（朱文）。范貞如舊藏。

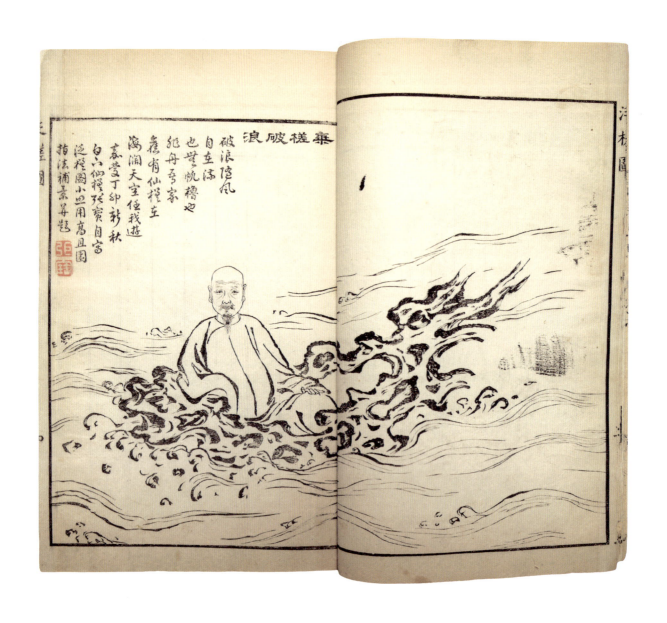

73 泛槎圖不分卷 （清）張寶編繪 清嘉慶二十四年（1819）刻本 清曹氏題詩 二冊
　　半葉八行十九字，白口，四周單邊。框高 22.5 厘米，廣 15.5 厘米。藏印"張寶"（朱文）、"僊槎"（白文）。

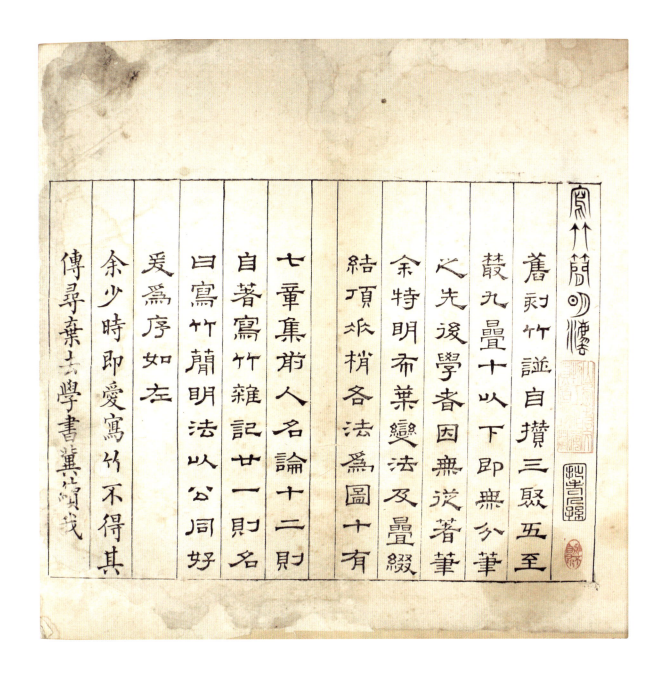

傳尋棄去學書冀其頗哉

余少時即愛寫竹不得其

爰爲序如左

曰寫竹簡明法以公同好

自著寫竹雜記廿一則名

七章集前人名論十二則

結頂派梢各法爲圖十有

余特明布葉變法及疊綴

之先後學者因無從著筆

籔九疊十以下即無分筆

舊刻竹譜自攢三聚五至

74　寫竹簡明法二卷　　（清）蔣和撰并繪　　清刻本　二册

半葉十六行十七字，四周單邊。框高 17.8 厘米，廣 25.5 厘米。

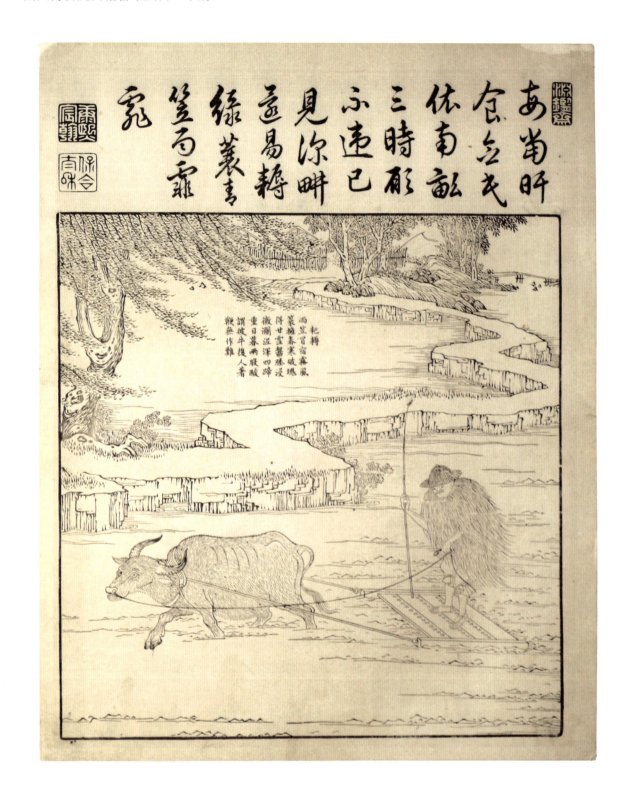

75　御製耕織圖不分卷　（清）焦秉貞繪　清刻本　一册

　　半葉二十八字，無版框。框高 24.2 厘米，廣 24.2 厘米。

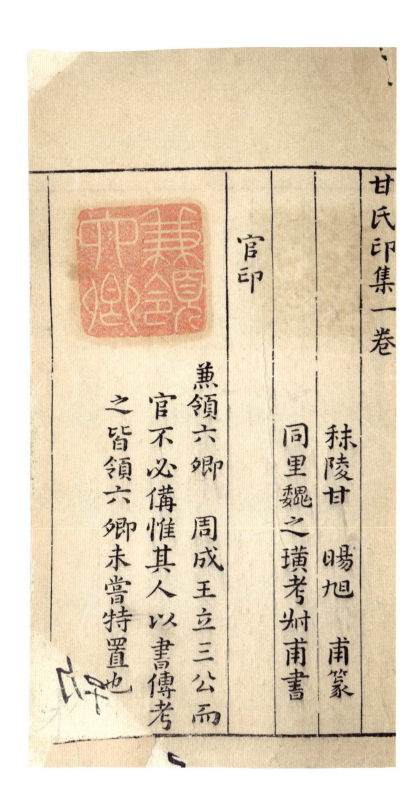

76　甘氏印集四卷　（明）甘暘篆刻　明萬曆刻鈐印本　四册
　半葉行字不等，白口，四周單邊。框高 20.2 厘米，廣 13.8 厘米。存三卷（一至三）。
藏印"飛雲閣珍賞印"（朱文）、"介臣鑑藏"（白文）、"叔仁珍玩"（白文）。

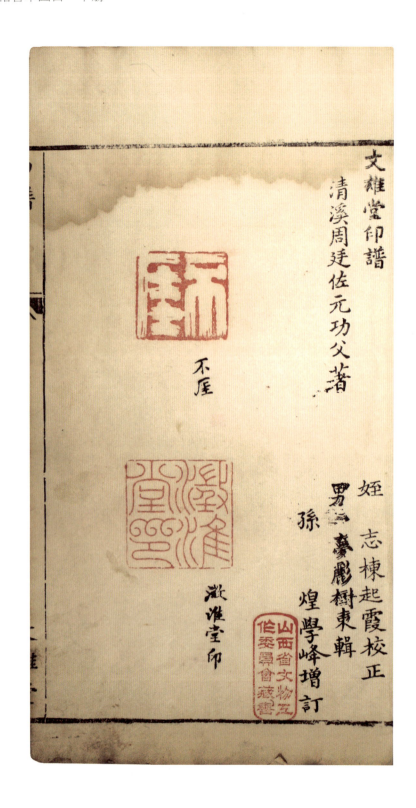

77　文雄堂印譜不分卷　（清）周延佐篆刻　清康熙刻鈐印本　四册
　　半葉八行十二字，白口，四周單邊，單黑魚尾。框高 19.5 厘米，廣 13.4 厘米。

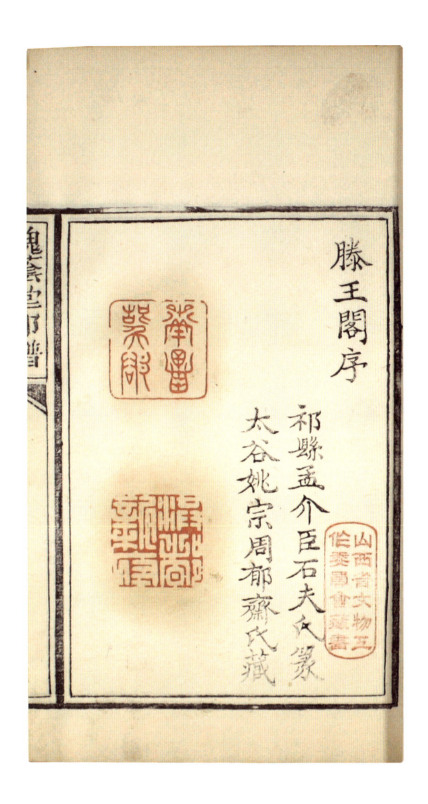

78 槐蔭堂印譜不分卷　（清）孟介臣篆刻　清道光八年（1828）刻鈐印本　二冊

白口，四周單邊，單黑魚尾。框高 13.7 厘米，廣 10.6 厘米。藏印"祁縣孟介臣字石夫原名錫麐字叔仁珍藏印"（白文）、"孟介臣字石夫"（白文）、"原名錫麐字玉坪"（朱文）、"閭南圖印"（白文）。

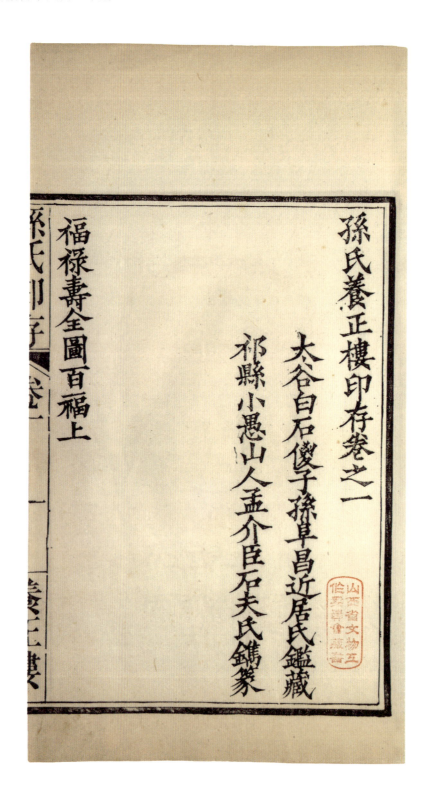

79　孫氏養正樓印存六卷　　（清）孟介臣篆刻　　（清）孫阜昌藏　清道光十九年（1839）刻鈐印本　六册

　　半葉行字不等，白口，四周雙邊，單黑魚尾，無行格。框高 21.3 厘米，廣 15.5 厘米。内封題"孫氏福禄壽印存　養正樓珍藏"。版心下題"養正樓"。

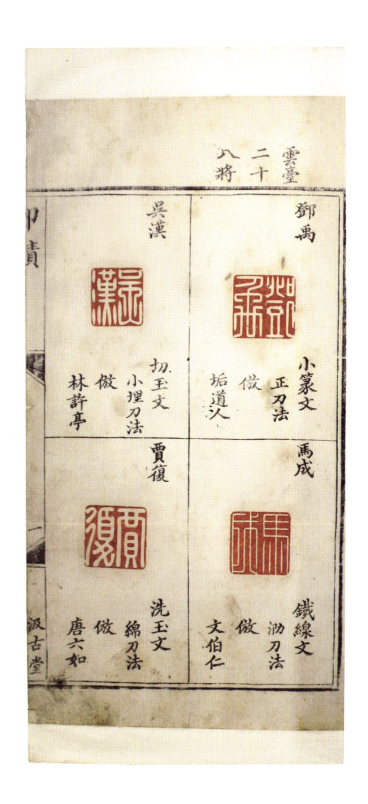

80　汲古堂印蹟不分卷　清乾隆三十年（1765）刻鈐印本　一冊

　　白口，四周雙邊，雙對黑魚尾。框高 20 厘米，廣 13.2 厘米。版心下題"汲古堂"。金鑲玉裝。

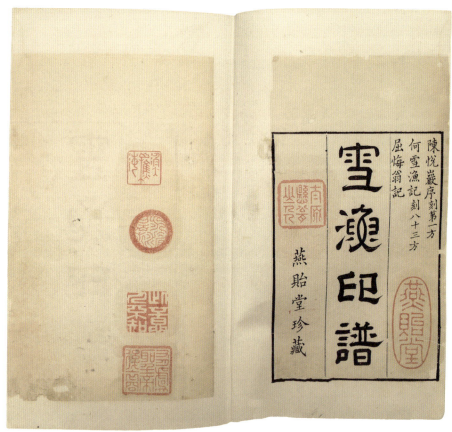

81　雪漁印譜不分卷　（明）何震篆刻　清刻鈐印本　一册

　　半葉八行十七字，四周單邊。框高 17 厘米，廣 12.2 厘米。内封題"雪漁印譜　陳悦巖
序刻第一方　何雪漁記刻八十三方　曲梅翁集　燕貽堂珍藏"。金鑲玉裝。

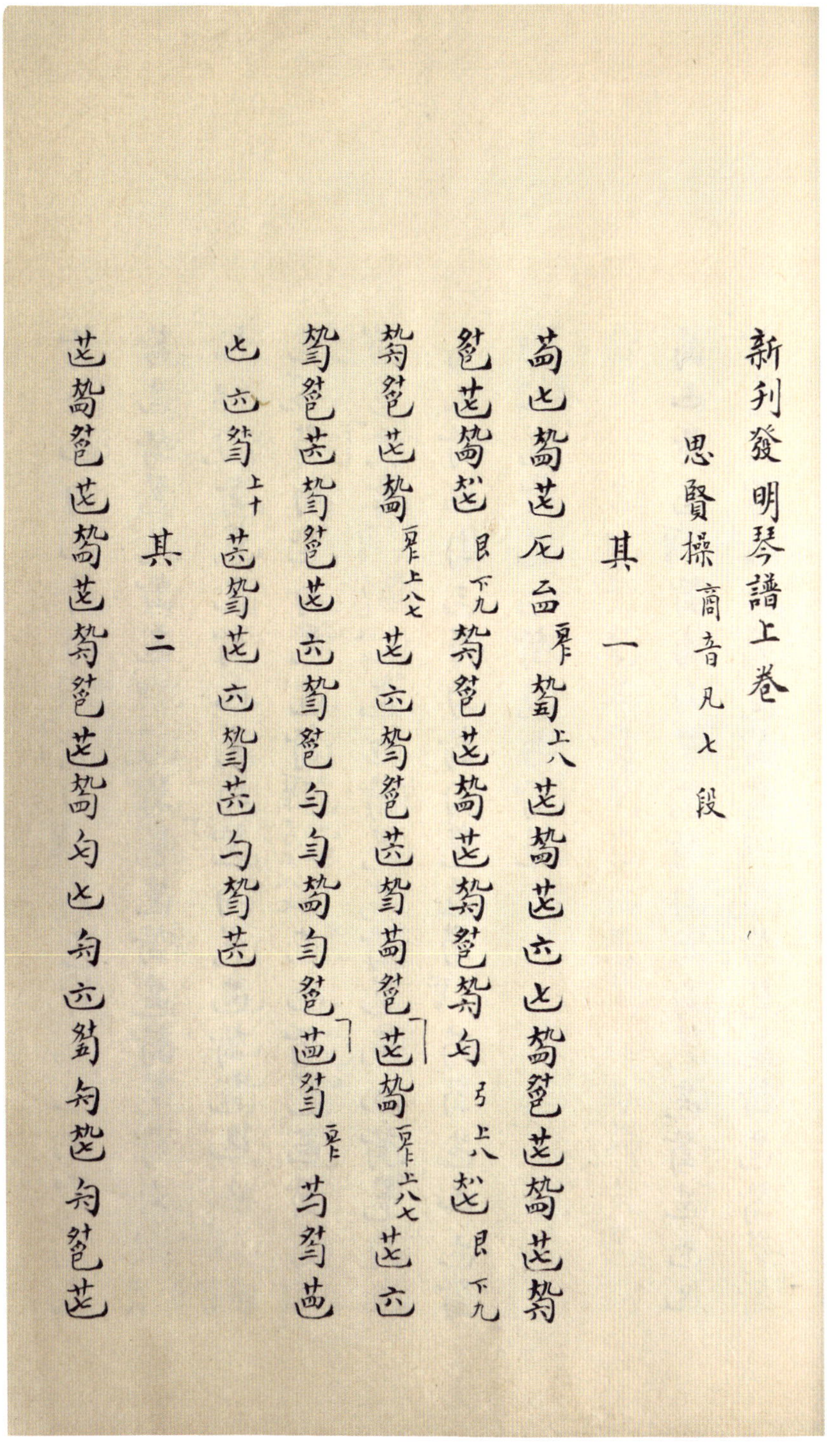

新刊發明琴譜上卷

思賢操 高音見七段

其一

其二

82 **新刊發明琴譜二卷** （明）黃龍山輯 民國傅氏雙鑑樓抄本 一冊

半葉十行字數不等。無欄格。藏印"雙鑑樓藏書印"（朱文）。傅氏雙鑑樓據明嘉靖九年（1530）黃龍山刻本抄。傅增湘舊藏。

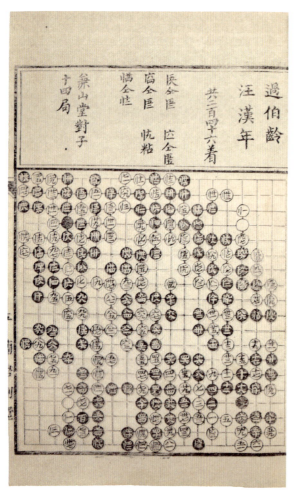
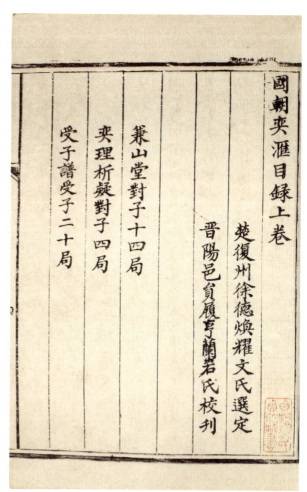

83　國朝弈滙三卷稼書樓一卷　（清）徐德煥　員履亨輯　清咸豐六年（1856）蘭岩別墅刻本　四册

　　上下兩欄。白口，四周單邊，單黑魚尾。框高 23 厘米，廣 17.4 厘米。藏印"西城范氏貞如藏書"（朱文）。內封題"國朝弈滙　復州徐耀文選定　蘭岩別墅藏板""咸豐丙辰春鐫"；內封題"稼書樓　咸豐六年丙辰春鐫　蘭岩別墅藏板"。版心題"蘭岩別墅"。范貞如舊藏。

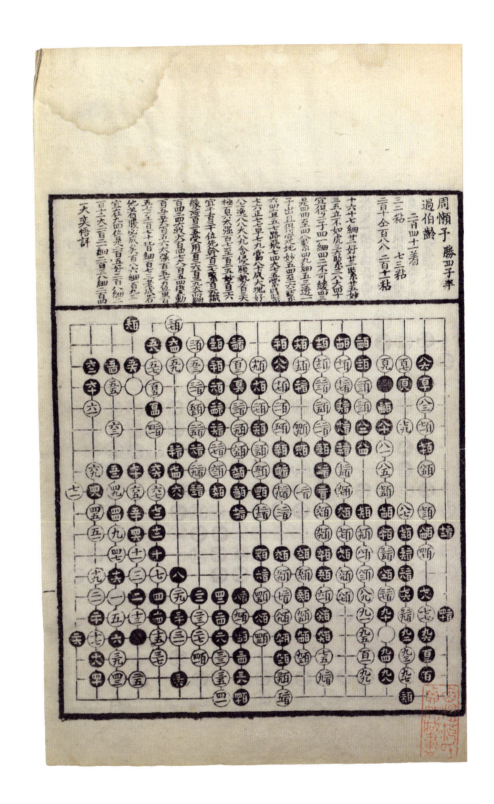

84　周嬾予先生圍棋譜不分卷　　（清）周嘉錫輯　清同治十二年（1873）刻本　一冊

　　上下兩欄。上欄十二至二十五行，每行十四至十六字；下欄棋譜圖，四周單邊。框高 21.5 厘米，廣 18 厘米。藏印 "西城范氏貞如藏書"（朱文）。內封題 "周嬾予先生碁譜　同治癸酉三月　上海江左書林藏版"。范貞如舊藏。

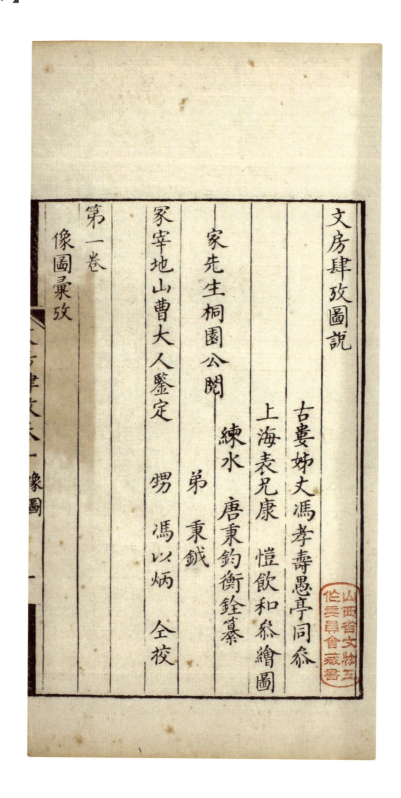

85　文房肆考圖説八卷　（清）唐秉鈞纂　（清）康愷繪圖　清乾隆四十三年（1778）唐氏竹

暎山庄刻本　八冊

半葉九行二十字，黑口，左右雙邊，單黑魚尾。框高 18 厘米，廣 12.7 厘米。

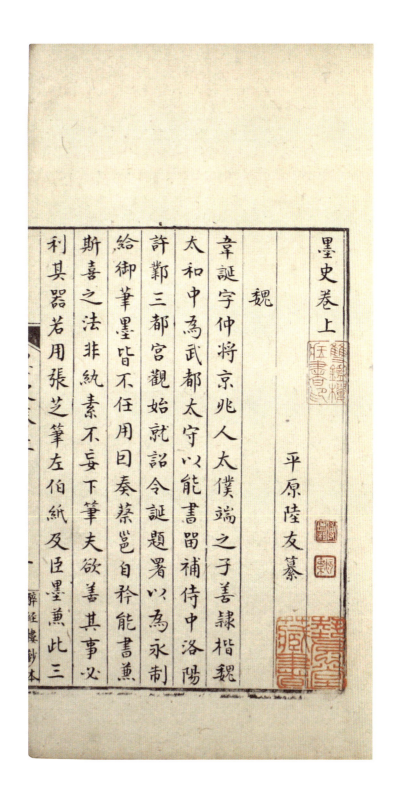

86　墨史三卷　（元）陸友撰　清乾隆黃氏醉經樓抄本　清黃錫蕃校　一册

　　半葉九行十七至十八字，白口，左右雙邊，單黑魚尾。框高17厘米，廣12.2厘米。藏印"藝風堂藏書"（朱文）、"雙鑑樓藏書印"（朱文）、"傅沅叔藏書記"（朱文）。版心下題"醉經樓抄本"。傅增湘題簽"墨史三卷　清海鹽黃氏醉經樓寫本　清黃椒升手校　繆氏藝風堂舊藏　雙鑑樓善本書目著録"。傅增湘舊藏。

87　墨海圖六卷　（明）方瑞生撰　明刻本　四册

　　半葉五行十二字，白口，四周雙邊。框高 21 厘米，廣 13.1 厘米。存四卷（一至二、五至六）。藏印"靜裏思三益"（白文）、"閒中守四箴"（朱文）、"謹厚堂"（朱文）、"方瑞生印"（朱文）、"澹玄"（白文）。

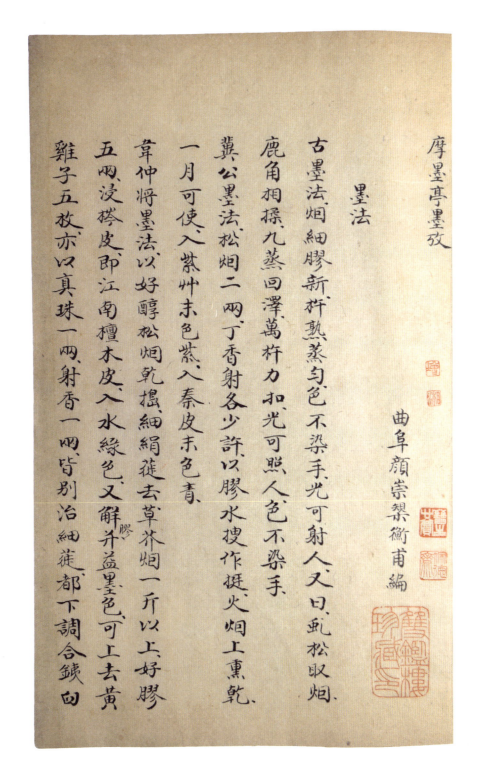

摩墨亭墨攷

曲阜顔崇榘衡甫編

墨法

古墨法、烟細膠新杵熟蒸勻色不染手光可射人、又曰虱松取烟、

鹿角胭探九蒸回澤萬杵力扣光可照人色不染手、

冀公墨法、松烟二兩丁香射各少許以膠水搜作挺火烟上熏乾、

一月可使入紫艸末色紫入秦皮末色青、

韋仲將墨法以好醇松烟乾搗細絹薤去草芥烟一斤以上好膠

五兩、浸梣皮即江南檀木皮入水綠色又解并益墨色可上去黃

雞子五枚亦以真珠一兩、射香一兩、皆別治細薤、都下調合鑄曰

88 摩墨亭墨攷一卷   （清）顔崇榘撰   清乾隆抄本   傅增湘跋   二册

半葉十行二十五字。無欄格。藏印"絅伯讀過"（朱文）、"雙鑑樓藏書印"（朱文）、"增"（朱文）、"湘"（朱文）、"佩德齋"（朱文）、"雙鑑樓珍藏印"（朱文）、"沅叔"（朱文）、"佩德齋珍藏印"（朱文）、"江安傅氏藏園鑑定書籍印"（朱文）、"企驎軒"（白文）、"晉生心賞"（白文）、"忠謨讀書"（白文）。傅增湘舊藏。

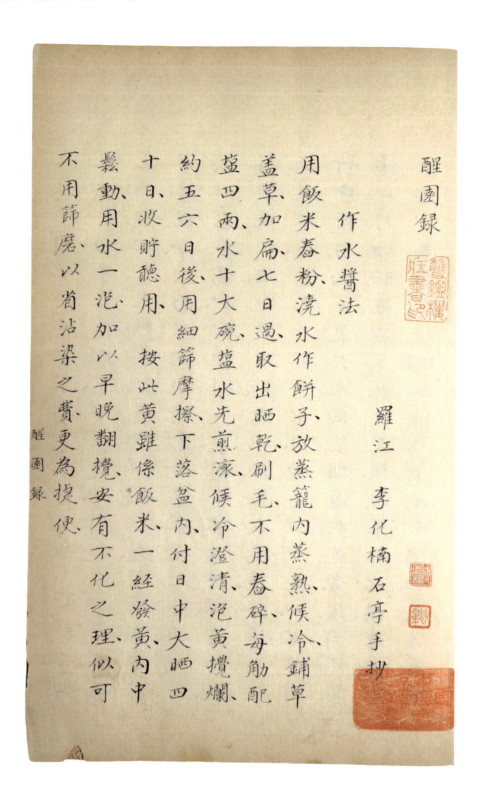

醒園錄

羅江 李化楠石亭手抄

作水醬法

用飯米舂粉澆水作餅子、放蒸籠內蒸熟、候冷鋪草蓋草加扁七日過、取出晒乾刷毛、不用舂碎、每勘配鹽四兩水十大碗鹽水先煎滾、候冷澄清、泡黃攪爛、約五六日後用細篩摩擦、下落盆內、付日中大晒四十日、收貯聽用、按此黃雖係飯米、一経發黃內中鬆動用水一泡加以早晚翻攪、安有不化之理似可不用篩磨以省沾梁之費更為提便

醒園錄

89 醒園錄一卷 （清）李化楠輯 清李化楠抄本 一册

半葉十行二十字。無欄格。藏印"夷山王氏"（白文）、"雙鑑樓藏書印"（朱文）、"傅沅叔藏書記"（朱文）、"沅叔"（朱文）、"傅增湘"（白文）。傅增湘舊藏。

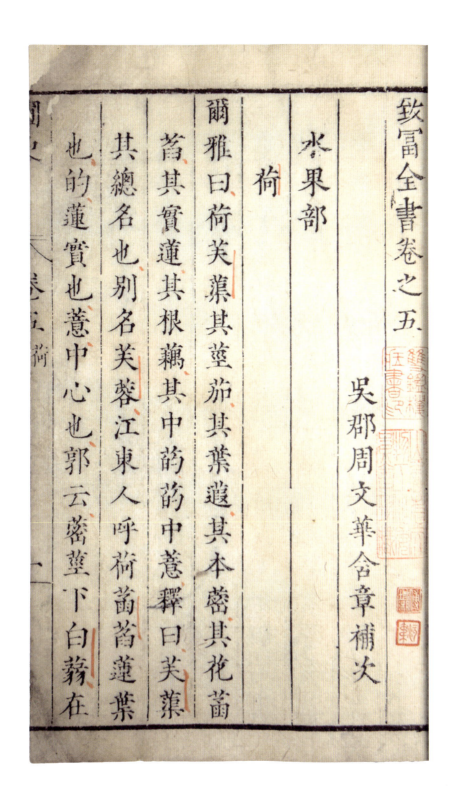

90　汝南圃史十二卷　（明）周文華撰　明刻本　六册

半葉八行十八字，白口，左右雙邊，單白魚尾。框高20.5厘米，廣13.3厘米。存八卷（五至十二）。藏印"雙鑑樓藏書印"（朱文）、"沅叔"（朱文）、"傅增湘"（白文）。版心上題"圃史"。傅增湘舊藏。

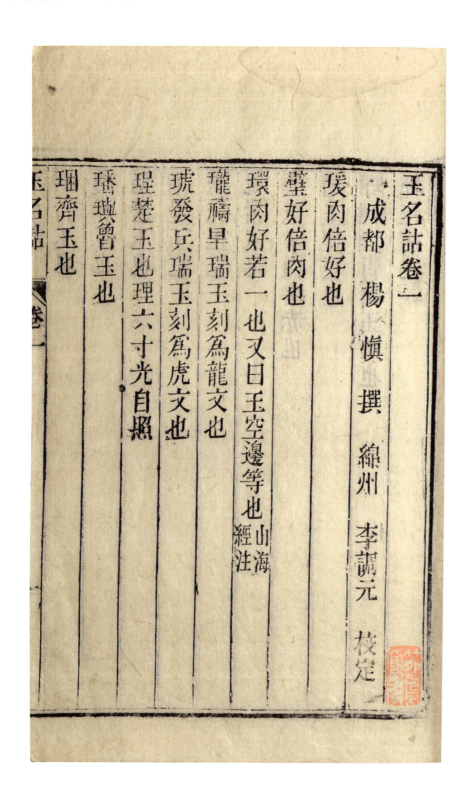

91　玉名詁一卷異魚圖贊四卷　（明）楊慎撰　**異魚贊閏集一卷異魚圖贊補三卷**　（明）胡世安撰　**升庵先生年譜一卷**　（清）李調元校　清乾隆刻函海本　二册

半葉十行二十字，小字雙行同，白口，四周雙邊，單黑魚尾。框高19.5厘米，廣14.5厘米。藏印"西城范氏貞如藏書"（朱文）、"貞如"（朱文）。范貞如舊藏。

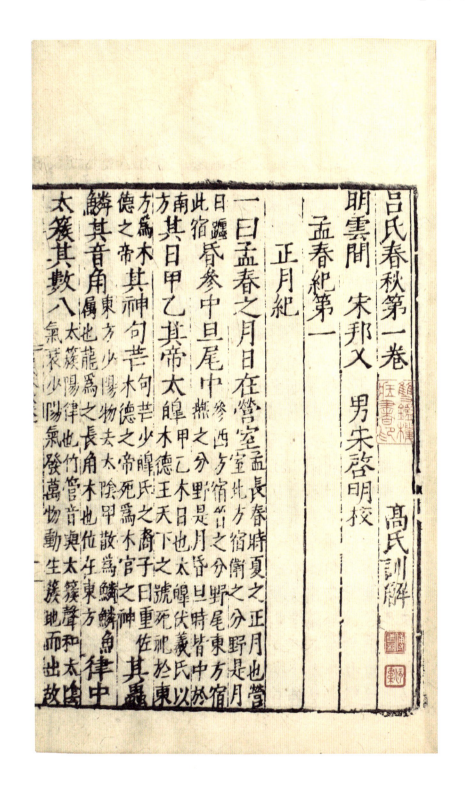

92　呂氏春秋二十六卷　（漢）高誘注　明萬曆宋邦乂等刻本　三冊

　　半葉十行二十字，白口，左右雙邊。框高19.3厘米，廣14.4厘米。藏印"雙鑑樓藏書印"（朱文）、"傅增湘"（朱文）、"沅叔"（朱文）、"傅沅叔藏書記"（朱文）。傅增湘舊藏。

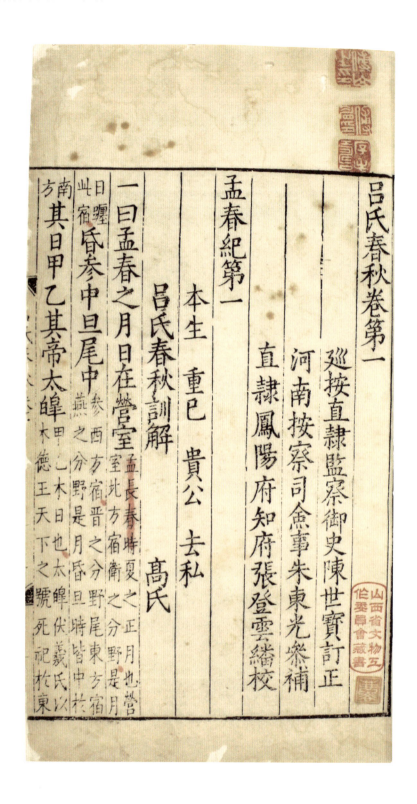

93 呂氏春秋二十六卷 （漢）高誘注　明萬曆七年（1579）張登雲刻本　清傅山批校　朱、
墨筆圈點　一册

　　半葉十行二十字，白口，左右雙邊，雙對黑魚尾。框高22厘米，廣14.5厘米。藏印"傅
山之印"（白文）、"傅眉印"（白文）、"字壽毛"（白文）。清傅山舊藏。

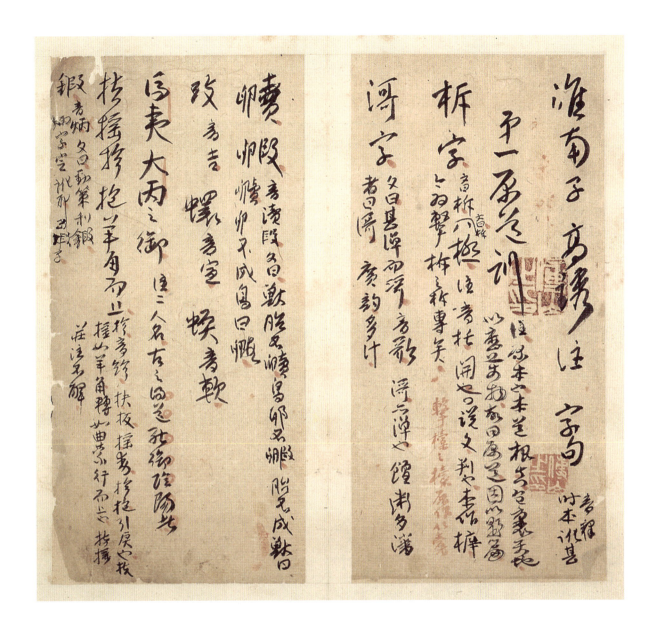

94　淮南子評注不分卷　（清）傅山撰　稿本　十二冊

　　半葉行字不等。藏印“傅山之印”（白文）。入選第二批《國家珍貴古籍名録》（04731）
和第二批《山西省珍貴古籍名録》（00292）。

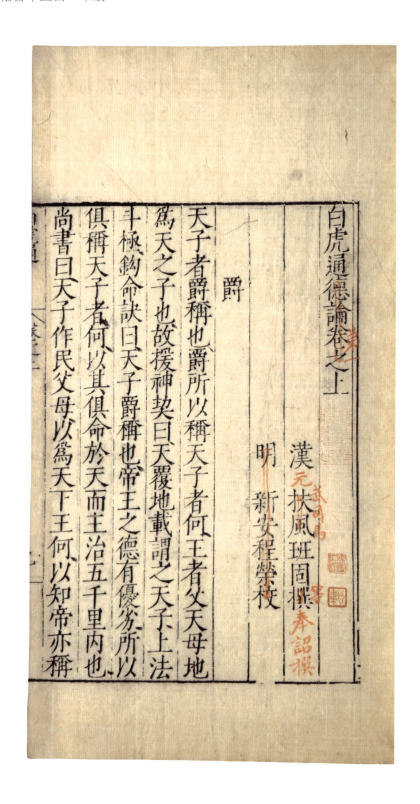

95　白虎通德論二卷　（漢）班固撰　明萬曆程榮刻漢魏叢書本　清朱彬校并跋　二冊

　　半葉九行二十字，白口，左右雙邊，單白魚尾。框高 19.8 厘米，廣 13.9 厘米。藏印"雙鑑樓藏書印"（朱文）、"傅增湘"（朱文）、"沅叔"（朱文）、"傅沅叔藏書記"（朱文）。傅增湘舊藏。

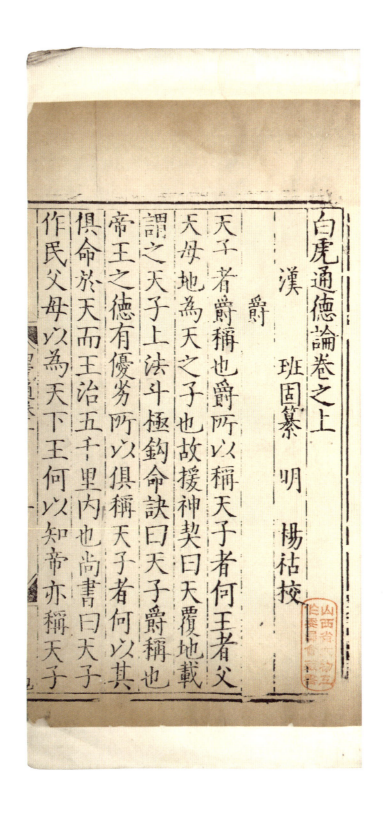

96　白虎通德論二卷　（漢）班固撰　明刻本　四冊

　　半葉九行十七字，白口，四周雙邊，雙對黑魚尾。框高20.3厘米，廣13.3厘米。藏印"東里歐陽子彬珍藏書籍"（白文）、"但氏宝藏"（朱文）。金鑲玉裝。

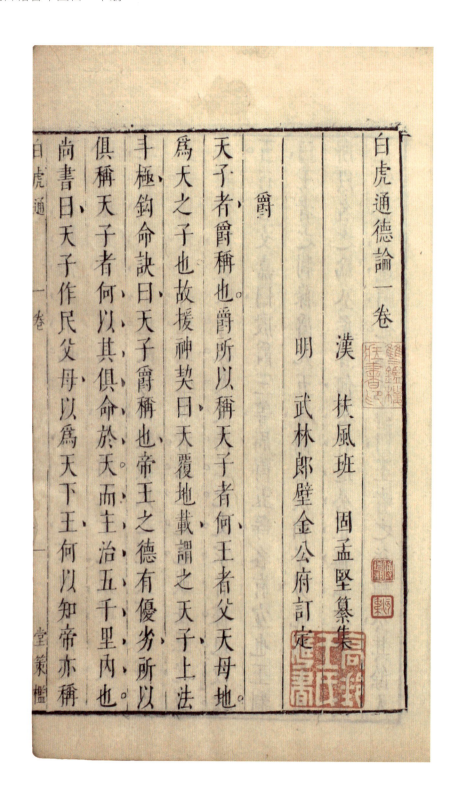

97　白虎通德論四卷　（漢）班固撰　明天啓六年（1626）堂策檻刻本　二册

半葉九行二十字，白口，四周單邊。框高20.6厘米，廣13.6厘米。藏印"高郵王氏藏書"（朱文）、"雙鑑樓藏書印"（朱文）、"傅增湘"（朱文）、"沅叔"（朱文）、"傅沅叔藏書記"（朱文）。版心下題"堂策檻"。傅增湘舊藏。

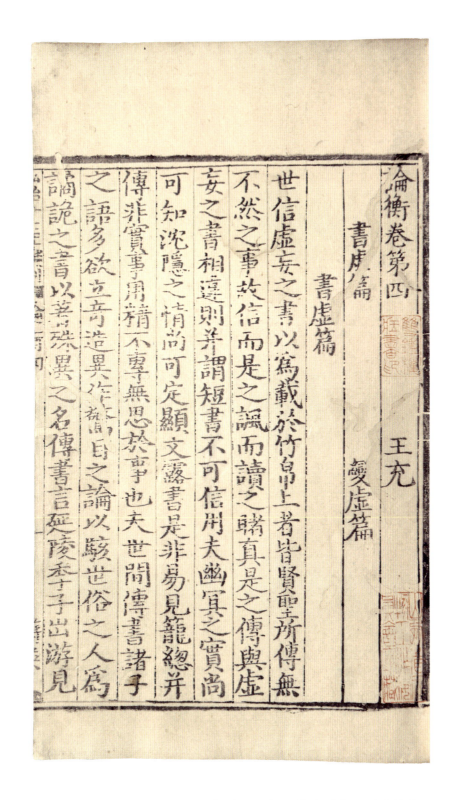

98　論衡三十卷　（漢）王充撰　宋乾道三年（1167）紹興府刻宋元明遞修本　一冊

　　半葉十行二十字，黑口，四周雙邊，單黑魚尾。框高21厘米，廣15厘米。存三卷（四至六）。版心上題"弘治十三年補刊""弘治十七年補刊""正德十六年補刊""嘉靖元年補刊"等。弘治刻版心下題刻工：蔣英、章琳等。有朱、墨筆圈點、批校。藏印"雙鑑樓藏書印"（朱文）、"傅沅叔藏書記"（朱文）。傅增湘舊藏。

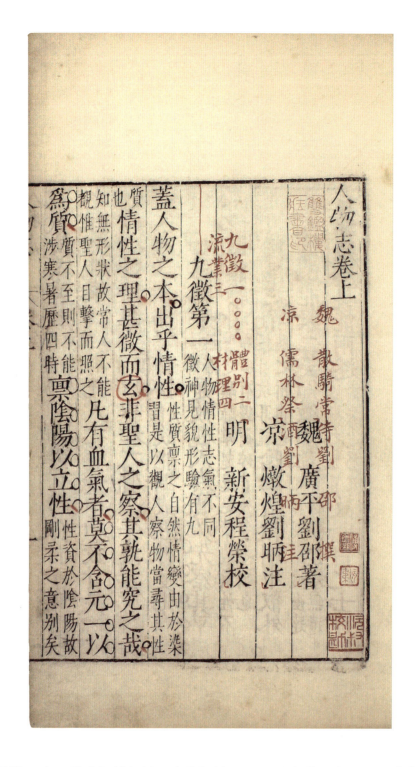

99　人物志三卷　（三國魏）劉邵撰　（晉）劉昞注　明萬曆程榮刻漢魏叢書本　傅增湘題識　一册

　　半葉九行二十字,小字雙行同,白口,左右雙邊,單白魚尾。框高19.3厘米,廣14.1厘米。藏印“雙鑑樓藏書記”（白文）、“耽書是宿緣”（朱文）、“沅叔”（朱文）、“沅叔校勘”（朱文）、“傅增湘”（白文）、“校書亦以勤”（白文）、“傅增湘”（白文）、“沅叔”（白文）。版心下題刻工:俊、太等。傅增湘舊藏。

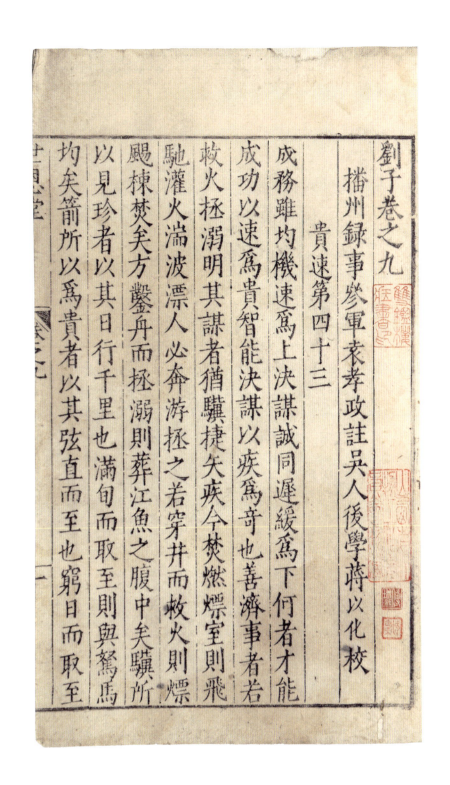

劉子卷之九

播州錄事參軍袁孝政註吳人後學蔣以化校

貴速第四十三

成務雖均機速爲上決謀誠同遲緩爲下何者才能

成功以速爲貴智能決謀以疾爲奇也善游事者若

救火拯溺明其謀者猶驪捷矢疾令焚燃熛室則飛

馳灑火端波漂人必奔游拯之若穿井而救火則熛

飈棟焚矣方鑒舟而拯溺則葬江魚之腹中矣驪所

以見珍者以其日行千里也滿旬而取至則與駑馬

均矣箭所以爲貴者以其弦直而至也窮日而取至

十□□□

□□□

一

100　劉子十卷　（北齊）劉晝撰　明萬曆二十年（1592）蔣以化刻本　一册

半葉十行二十字，白口，四周單邊，單黑魚尾。框高20.9厘米，廣14.2厘米。存二卷（九至十）。藏印“雙鑑樓藏書印”（朱文）、“沅叔”（朱文）、“傅增湘”（朱文）、“傅沅叔藏書印”（朱文），“廿餘年精力所聚”（白文）。傅增湘舊藏。

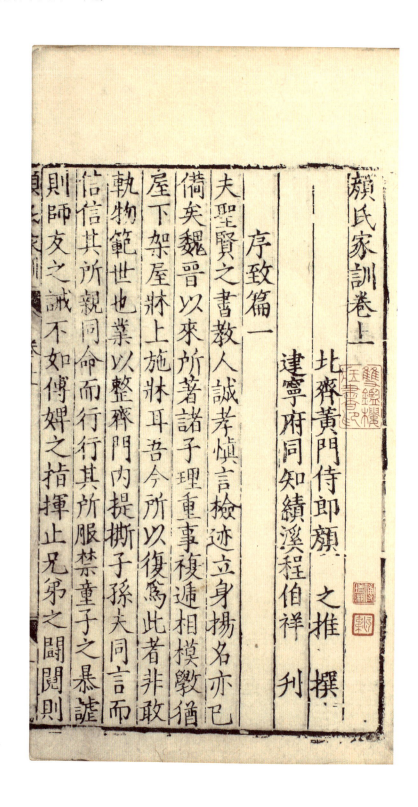

101 顏氏家訓二卷 （北齊）顏之推撰 明萬曆三年（1575）顏嗣慎刻本 四册

半葉十行十九字，白口，四周單邊，雙順黑魚尾。框高 20.5 厘米，廣 13.2 厘米。藏印"雙鑑樓藏書印"（朱文）、"傅增湘"（朱文）、"沅叔"（朱文）、"傅沅叔藏書記"（朱文）、"傅沅叔藏書印"（朱文）。傅增湘舊藏。

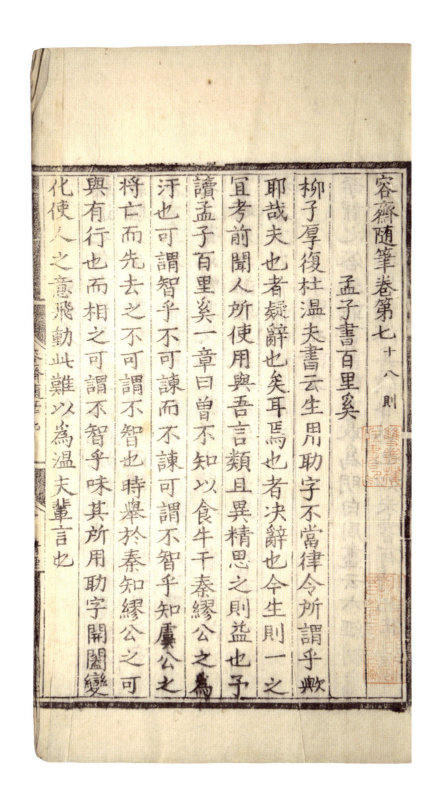

102　容齋隨筆十六卷續筆十六卷三筆十六卷四筆十六卷五筆十卷　（宋）洪邁撰　明弘治十一年（1498）李瀚刻本　二冊

　　半葉十行二十一字，黑口，四周雙邊，雙順黑魚尾。框高20.5厘米，廣14.7厘米。存十卷（容齋隨筆七至十六）。藏印"雙鑑樓藏書印"（朱文）、"傅沅叔藏書記"（朱文）。傅增湘舊藏。

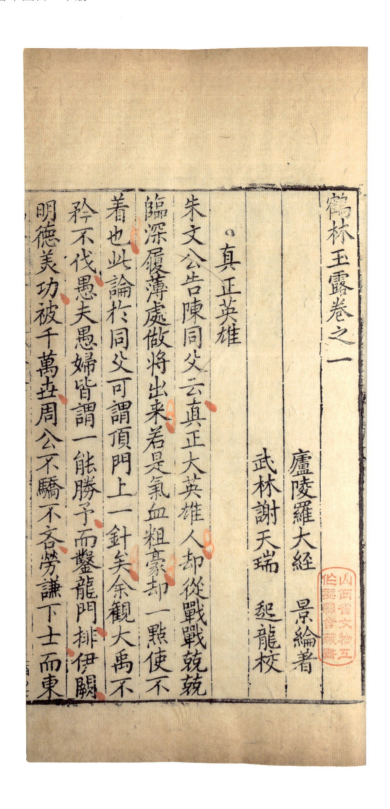

103　鶴林玉露十六卷　（明）羅大經撰　**補八卷**　（明）謝天瑞輯　明萬曆二十九年（1601）謝天瑞刻本　朱筆圈點　八冊

　　半葉九行二十字，白口，四周單邊，單白魚尾。框高 19.8 厘米，廣 13.5 厘米。藏印"張起元丙午收藏"（朱文）。

孔子曰加我數年五十而學易可以無大過矣

韻也淳祐三年人日括蒼俞文豹文蔚序

録之莊子云吹劍首者映而已映許芳反謂無

掩關守泊條理故書以昔見聞與今所得信筆

城最堪隱万人如海一身藏因名所居爲堪隱

素居京國應酬簡省心跡稍寧東坡詩惟有王

余以文字之緣漫浪江湖者四十年乃合倦游

吹劍録

此編已刊行板留書肆不可復

得因刪舊添新再與續集並刊

104　吹劍録不分卷　（宋）俞文豹撰　清抄本　一册

　　半葉十行十八字。無欄格。藏印"雙鑑樓藏書印"（朱文）、"傅沅叔藏書記"（朱文）、
"傅增湘"（白文）、"沅叔"（朱文）。傅增湘舊藏。

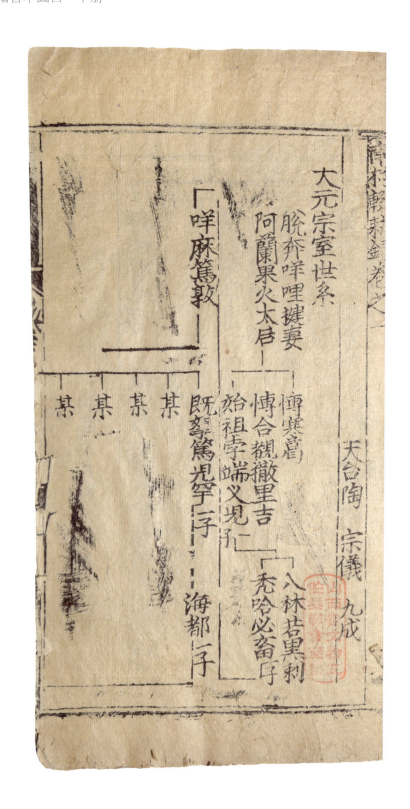

105　南村輟耕録三十卷　（明）陶宗儀撰　明刻本　朱筆圈點　四册

　　半葉十二行二十五字，黑口，四周雙邊，雙順黑魚尾。框高 19.9 厘米，廣 12.9 厘米。
存二十五卷（一至二十五）。

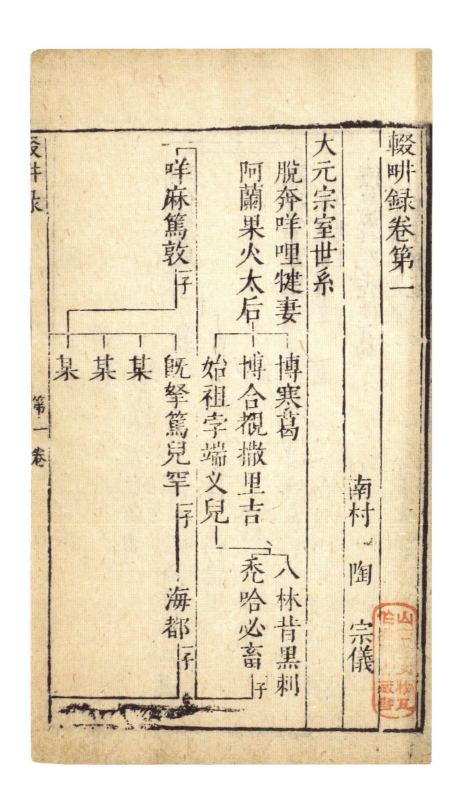

106 輟耕録三十卷 （明）陶宗儀撰　清廣文堂刻本　九册

　　半葉十行二十一字，白口，左右雙邊。框高 20.1 厘米，廣 13.3 厘米。内封題 "輟耕録　南村陶宗儀訂　廣文堂藏板"。

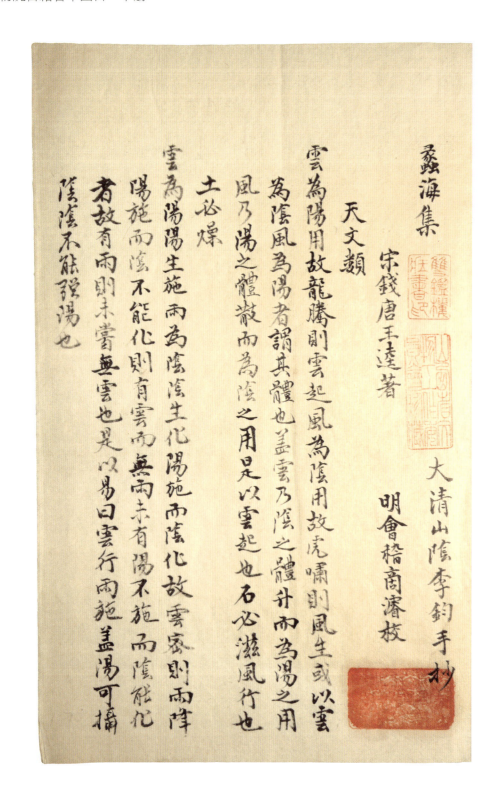

蠢海集

天文類

宋錢唐王逵著

大清山陰李鈞手抄

明會稽商濬校

雲為陽用故龍騰則雲起風為陰用故虎嘯則風生或以雲為陰風為陽者謂其體也蓋雲乃陰之體升而為陽之用風乃陽之體散而為陰之用是以雲起也石必滋風行也

土必燥

雲為陽陽生施雨為陰陰生化陽施而陰化故雲蒸則雨降陽施而陰不能化則有雲而無雨未有陽不施而陰能化者故有雨則未嘗無雲也是以易曰雲行雨施蓋陽可掩陰陰不能掩陽也

107 蠢海集一卷 （明）王逵撰 清李鈞抄本 一冊

半葉十一行二十三字。無欄格。藏印"雙鑑樓藏書印"（朱文）、"傅沅叔藏書記"（朱文）。傅增湘舊藏。

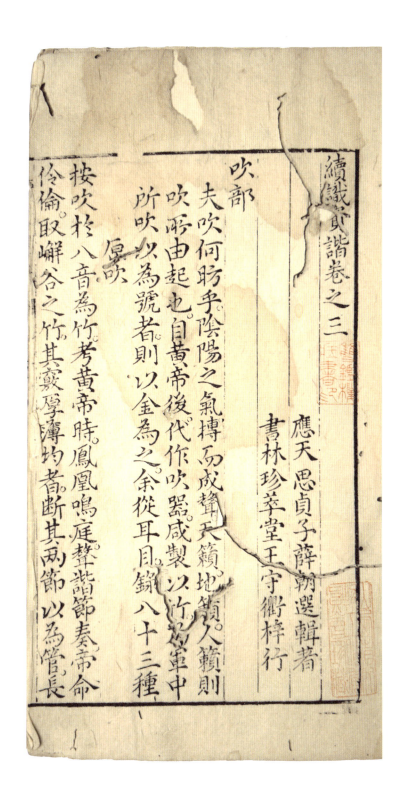

吹部

夫吹何昉乎陰陽之氣搏而成聲天籟地籟人籟則
吹所由起也自黃帝後代作吹器咸製以竹之軍中
所吹以為號者則以金為之余從耳目錄八十三種

麀吹

按吹於八音為竹考黃帝時鳳凰鳴庭聲甡諧節奏帝命
伶倫取嶰谷之竹其竅厚薄均者斷其兩節以為管長

續識資諧卷之三

應天思貞子薛朝選輯著

書林珍萃堂王守衢梓行

108　續識資諧四卷　（明）薛朝選輯　明萬曆三十二年（1604）書林珍萃堂王守渠刻本　一冊
半葉十行二十一字，白口，四周單邊，單黑魚尾。框高 19.7 厘米，廣 12.5 厘米。存二
卷（三至四）。藏印"雙鑑樓藏書印"（朱文）。傅增湘舊藏。

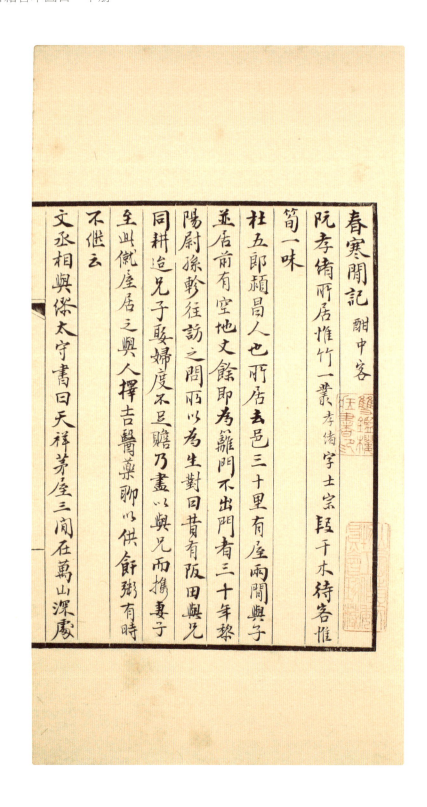

109　春寒閒記一卷　（清）盧德水撰　民國傅氏雙鑑樓抄本　一册

　　半葉十行十九至二十二字，白口，四周單邊，單黑魚尾。框高 16.5 厘米，廣 13.5 厘米。藏印"雙鑑樓藏書印"（朱文）、"傅沅叔藏書記"（朱文）。欄外下鐫"撑三異齋校録"。據舊抄本轉録。傅增湘舊藏。

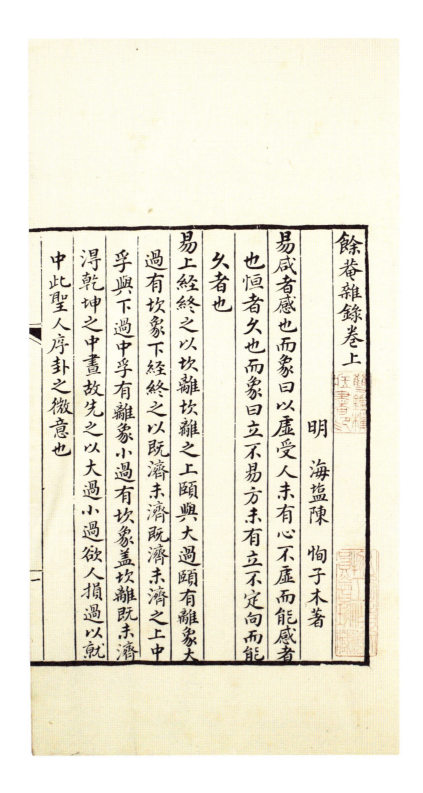

餘菴雜錄卷上

明　海鹽陳　恂子木著

易咸者感也而象曰以虛受人未有心不虛而能感者
也恒者久也而象曰立不易方未有立不定向而能
久者也
易上經終之以坎離坎離之上頤與大過頤有離象大
過有坎象下經終之以既濟未濟既濟未濟之上中
孚與下過中孚有離象小過有坎象蓋坎離既未濟
浮乾坤之中畫故先之以大過小過欲人損過以就
中此聖人序卦之微意也

110　餘菴雜錄三卷　（明）陳恂撰　民國傅氏雙鑑樓抄本　一冊
　　半葉十行二十至二十一字，白口，四周單邊，單黑魚尾。框高 16.5 厘米，廣 13.3 厘米。
藏印"雙鑑樓藏書印"（朱文）、"傅沅叔藏書記"（朱文）。欄外下鐫"長春室寫本"或
"撝三巽齋校録"（卷下葉四之後）。雙鑑樓據舊寫本轉録。傅增湘舊藏。

棟花磯隨筆

語言文字須一分山一分水山分多不如水分多新齊東

石澗響石觀瀑以此語同行

林屋洞洞口了不奇不驟奇其外所以藏其大奇

石林詩話說黃魯直詩山圍燕坐圖畫出水作夜窗風雨

來之句實勝其平日最矜人得交遊是風月天開圖畫即

江山此等眼目尚有典型

櫻桃葉放時病客與俗客俱斷屏古鐘鼎文字或聯或絕

或煩或簡乃皆各行其字脈所謂字脈者亦如太史公史

論每於紀傳中文各有脈此意非世上文人所能見

112　夢航雜綴不分卷　（清）葛萬里輯　清異錄不分卷　（清）航樵偶輯　牧翁先生年譜一卷　（清）葛萬里撰　民國傅氏雙鑑樓抄本　一冊

　　半葉十二行二十一至二十二字。無欄格。藏印"雙鑑樓藏書印"（朱文）、"傅沅叔藏書記"（朱文）。傅氏雙鑑樓據江陰繆氏藝風堂藏抄本傳寫。傅增湘舊藏。

學而

學薰知行既學之矣而取所學者再思之再辨之熟

後玩味流連而不忍置即溫故知新之說也此

之郡也既學之矣而慎獨以誠意主靜以正心如尸

如齋以修身皆是今日如此明日亦然終月如此終

歲亦然此加行之之圖也如此則心與理相涵身與事

相安有義理之機趣不見爲艱苦而覺與致勃然

殊方矣必有同心有志之士欲學聖賢印證道脈者

說乎此者久之實至名彰獨處一室而風聲溢於

自遠方來所謂德不孤也至是則共相探討互相磨

切昌明大道脊入聖域已物皆成不不樂甲不慍此

之得顏曾是其解也如是則自然人不知則君相不用君子

句與有朋自遠方來一例人不知則君相不用君子

113　王子莊筆説六卷　（清）王子莊撰　清抄本　六冊
半葉行字數不等。無欄格。題名據抄本封題著錄。

424

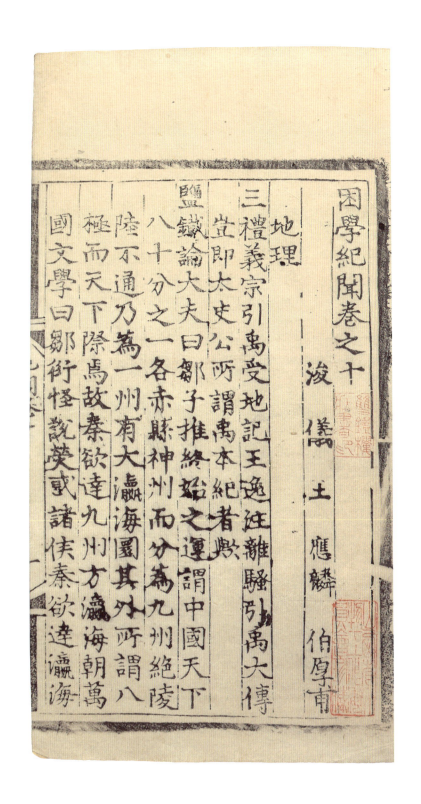

114　困學紀聞二十卷　（宋）王應麟撰　明刻本　一冊

　　半葉十行十八字，黑口，四周雙邊，雙對黑魚尾。框高 20.7 厘米，廣 14 厘米。存一卷
（十）。藏印"雙鑑樓藏書印"（朱文）、"傅沅叔藏書記"（朱文）。傅增湘舊藏。

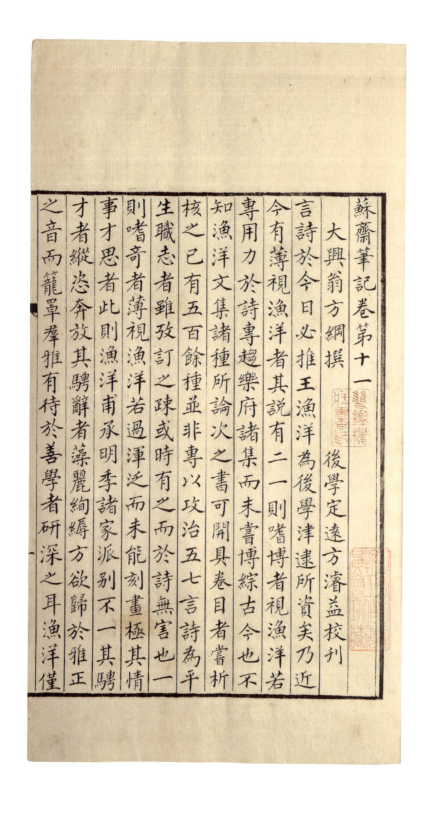

115　蘇齋筆記□□卷　（清）翁方綱撰　（清）方濬益校刊　民國傅氏雙鑑樓抄本　一冊

　　半葉十二行二十字，白口，左右雙邊，單黑魚尾。框高20.2厘米，廣14.6厘米。存二卷（十一至十二）。藏印"雙鑑樓藏書印"（朱文）、"傅沅叔藏書記"（朱文）。欄外上鐫"江安傅氏鈔本"。傅增湘舊藏。

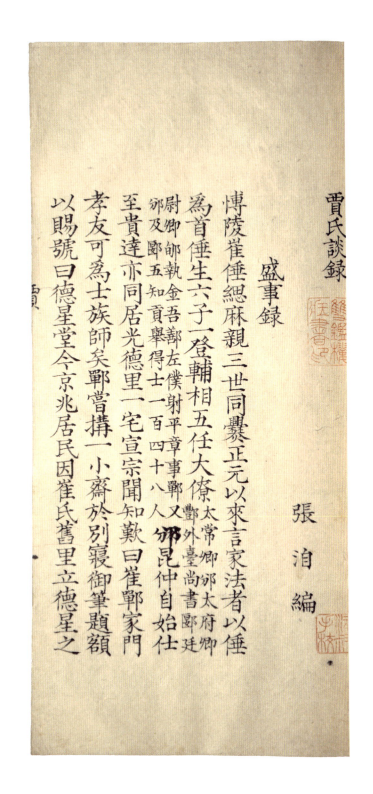

賈氏談録

張泊編

盛事録

博陵崔倕總麻親三世同爨正元以來言家法者以倕
為首倕生六子一登輔相五任大僚_{太常卿邠太府卿}又
尉卿邠執金吾邠左僕射平章事邠_{邠外臺尚書邠廷}又
邠及邠五知貢舉得士一百四十八人邠_{邠昆仲自始仕}
至貴達亦同居光德里一宅宣宗聞知歎曰崔邠家門
孝友可為士族師矣邠嘗搆一小齋於別寢御筆題額
以賜號曰德星堂今京兆居民因崔氏舊里立德星之

貢

116　賈氏談録一卷　（宋）張泊撰　清咸豐七年（1857）勞權抄本　傅增湘跋　一冊（與《詩
家鼎臠》合一冊）

　　半葉九行二十一字。無欄格。藏印“雙鑑樓藏書印”（朱文）、“沅叔”（朱文）、“傅
增湘”（白文）、“沅叔手校”（朱文）、“傅沅叔藏書印”（朱文）。清咸豐七年勞權過
録朱彝尊曝書亭舊抄本。傅增湘舊藏。

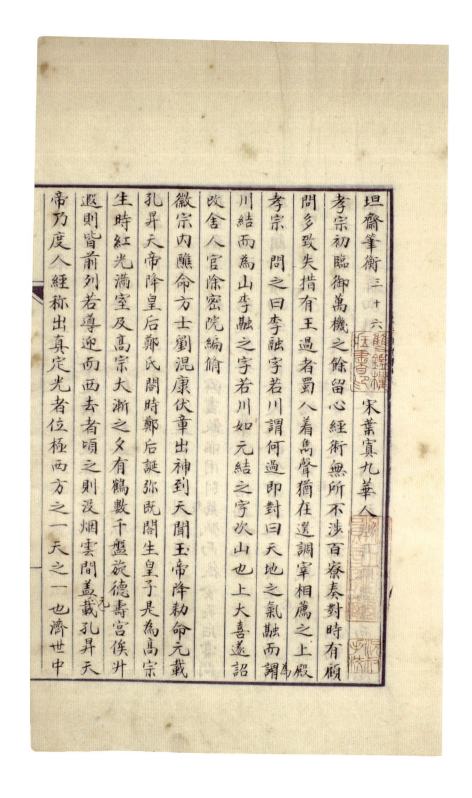

117　摘録明抄本説郛不分卷　民國傅氏雙鑑樓抄本　傅增湘校并題識　一册

半葉十一行二十四字，白口，左右雙邊，單黑魚尾。框高 19.1 厘米，廣 14.1 厘米。藏印"雙鑑樓藏書印"（朱文）、"沅叔手校"（朱文）、"沅叔校題"（朱文）、"沅叔"（朱文）。傅增湘據明抄本《説郛》轉録。傅增湘舊藏。

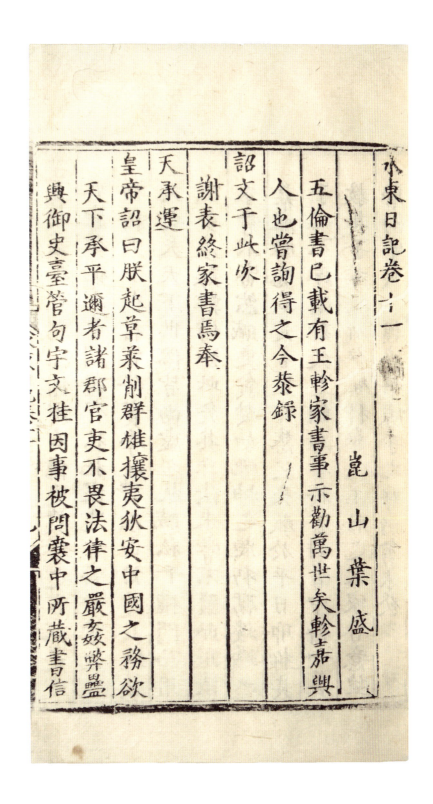

118　水東日記三十八卷　（明）葉盛撰　明刻本　二冊

半葉十行二十字，黑口，四周雙邊，雙對黑魚尾。框高 20.7 厘米，廣 14.9 厘米。存二十九卷（十至三十八）。藏印"雙鑑樓藏書印"（朱文）。傅增湘舊藏。

震澤紀聞

洞庭　王鏊

宋學士濂洪武中以文學承寵渥最久後以老
致仕每值萬壽節則來京賀　上與宴恩數尤
洽一日與登文樓樓峻陟級躋焉　上曰先生
老矣明年可無復來濂稽首謝至明年萬壽節
前數日　上曰宋先生其來乎蓋忘前語也久
之不至曰其阻風乎使使視之江口不至曰其
有疾乎使使視之家濂方與鄉人會飲賦詩
上聞大怒命即其家斬之巳而入宮上食　孝

〈震澤紀聞〉

119　震澤紀聞二卷　（明）王鏊撰　明嘉靖刻本　一册
　　半葉十行十八字，白口，左右雙邊，單白魚尾。框高 17.6 厘米，廣 12.9 厘米。藏印"雙
鑑樓藏書印"（朱文）、"傅沅叔藏書記"（朱文）。傅增湘舊藏。

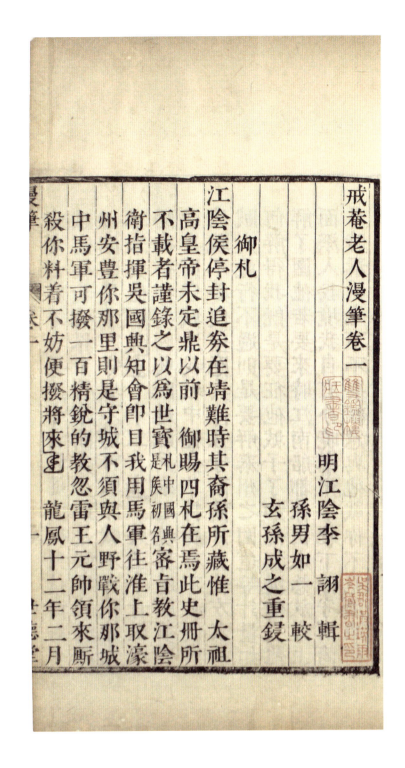

120　戒庵老人漫筆八卷　（明）李詡撰　清順治五年（1648）李成之世德堂刻本　清方功惠　傅增湘跋　四冊

　　半葉十二行二十字，白口，左右雙邊，單黑魚尾。框高18厘米，廣13.3厘米。藏印"吳郡洪瑛雨岑藏書之印"（朱文）、"柳橋"（朱文）、"碧琳琅館之印"（朱文）、"方功惠印"（白文）、"巴陵方氏"（朱文）、"傅增湘"（朱文）、"沇叔"（朱）。傅增湘舊藏。

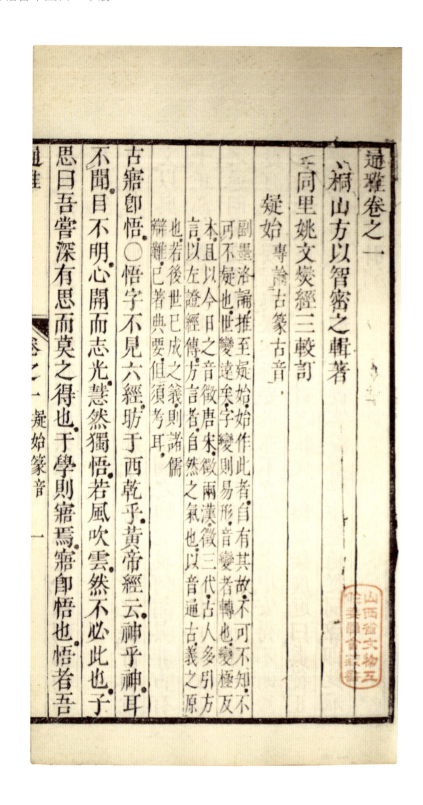

121 通雅五十二卷首三卷 （明）方以智撰　清立教館刻本（日本刻本）　二十册

半葉十行二十四字，白口，四周單邊，單黑魚尾。框高 21.7 厘米，廣 13.4 厘米。內封題"通雅　方密之先生手輯姚經三先生校定　立教館校鋟"。

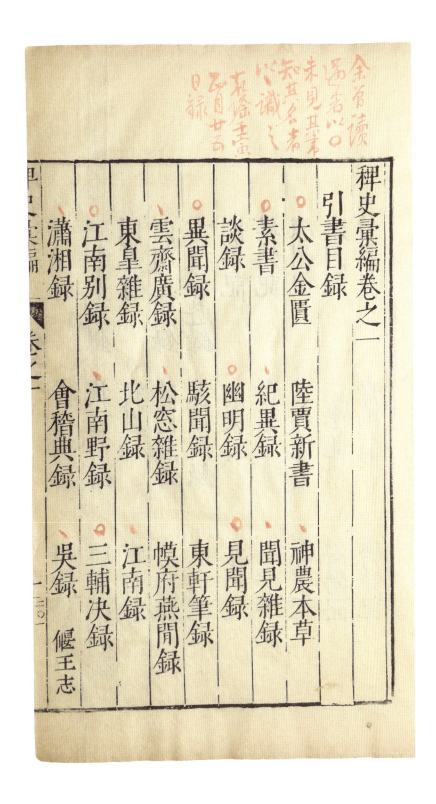

稗史彙編一百七十五卷　（明）王圻輯　明萬曆刻本　佚名朱筆批點　六十册

半葉十行二十字，白口，左右雙邊，單黑魚尾。框高 20.7 厘米，廣 14.2 厘米。藏印“壽椿堂王氏家藏”（白文）。版心下題刻工及字數。

433

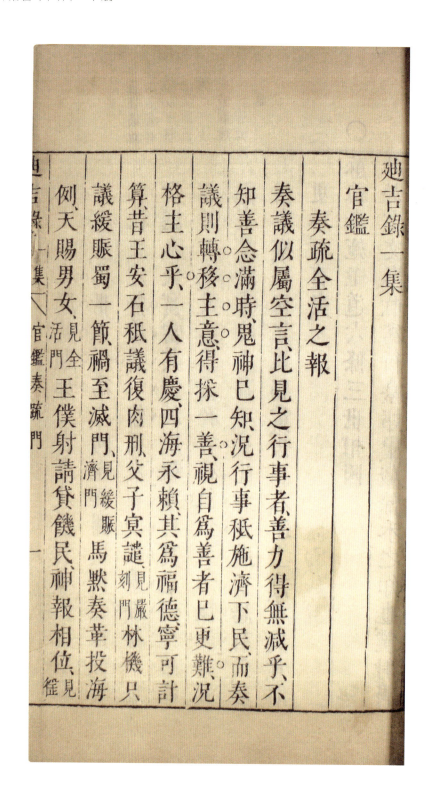

123 迪吉錄八卷 （明）顏茂猷撰 明崇禎刻本 五册

半葉十行二十字，白口，左右雙邊，單白魚尾。框高20厘米，廣14厘米。藏印"壽椿堂王氏家藏"（白文）、"山右王郎"（朱文）。

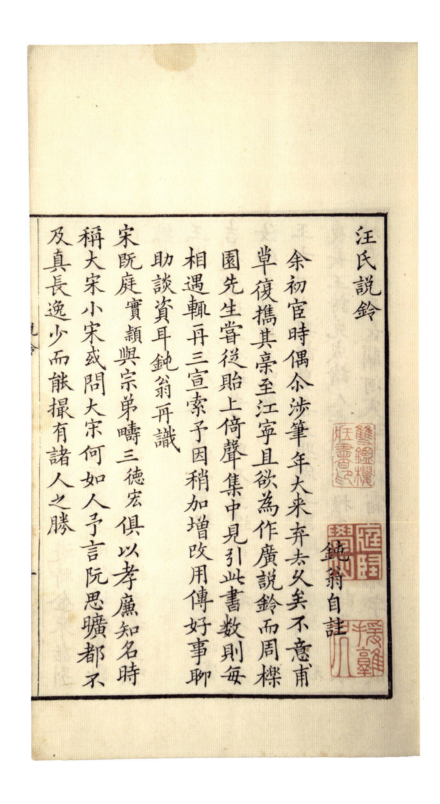

124　汪氏説鈴一卷　（清）汪琬撰并注　清雍正十二年（1734）刻本　一册

　　半葉十行十九字，白口，四周單邊。框高 17.2 厘米，廣 13.2 厘米。藏印"汪學山藏書印"（朱文）、"庭堅學山"（白文）、"雙鑑樓藏書印"（朱文）。傅增湘舊藏。

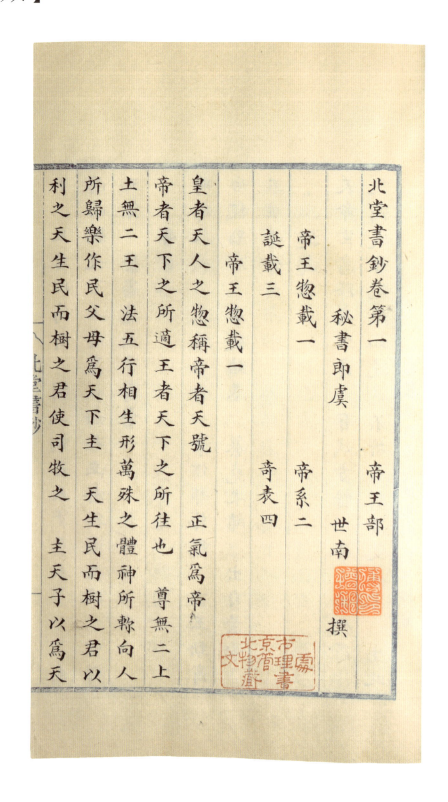

125　北堂書鈔一百六十卷　（唐）虞世南撰　清抄本　十六册

　半葉十行二十字，小字雙行同，白口，四周單邊，單白魚尾。框高20.5厘米，廣14.5厘米。藏印"雙鑑樓"（朱文）、"江安傅沅叔藏書記"（朱文）、"沅叔手校"（朱文）、"雙鑑樓藏書印"（朱文）。傅增湘舊藏。

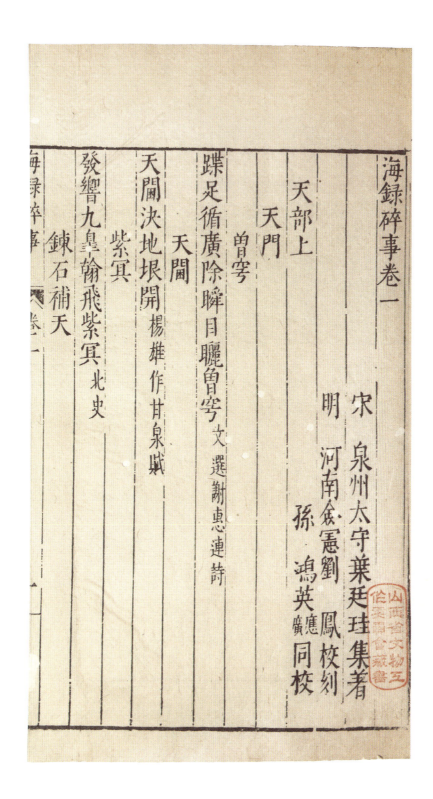

126　海録碎事二十二卷　（宋）葉廷珪撰　明萬曆二十六年（1598）劉鳳刻本　二十四冊

　半葉十二行二十一字，白口，左右雙邊，單黑魚尾。框高 20 厘米，廣 13.8 厘米。藏印"宛平王氏家藏"（白文）、"慕齋鑑定"（朱文）。

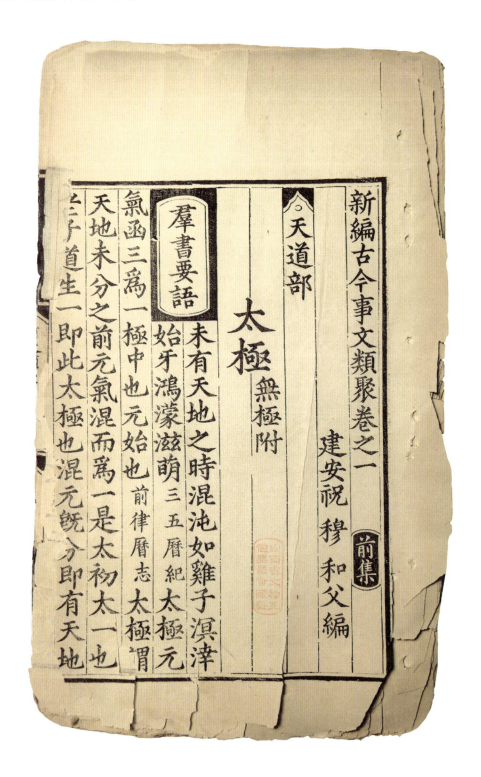

127　新編古今事文類聚前集六十卷後集五十卷續集二十八卷別集三十二卷　（宋）祝穆
輯　新集三十六卷外集十五卷　（元）富大用輯　明内府刻本　十九冊

　　半葉十行十八字，黑口，四周雙邊，雙順黑魚尾。框高24.8厘米，廣18厘米。存四十
卷（前集一至二、五至六、十五至十七、二十七至二十八；後集十五、十八至十九、三十四
至三十七；續集二、五、二十五至二十八；新集五至六、十至十三、二十三至二十五、
二十八至三十；外集一至六）。包背裝。

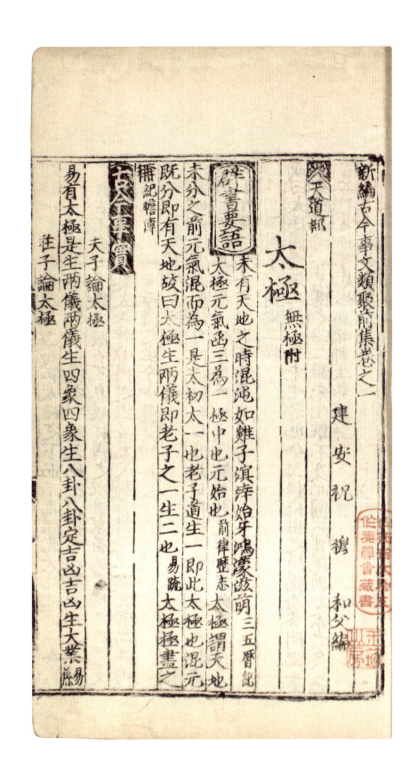

128　新編古今事文類聚前集六十卷　（宋）祝穆撰　明刻本　八冊

　　半葉十四行二十八字，白口，四周雙邊，雙對黑魚尾。框高 19.5 厘米，廣 13 厘米。藏印"玉笥山房"（朱文）。

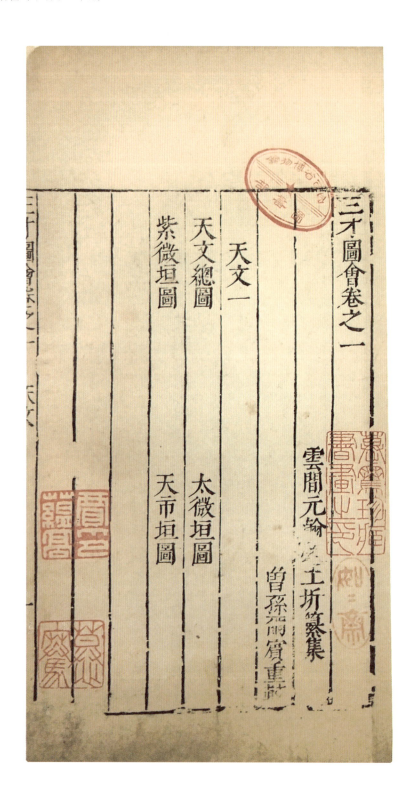

129　三才圖會一百六卷　（明）王圻撰　明萬曆三十七年（1609）刻王爾賓重修本　六册

　　半葉九行二十二字，白口，四周單邊。框高 20.1 厘米，廣 13.8 厘米。存四卷（天文卷一至四）。藏印"慕騫珍藏書畫之印"（朱文）、"慕騫"（朱文）、"賈蘊高印"（白文）。

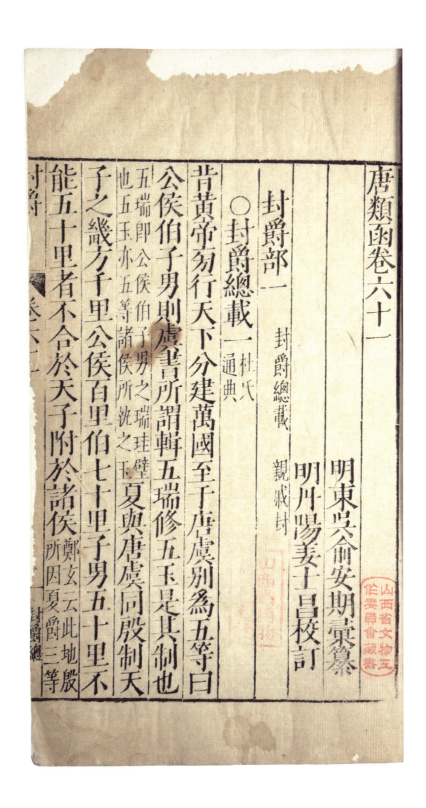

130　唐類函二百卷目錄二卷　　（明）俞安期輯　明萬曆三十一年（1603）自刻本　一冊

半葉十行二十字，小字雙行同，白口，四周單邊，單黑魚尾。框高20.7厘米，廣14.5厘米。
存五卷（六十一至六十五）

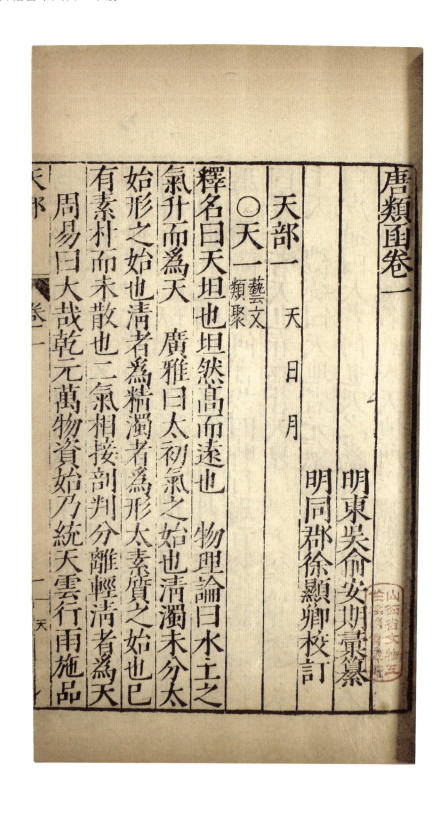

131　唐類函二百卷目録二卷　（明）俞安期輯　（明）徐顯卿校訂　明萬曆三十一年（1603）刻四十六年（1618）重修本　佚名批校　四十冊

　　半葉十行二十字，小字雙行同，白口，四周單邊，單黑魚尾。框高20.6厘米，廣14.6厘米。

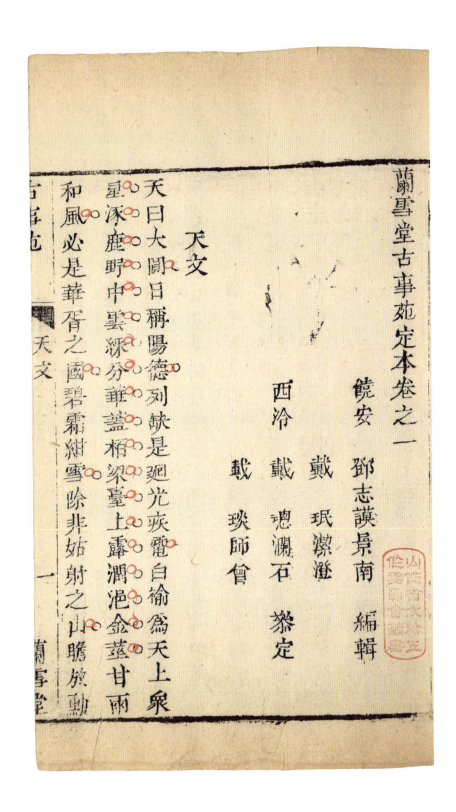

132　古事苑十二卷　（清）鄧志謨輯　清康熙蘭雪堂刻本　八冊

半葉九行二十一字，白口，左右雙邊，單黑魚尾。框高 19.2 厘米，廣 14 厘米。内封題
"古事苑　蘭雪堂定本　本衙藏版"。版心下題"蘭雪堂"。

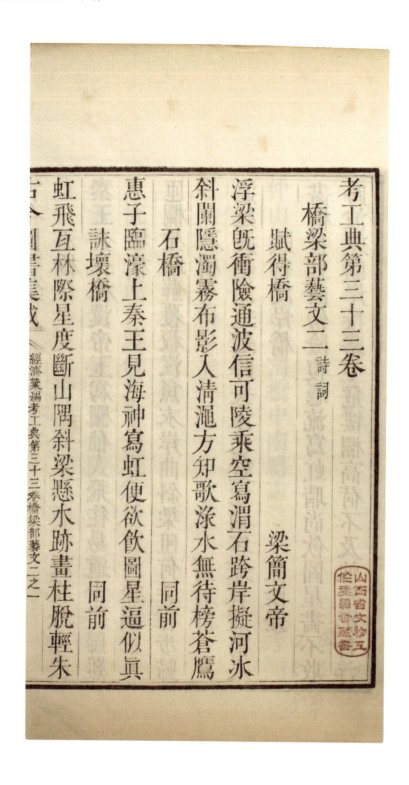

133　欽定古今圖書集成一萬卷目録四十卷　（清）蔣廷錫　陳夢雷等輯　清雍正四年（1726）內府銅活字印本　一百二册

半葉九行二十字，白口，四周雙邊，單白魚尾。框高21.3厘米，廣14.9厘米。存二百四卷（三十三至九十六、一百十三至二百五十二）。

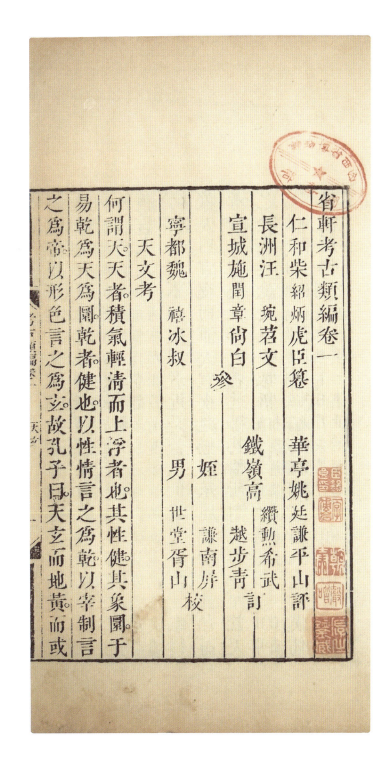

134　省軒考古類編十二卷　（清）柴紹炳撰　（清）姚廷謙評　清雍正四年（1726）澹成堂刻本　四冊

　　半葉十行二十一字，小字雙行同，黑口，左右雙邊，雙對黑魚尾。框高 17.6 厘米，廣 12.3 厘米。藏印"敦古堂藏書"（白文）、"後知鑒藏書畫印記"（白文）、"厚之鑒藏"（白文）、"翰泰"（白文）、"臣錫良印"（白文），"聲喈"（朱文）、"一字傳岩"（朱文）。內封題"省軒考古類編　華亭姚平山評定　鐵嶺高步青參閱　澹成堂藏版"。

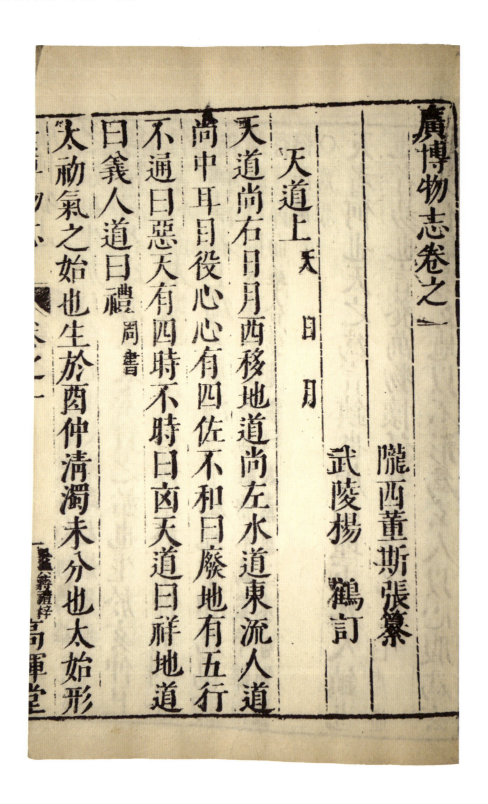

135　廣博物志五十卷　（明）董斯張輯　清乾隆二十六年（1761）刻本　十二册

半葉九行十八字，小字雙行同，白口，四周單邊，單黑魚尾。框高20.8厘米，廣15.9厘米。存十八卷（一至八、十至十七、四十七、四十八）。版心下題"高暉堂"。版心題寫工：蔣文英；又題刻工：蔣禮、孟魁等。

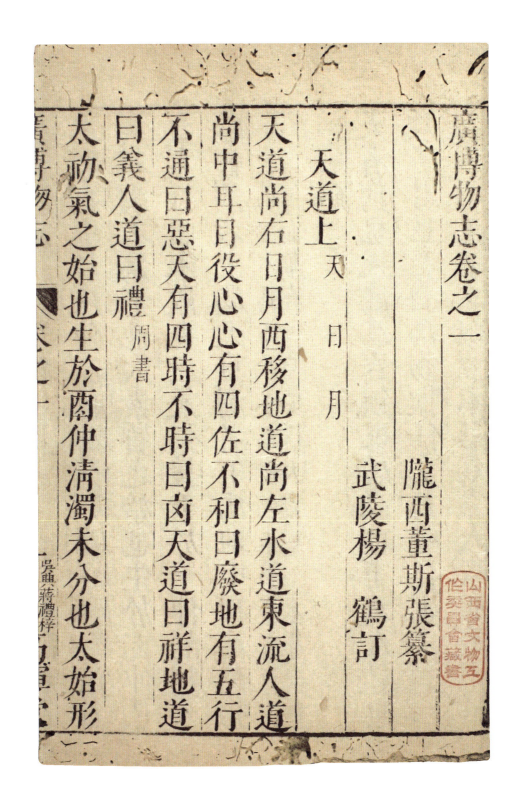

廣博物志卷之一

隴西董斯張纂

武陵楊　鶴訂

天道上

天日月

天道尚右日月西移地道尚左水道東流人道
尚中耳目役心心有四佐不和曰廢地有五行
不通曰惡天有四時不時曰凶天道曰祥地道
曰義人道曰禮　周書

太㳌氣之始也生於闔仲清濁未分也太始形

半葉九行十八字，小字雙行同，白口，四周單邊，單黑魚尾。框高20.8厘米，廣15.3厘米。
版心下題"高暉堂"。版心題寫工：蔣文英；又題刻工：蔣禮、孟魁等。

136　廣博物志五十卷　（明）董斯張輯　清乾隆二十六年（1761）刻本　三十二冊

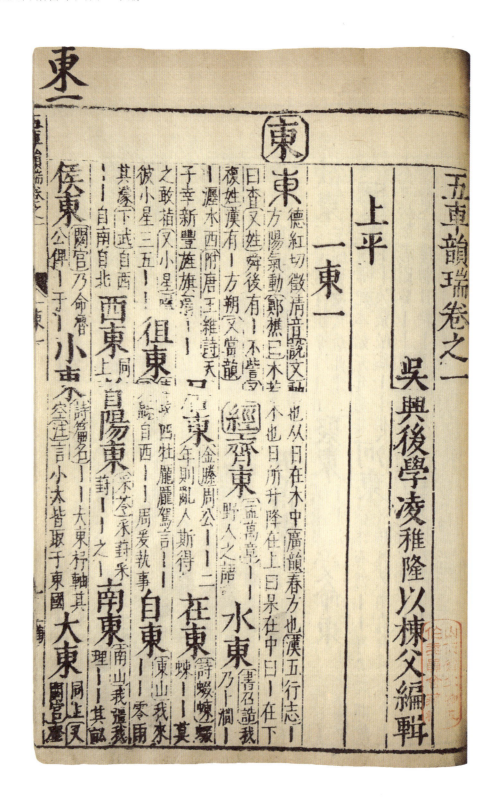

137　五車韻瑞一百六十卷　（明）凌稚隆輯　明文茂堂刻本　二十四册

半葉十行二十字，小字雙行二十七字，白口，左右雙邊，單黑魚尾。框高 22.1 厘米，廣 15.5 厘米。内封題"五車韻瑞　吳興凌以棟先生纂輯　文茂堂梓行"。

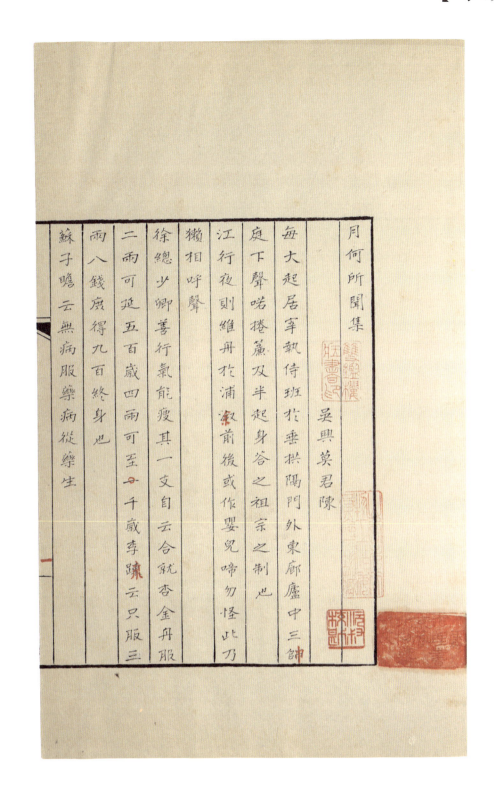

138　月河所聞集一卷　（宋）莫君陳撰　民國傅氏雙鑑樓抄本　傅增湘校并題識　一册

　　半葉十行二十字，細黑口，四周單邊，單黑魚尾。框高 17.2 厘米，廣 13.3 厘米。藏印"雙鑑樓藏書印"（朱文）、"沅叔校勘"（朱文）、"沅叔"（朱文）、"傅沅叔藏書記"（朱文）、"傅"（白文）。欄外下鐫"藏園傅氏寫本"。傅增湘依劉氏新刊本校正。傅增湘舊藏。

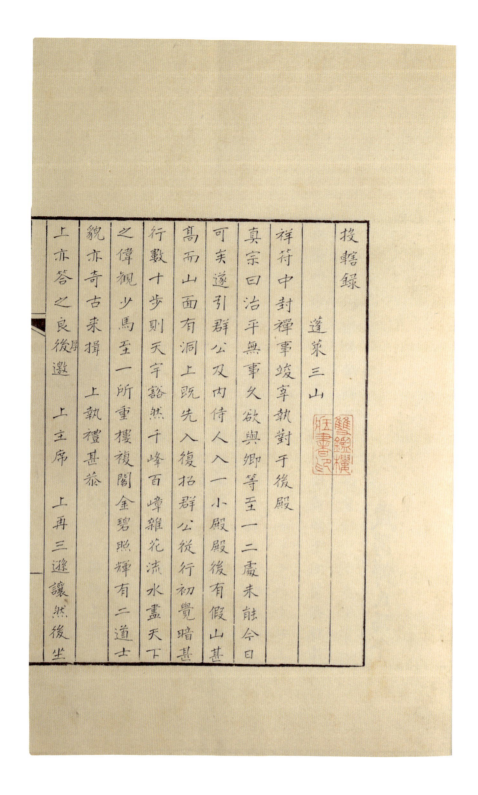

139　投轄錄一卷　（宋）王明清撰　民國傅氏雙鑑樓抄本　一冊

半葉十行二十字，黑口，四周單邊，單黑魚尾。框高17.2厘米，廣13.4厘米。藏印"雙鑑樓藏書印"（朱文）、"傅沅叔藏書記"（朱文）。欄外下鎸"藏園傅氏寫本"。傅氏雙鑑樓據明抄說集本抄録。傅增湘舊藏。

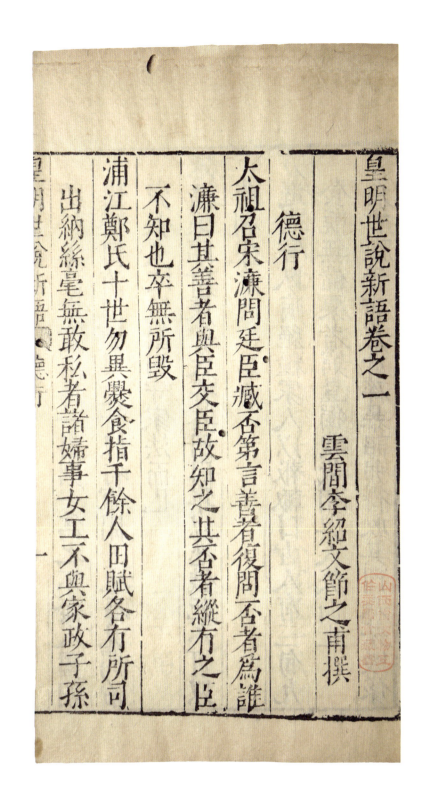

皇明世説新語卷之一

雲間李紹文節之甫撰

德行

太祖召宋濂問廷臣臧否第言善者復問否者爲誰

濂曰其善者與臣交臣故知之其否者縱有之臣

不知也卒無所毀

浦江鄭氏十世勿異爨食指千餘人田賦各有所司

出納絲毫無敢私者諸婦事女工不與家政子孫

皇明世説新語卷一　德行　一

140　皇明世説新語八卷　（明）李紹文撰　明萬曆刻本　二冊
半葉八行二十字，白口，四周單邊，單黑魚尾。框高 21.5，廣 13.8 厘米。

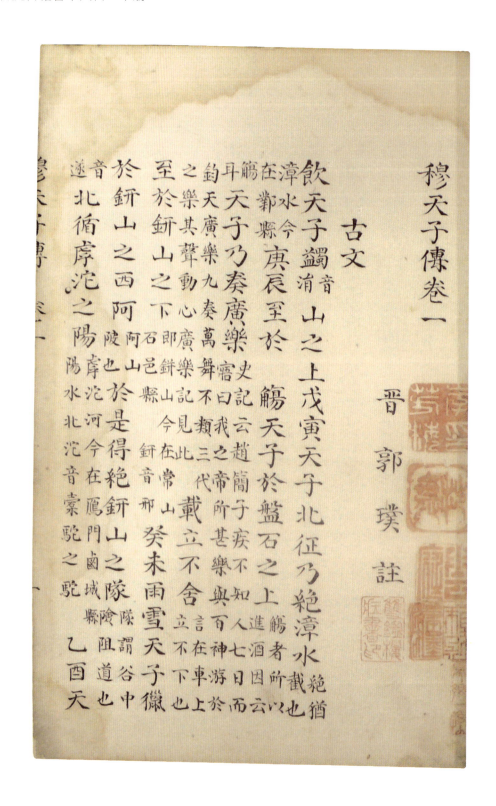

141　穆天子傳六卷　（晉）郭璞注　清抄本　一册

半葉十行二十字。無欄格。藏印"李芳梅印"（朱文）、"雙鑑樓藏書印"（朱文）、"傅沅叔藏書記"（朱文）。清初據元至正十年（1350）金陵學官刻本影寫。李芳梅、傅增湘遞藏。

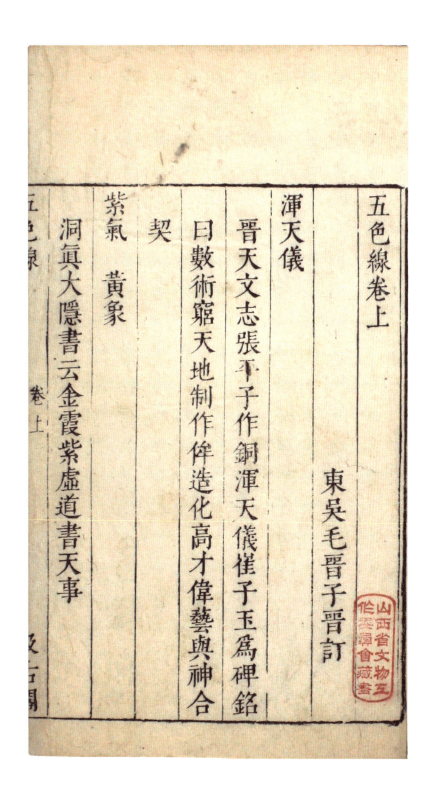

五色線卷上　　　　　東吳毛晉子晉訂

渾天儀

晉天文志張平子作銅渾天儀崔子玉爲碑銘

日數術窺天地制作侔造化高才偉藝與神合

契

紫氣　黃象

洞眞大隱書云金霞紫虛道書天事

五色線　　卷上　　　　　　汲古閣

142　五色線二卷　明崇禎毛氏汲古閣刻津逮秘書本　二冊

半葉八行十八字，白口，左右雙邊。框高18.6厘米，廣13.5厘米。版心下題"汲古閣"。

453

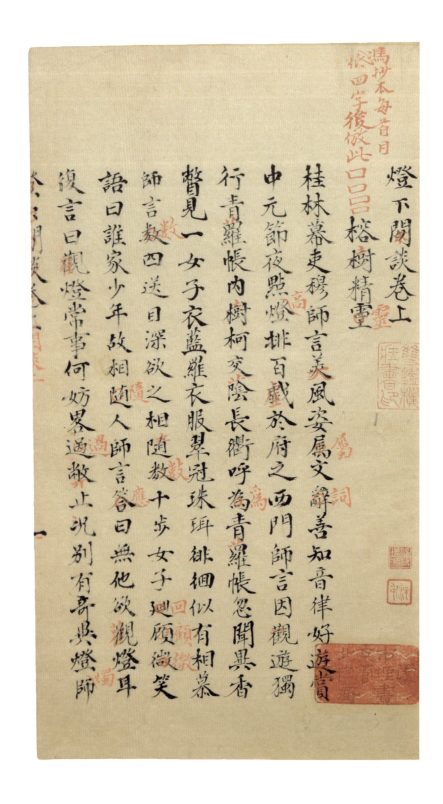

143 燈下閑談二卷　清乾隆周錫瓚抄本　十如居士跋　二册

　　半葉十行十九字。無欄格。藏印"十如居士"（朱文）、"葉氏秘笈"（朱文）、"沅叔"（朱文）、"雙鑑樓藏書印"（朱文）、"傅增湘藏書記"（朱文）、"傅增湘"（白文）。清乾隆周錫瓚據清初馮已蒼校本傳抄。傅增湘舊藏。

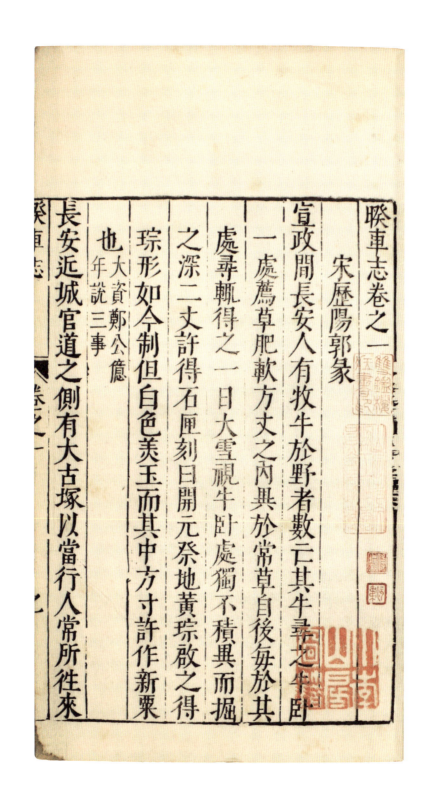

144　睽車志六卷　（宋）郭象撰　明刻本　二冊

　　半葉九行二十字，白口，四周單邊，單黑魚尾。框高 20.2 厘米，廣 13.9 厘米。藏印"小李山房圖籍"（白文）、"雙鑑樓藏書印"（朱文）、"沅叔"（朱文）、"傅增湘"（白文）。傅增湘舊藏。

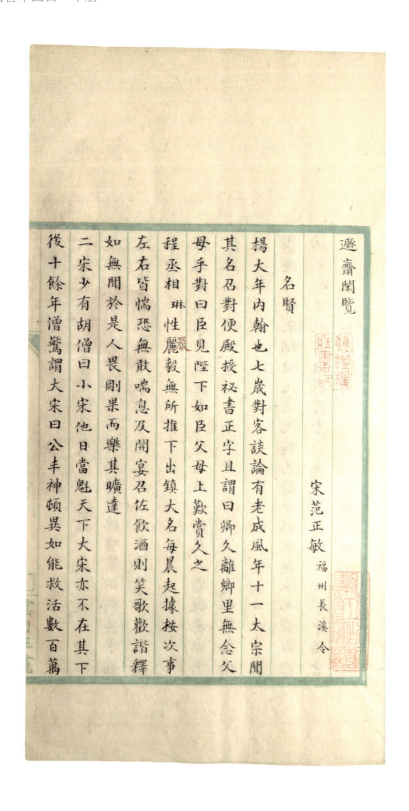

145　遯齋閑覽一卷　（宋）范正敏撰　清江蔭繆氏藝風堂抄本　佚名題識批校　一册

　　半葉十一行二十二字，黑口，四周單邊，單黑魚尾。框高 17.1 厘米，廣 13.3 厘米。版心下題"雲自在龕"。傅增湘舊藏。

146　三國志像二百四十幅　**明刻本　二冊**

白口，四周雙邊。框高 20.8 厘米，廣 13.1 厘米。封面題簽"介休冀孔瑞藏"。

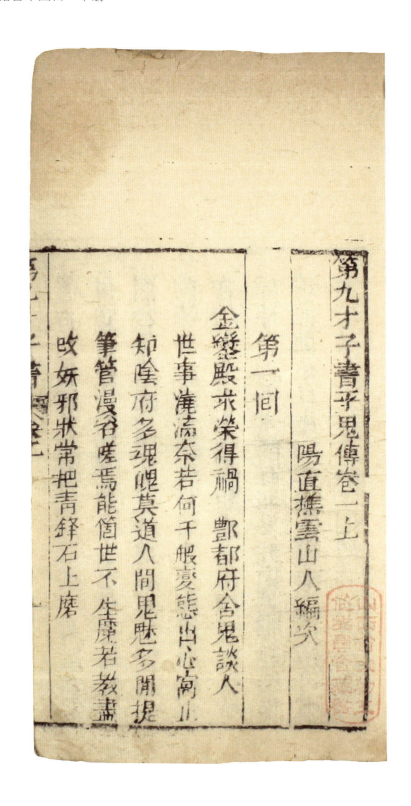

147　第九才子書平鬼傳四卷　（清）劉璋撰　清乾隆五十九年（1794）聚錦堂刻本　佚名朱墨筆題識　四册

　　半葉八行十七字，白口，四周單邊，單黑魚尾。框高 12.9 厘米，廣 9.4 厘米。内封題"説唐平鬼全傳　第九才子書　陽直樵雲山人編次　聚錦堂藏板"。

此書四庫總目收入存目言雜錄雷之典故与
雷之果報雖意主戒惡而所據皆小說家言
然以余觀之即雷之故實六多所遺漏似宜
檢各類書補輯以完之
戊寅五月廿九日藏園子識

雷譜叙

吳郡吳人金保亦陶輯

陰陽相薄感而為雷激而為霆疾雷也雷疾甚
者謂之震震戰也所擊輒破若攻戰也震與霆皆
謂霹靂霹靂者辟折也所應皆破折也其光謂之
電電疹也乍見則疹滅也雷二月出地百八十日
雷出則萬物出八月入地百八十日雷入則萬物
入以骸除害出則與利人君之象于天地為長子
以其首長萬物與其出入也易曰雷出地奮豫又
曰天地解而雷雨作雷雨作而萬物草木皆甲坼

148　雷譜一卷　（清）金侃輯　民國傅氏雙鑑樓抄本　傅增湘跋　一冊
　　半葉十行十九字，黑口，四周單邊，單黑魚尾。框高 18.4 厘米，廣 13.5 厘米。藏印“雙
鑑樓藏書印”（朱文）、“傅沅叔藏書記”（朱文）。傅增湘舊藏。

【道家類】

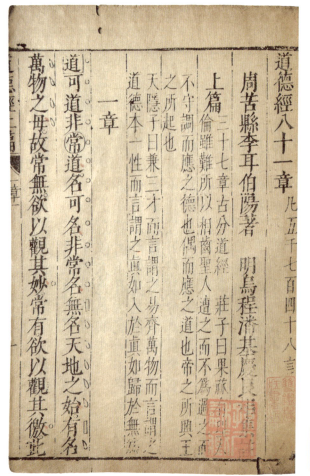

149　老莊郭註會解九卷　（明）潘基慶輯　明文樞堂刻本　朱筆圈點　四册

　　半葉八行二十字，白口，四周單邊，單黑魚尾。框高20.8厘米，廣15.2厘米。內封題"老莊郭註會解　文樞堂藏版"。藏印"孫人龢藏"（白文）、"長沙龍氏"（朱文）、"落魄道人"（朱文）、"雙鑑樓藏書印"（朱文）、"傅沅叔藏書印"（朱文）。傅增湘舊藏。

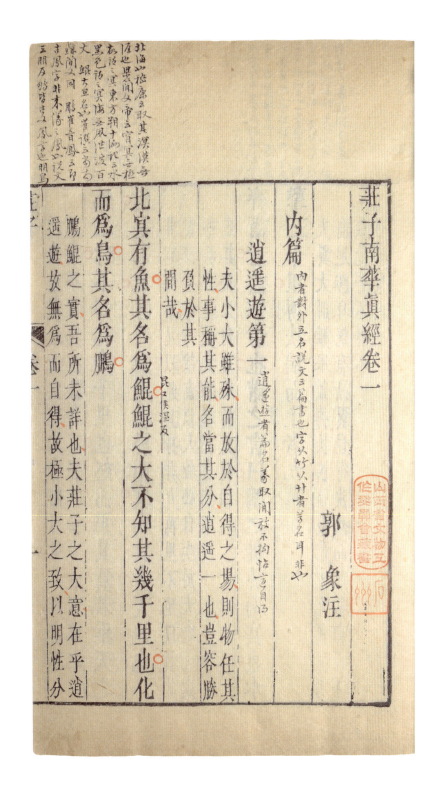

150　莊子南華真經十卷　（晉）郭象注　（唐）陸德明音義　清初刻本　清張穆批校并跋　六册

　　半葉九行十九字，小字雙行十八字，白口，四周單邊，單黑魚尾。框高 18.4 厘米，廣 17.2 厘米。藏印"石州"（朱文）、"張"（朱文）、"張瀛暹印"（白文）、"張瀛暹"（白文）。内封題"莊子郭注　宋本重刊"。清張穆舊藏。

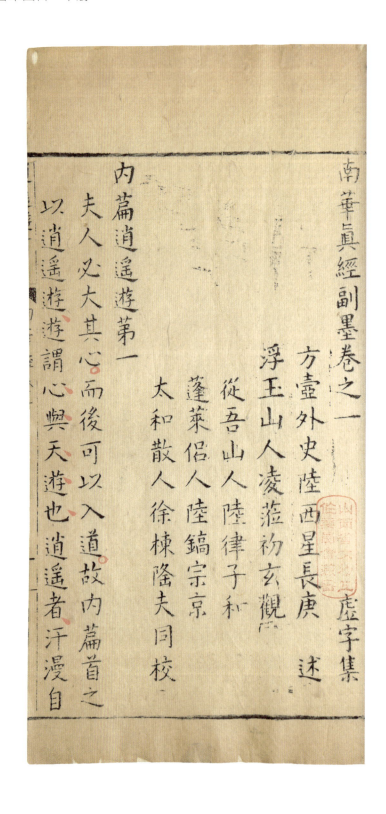

151 南華真經副墨八卷讀南華真經雜説一卷 （明）陸西星撰 明萬曆六年（1578）李齊芳

刻本 朱、墨筆圈點 八册

半葉九行十八字，白口，四周單邊，單黑魚尾。框高20.9厘米，廣12.8厘米。

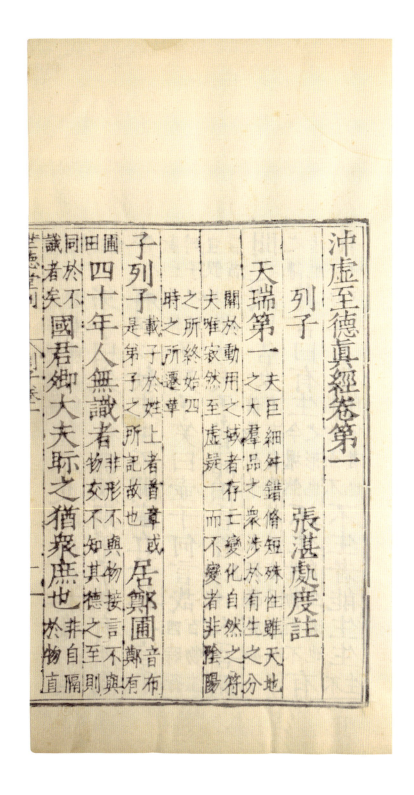

152　沖虛至德真經八卷　（晉）張湛注　（唐）殷敬順釋文　明嘉靖十二年（1533）顧春世德堂刻六子書本　四冊

　　半葉八行十七字，小字雙行十五至十七字，白口，四周雙邊，單白魚尾。框高 19.3 厘米，廣 14.1 厘米。藏印"項元汴印"（朱文）、"墨林山人"（白文）、"子孫永保"（白文）。版心上題"世德堂刊"。明項元汴舊藏。

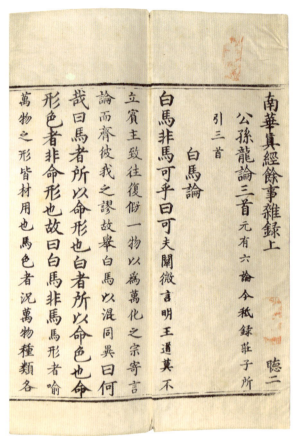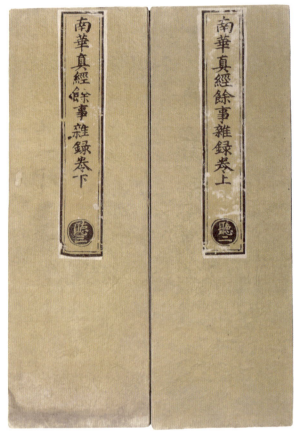

153　南華真經餘事雜録二卷　　（宋）陳景元撰　明正統十年（1445）內府刻道藏本　二册
　　半葉五行十七字，上下雙邊。框高 27.5 厘米，廣 12.8 厘米。經折裝。

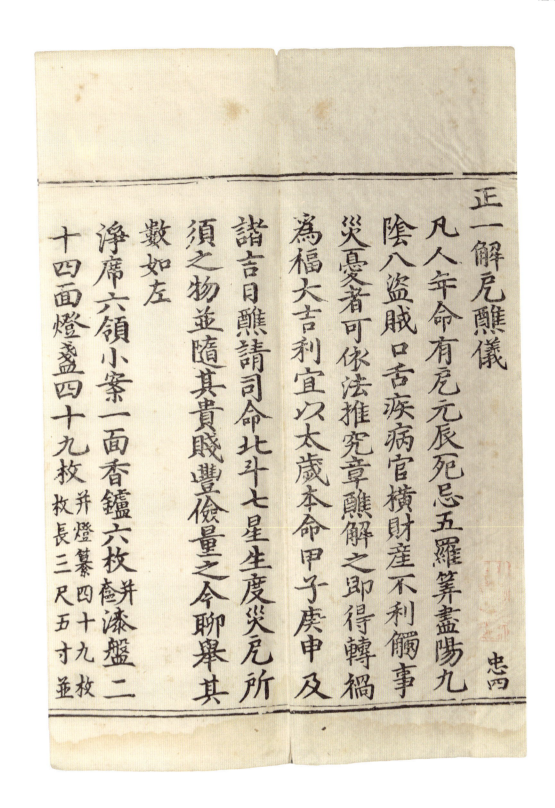

正一解厄醮儀

凡人年命有厄元辰死忌五羅筭盡陽九

陰八盜賊口舌疾病官橫財產不利儷事

災憂者可依法推究章醮解之即得轉禍

為福大吉利宜以太歲本命甲子庚申及

諸言日醮請司命北斗七星生度災厄所

須之物並隨其貴賤豐儉量之今聊舉其

數如左

淨席六領小案一面香鑪六枚奩漆盤二

十四面燈盞四十九枚枚長三尺五寸並

154　正一解厄醮儀一卷　明正統十年（1445）內府刻道藏本　一冊
　　　半葉五行十七字，上下雙邊。框高 27.5 厘米，廣 12.8 厘米。經折裝。

无能子卷上

聖過第一

天地未分混沌一炁一炁充溢分爲二儀有
清濁焉有輕重焉輕清者上爲陽爲天重濁
者下爲陰爲地矣天則剛健而動地則柔順
而靜㷀之自然也天地既位陰陽炁交於是
裸蟲鱗蟲毛蟲羽蟲甲蟲生焉人者裸蟲也
與夫鱗毛羽蟲俱焉同生天地交炁而已無
所異也或謂有所異者豈非乎人自謂異於
鱗羽毛甲諸蟲者豈非乎能用智慮耶言語

155　无能子三卷　明正統十年（1445）內府刻道藏本　二册

　　半葉五行十七字，上下雙邊。框高 27.5 厘米，廣 12.8 厘米。存二卷（上、中）。經折裝。

太華希夷志卷上

登仕郎河中府知事訥齋張輅纂集補譔

先生名摶字圖南亳州貞源人幼歲戲渦水〔一作渦水〕

一青衣媼抱置懷中乳之曰令汝更無

嗜欲聰悟過人〔青衣媼者疑辰星之精〕及長習舉業後

唐長興中試進士不第隱居武當山九室巖

辟穀鍊氣二十餘年或傳夜靜焚香讀易有

五老人至庵眉皓髮容貌古怪常來聽誦居

日久摶問之老人對曰吾儕即茲山日月池

龍也此間玄武據臨之地華山是先生棲隱

帝八

二

156　太華希夷志二卷　（元）張輅編撰　明正統十年（1445）內府刻道藏本　二冊
半葉五行十七字，上下雙邊。框高 27.5 厘米，廣 12.8 厘米。經折裝。

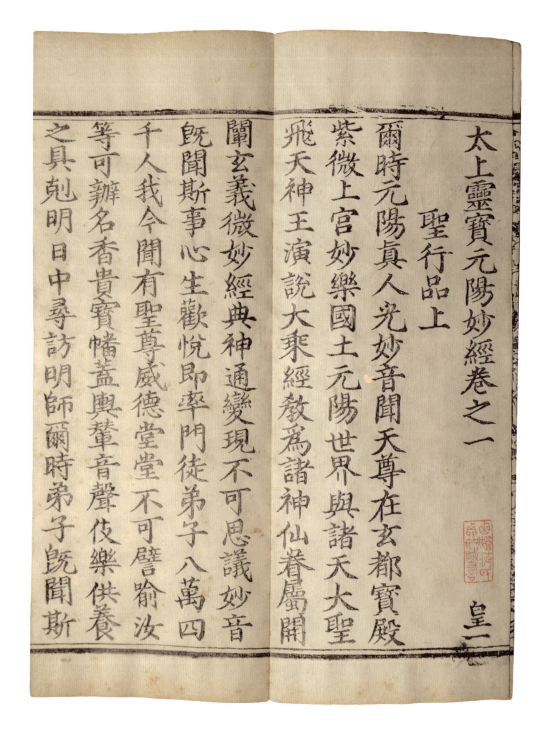

157　太上靈寶元陽妙經十卷　明正統十年（1445）內府刻道藏萬曆二十六年（1598）印本　十冊

半葉五行十七字，上下雙邊。框高 27.5 厘米，廣 12.5 厘米。御製牌記題"天地定位　陰陽協和　星辰順度　日月昭明　寒暑應候　雨暘以時　山嶽靖謐　河海澄清　草木蕃廡　魚鱉鹹若　家和戶寧　衣食充足　禮讓興行　教化修明　風俗敦厚　刑罰不用　華夏歸仁　四夷賓服　邦國鞏固　宗社尊安　景運隆長　本支萬世　正統十年十一月十一日"。藏印"西城范氏貞如藏書"（朱文）。經折裝。一紙五折。范貞如舊藏。

道元一炁軋集

新安　俞道人曹士珩元白甫著
後學衲隱鮑　山在齊甫較
古黟門人瀛朋子注　瀚
古歙門人如赤子方明良　全閱

源流小引

大道之初渾渾噩噩人心未彫元氣渾淪日用
飲食皆道也無心合道縣而不知故人人壽考
稽之往冊天皇氏地皇氏人皇氏皆數萬歲不
知者以為其說荒唐知之者則以為必然也何
也道故也及宓義之卦一畫而道已浸浸露其

內篇　乾　元流引
一

158　道元一炁五卷　（明）曹士珩撰　明崇禎七年（1634）汪瀚等刻本　五冊
半葉十一行十八字，小字雙行十七字，白口，四周單邊。框高21.5厘米，廣21.4厘米。

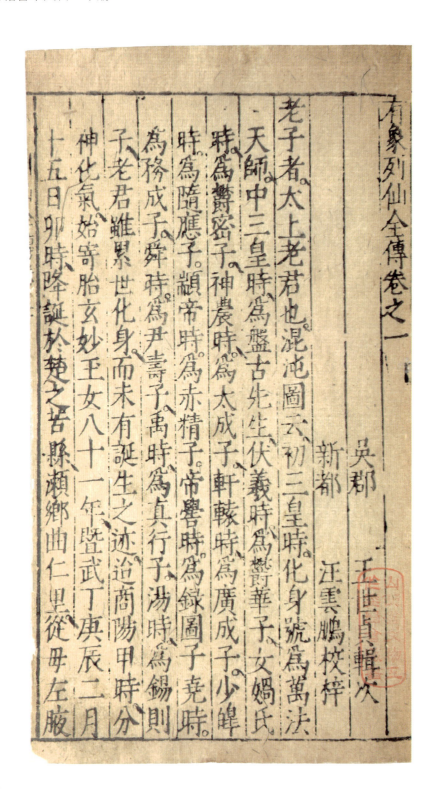

159　有象列仙全傳九卷　（明）王世貞撰　（明）汪雲鵬補　明萬曆二十八年（1600）汪雲鵬玩虎軒刻清初德讓堂重修本　八册

　　半葉十一行二十二字，白口，四周單邊。框高 20.7 厘米，廣 12.8 厘米。藏印 "寶坻顧氏慎齋藻鑒"（朱文）。内封題 "列仙傳　精工繡像　書林德讓堂梓"。

160　大般若波羅蜜多經六百卷　（唐）釋玄奘譯　北宋開寶五年（972）刻元符三年（1100）印開寶藏本　一軸

　　每紙二十二行，行十四字。高 32.3 厘米，長 745.5 厘米，一紙長 47.5 厘米。存一卷（二百六），全二十六紙，一至十紙缺失。卷軸裝。千字文帙號爲“秋”。卷尾存刊板題記和請印牌記及元符三年（1100）慶讚疏。有印工“陸永印”墨印。入選第一批《國家珍貴古籍名録》（00842）和第一批《山西省珍貴古籍名録》（00006）。

福州東禪等覺院住持傳法慧空大師沖真等謹募衆緣恭爲

今上皇帝 太皇太后 皇太后 皇太妃祝延 聖壽國泰民安

開鏤大藏經印板一副惣計五百餘函與各十卷元豐辛酉歲五月日謹題

勝鬘師子吼一乘大方便方廣經

宋天竺三藏求那跋陀羅譯　推

如是我聞一時佛住舍衛國祇樹給孤獨園

時波斯匿王及末利夫人信法未久共相謂

言勝鬘夫人是我之女聰慧利根通敏易悟

若見佛者必速解法心得無疑宜時遣信發

其道意夫人白言今正是時王及夫人與勝

鬘書略讚如來無量功德即遣內人名旃提

羅使人奉書至阿踰闍國入其宮內敬授勝

161　勝鬘獅子吼一乘大方便方廣經一卷　（宋）釋求那跋陀羅譯　宋元豐三年至政和二年（1080-1112）福州東禪等覺禪院刻崇寧萬壽大藏經本　一冊

　　半葉六行十七字，上下單邊。框高24.2厘米，廣11.2厘米。經折裝。千字文帙號爲"推"。有"鼓山大藏"朱印及印造者墨印。入選第一批《國家珍貴古籍名録》（00869）和第一批《山西省珍貴古籍名録》（00016）。

福州東禪等覺院住持傳法賜紫智華與僧契璋等謹募衆緣恭為

今上皇帝　太皇太后　皇太后祝延　聖壽國泰民安開鏤

大藏經印板一副計五百餘函　前都勸首慧深立大師沖真　元祐六年正月　日謹題

菩薩善戒經卷第八　宋罽賓三藏法師求那跋摩等譯　賢

如法住定心品第三

菩薩摩訶薩憐愍衆生有七種何等為七一

者無畏二者真實三者不愁四者不求五者

不愛六者廣大七者平等菩薩摩訶薩憐愍

衆生無所畏故修三業善為破衆生諸惡業

故是名無畏菩薩摩訶薩憐愍衆生非煩惱

愛故非法住非妄語不教化於非

處是名真實菩薩摩訶薩以憐愍故為諸衆

生懃修苦行心無憂悔是名不愁一切衆生

不求菩薩而諸菩薩自修慈心是名不求菩

薩摩訶薩修憐愍時於諸衆生無有貪心無

貪心者不求恩報及慈心果是名不愛菩薩

修慈設有衆生打罵惱害終不捨於修慈之

162　菩薩善戒經九卷　（宋）釋求那跋摩譯　宋元豐三年至政和二年（1080-1112）福州東禪
等覺禪院刻崇寧萬壽大藏經本　一册

　　半葉六行十七字，上下單邊。框高 24.2 厘米，廣 11.2 厘米。存一卷（八）。經折裝。
千字文帙號為“賢”。有“鼓山大藏”朱印及印造者墨印。入選第一批《國家珍貴古籍名録》
（00876）和第一批《山西省珍貴古籍名録》（00018）。

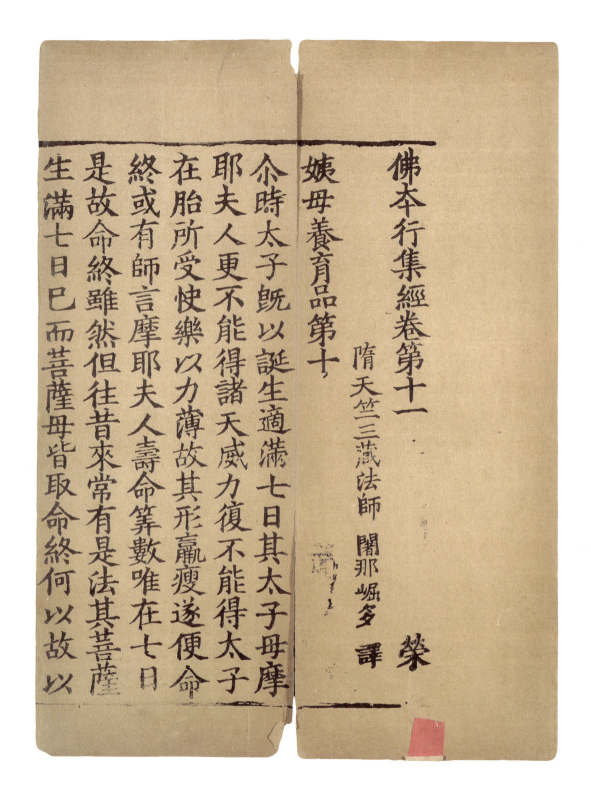

佛本行集經卷第十一

隋天竺三藏法師 闍那崛多 譯

姨母養育品第十

榮

尒時太子既以誕生適滿七日其太子母摩

耶夫人更不能得諸天威力復不能得太子

在胎所受使樂以力薄故其形羸瘦遂便命

終或有師言摩耶夫人壽命籌數唯在七日

是故命終雖然但往昔來常有是法其菩薩

生滿七日巳而菩薩母皆取命終何以故以

163　佛本行集經六十卷　（隋）釋闍那崛多譯　宋元豐三年至政和二年（1080-1112）福州東禪等覺禪院刻崇寧萬壽大藏經本　二册

　　半葉六行十七字，上下單邊。框高23.5厘米，廣11.2厘米。存二卷（九、十一）。經折裝。千字文帙號爲"令""榮"。有印造者墨印。入選第一批《國家珍貴古籍名録》（00881）和第一批《山西省珍貴古籍名録》（00019）。

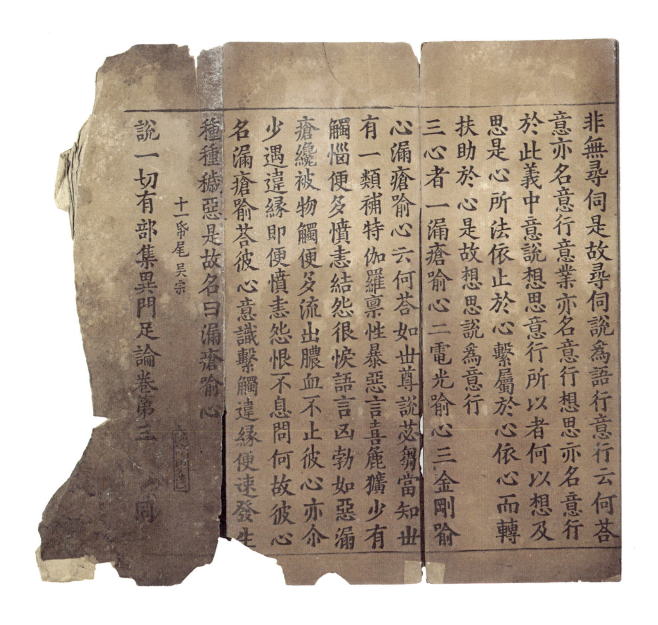

164　說一切有部集異門足論二十卷　（唐）釋玄奘譯　宋元豐三年至政和二年（1080-1112）
福州東禪等覺禪院刻崇寧萬壽大藏經本　一冊

半葉六行十七字，上下單邊。框高 25.2 厘米，廣 11.2 厘米。存一卷（三）。經折裝。
千字文帙號爲"同"。有"鼓山大藏"朱印及印造者墨印。入選第一批《國家珍貴古籍名録》
（00882）和第一批《山西省珍貴古籍名録》（00020）。

諸結法智斷彼結滅法智作證耶苔諸結法
亦證彼滅得理不可違由此因緣故作斯論
法智作證耶是故應知無間道能斷諸結得
爲解脫道如何可說諸結法智斷彼結滅即
想非非想麁染者彼以法智爲無間道類智
結滅法智作證若以滅道法智究竟離非
方能證彼滅得者便違此說諸結法智斷彼
得亦證彼滅得若無間道惟斷結得解脫道
外國諸論師爲遮彼意顯無間道能斷諸結
有執無間道斷諸結得解脫道證彼滅得如
問何故作此論苔爲止他宗顯正理故謂或
諸結法智斷彼結滅法智作證耶乃至廣說

智蘊第三中修智納息第四之四

阿毗達磨大毗婆沙論卷第一百八

大藏經印板計五百餘函　時元符三年十月　日謹題

今上皇帝　祝延　聖壽闔郡官僚同資祿仁雕造

福州東禪等覺院　住持傳法沙門　智賢謹募衆緣恭爲

　　五百大阿羅漢等造　三藏法師玄奘奉　詔譯

沛

165　阿毗達磨大毗婆沙論二百卷　（唐）釋玄奘譯　宋元豐三年至政和二年（1080-1112）福州東禪等覺禪院刻崇寧萬壽大藏經本　一冊

半葉六行十七字，上下單邊。框高 25.2 厘米，廣 11.1 厘米。存一卷（一百八）。經折裝。千字文帙號爲"沛"。有"鼓山大藏"朱印及印造者墨印。入選第一批《國家珍貴古籍名錄》（00883）和第一批《山西省珍貴古籍名錄》（00021）。

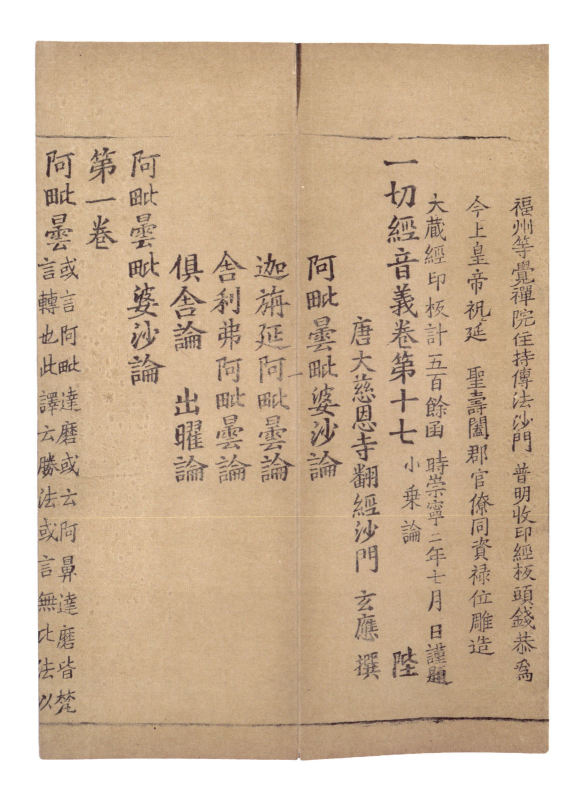

166　一切經音義二十五卷　（唐）釋玄應音義　宋元豐三年至政和二年（1080-1112）福州東禪等覺禪院刻崇寧萬壽大藏經本　一冊

　　半葉六行十七字，上下單邊。框高 24.5 厘米，廣 11.1 厘米。存一卷（十七）。經折裝。千字文帙號爲"陛"。有印造者墨印。入選第一批《國家珍貴古籍名録》（00886）和第一批《山西省珍貴古籍名録》（00022）。

北角壁中然我未用鯁以盜之坐此得罪今
當償父母命言畢化爲青羊白頭客驚告王
人主人問其形貌乃是小女死巳二年矣於
厨壁取得百錢似久安處於是送羊僧寺合
門不復食肉盧文勵傳向臨說介　右二驗記出
唐冀州館陶縣主簿周志其名字至顯慶

四年十一月奉使於臨渝開平市當去之時
將佐史等二人從往周將錢帛稍多二人乃
以土囊壓而殺之所有錢帛咸盜將去唯有
隨身衣服充殮至歲暮乃入妻夢具說被殺
之狀兼言所盜財物藏隱之處妻乃依此告
官官司案辯具得實狀錢帛並獲二人皆坐

道士劉仁覽說之　右一驗此報始遺
處死相州智力寺僧慧永去當親見明庭觀
法苑珠林卷第七十四
十一紙

磬　苦定反
謫　竹革反
腕　烏貫反
徹　敕列反
昌　……
紅　……
耀　他弔反　敬　昌雨反　形　徒昆反　館　古滿反

經　音

167　法苑珠林一百卷　（唐）釋道世撰　宋元豐三年至政和二年（1080-1112）福州東禪等覺禪院刻崇寧萬壽大藏經本　二冊

　　半葉六行十七字，上下單邊。框高24.4厘米，廣11.2厘米。存二卷（七十四、七十六）。經折裝。千字文帙號爲"經"。有"鼓山大藏"朱印及印造者墨印。入選第一批《國家珍貴古籍名録》（00887）和第一批《山西省珍貴古籍名録》（00023）。

福州等覺禪院住持傳法廣臺大師達杲收印經板頭錢恭為

今上皇帝祝延　聖壽閩郡官僚同資祿伍彫造

大藏經印板計五百餘函　時大觀四年八月日謹題

佛吉祥德讚卷上

大宋新譯三藏聖教序

太宗神功聖德文武皇帝製　桓

大矣哉我佛之教也化道彌綸揚宗性廣

博宏辯英彥莫能究其旨精微妙說庸愚豈
可度其源義理幽玄真空莫測包括萬象譬
喻無垠綜法網之紀綱演無際之正教拔四
生於苦海譯三藏之秘言天地變化乎陰陽
日月盈虧乎寒暑大則說諸善惡細則比於
恒沙舍識萬端弗可盡述若窺像法如影隨

形離六情以長存歷千劫而可久須彌納藏
於芥子如來坦蕩於無邊達磨西來法傳東
土宣揚妙理順從指歸彼岸菩提愛河生滅
用行於五濁惡趣拯溺於三業途中經垂世
以難窮道無私而永泰雪山貝葉若銀臺之
耀目歲月煙蘿起香界之自遠巍巍罕測者

168　佛吉祥德贊三卷　（宋）釋施護譯　宋元豐三年至政和二年（1080-1112）福州東禪等覺禪院刻崇寧萬壽大藏經本　一冊

　　半葉六行十七字，上下單邊。框高25.5厘米，廣11.1厘米。存一卷（上）。經折裝。千字文帙號爲"桓"。有"鼓山大藏"墨書、朱印及印造者墨印。入選第一批《國家珍貴古籍名録》（00889）和第一批《山西省珍貴古籍名録》（00024）。

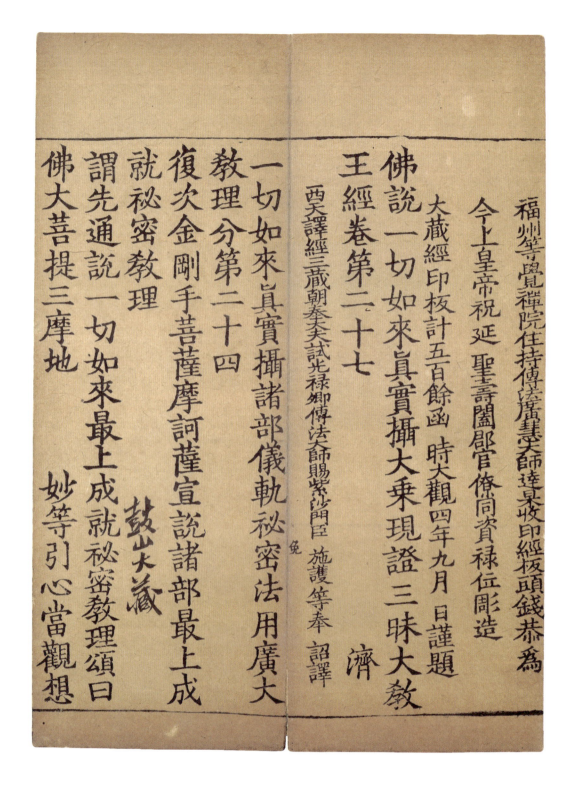

169　一切如來真實攝大乘現證三昧大教王經三十卷　　（宋）釋施護譯　宋元豐三年至政和二年（1080－1112）福州東禪等覺禪院刻崇寧萬壽大藏經本　一冊

半葉六行十七字，上下單邊。框高24.1厘米，廣11.2厘米。存一卷（二十七）。經折裝。千字文帙號爲"濟"。有"鼓山大藏"墨書及印造者墨印。入選第一批《國家珍貴古籍名録》（00890）和第一批《山西省珍貴古籍名録》（00025）。

廣大勝慧普徧知
諸佛正法護持者
諸天龍等亦攝持
諸佛正法護持者
出世勝法若求時
雖以世財供養佛

佛眼照明觀佛剎
諸佛正法護持時
知諸佛恩能報者
諸佛正法能護持
彼稱讚法我略宣
諸佛正法能護持
爾時世尊重說頌曰

智者拔除煩惱種
得念慧行悉具足
福攝智攝皆獲得
即得諸佛所攝受
智者出離世間法
不能解脫世間行

比前福蘊此最勝
妙寶供養諸世尊
是即普供十方佛
諸佛付託持法藏
如大海中水一渧
當得種種善稱讚

佛說海意菩薩所問淨印法門經卷第九十之　密
譯經三藏朝散大夫試鴻臚卿光梵大師賜紫沙門臣惟淨等奉　詔譯

大藏經印板計五百餘函　時政和二年二月　日謹題
今上皇帝祝延　聖壽闔郡官僚同資祿位彫造
福州等覺禪院住持傳法廣慧大師達泉收印經板頭錢恭為

鼓山大藏

170　海意菩薩所問淨印法門經十八卷　（宋）釋惟淨等譯　宋元豐三年至政和二年（1080-1112）
福州東禪等覺禪院刻崇寧萬壽大藏經本　一冊

　　半葉六行十七字，上下單邊。框高 24.3 厘米，廣 11.2 厘米。存二卷（九至十）。經折
裝。千字文帙號爲“密”。有“鼓山大藏”墨書。入選第一批《國家珍貴古籍名録》（00891）
和第一批《山西省珍貴古籍名録》（00026）。

佛說如來智印經　一名諸佛法身

僧祐録失譯

如是我聞一時佛在王舍城迦蘭陀竹園與

界其國有佛名釋迦牟尼如來應供正遍知

當說入一切佛境三昧名如來智印佛今入

此定也若有菩薩聞此三昧勝百千劫行六

波羅蜜汝應往聽彼諸菩薩各以神力如屈

申臂頃至娑婆世界迦蘭陀竹園前詣佛所

頂禮佛足繞佛七币坐蓮華座南西北方四

維上下亦復如是時此三千大千世界聲聞

緣覺及發大心者皆悉來集俱詣竹園共至

佛所於此世界復有八十億菩薩於一念頃

一時來集於四部衆次第而坐復有三十萬

聲聞承佛神定皆悉在會此三千大千世界

釋提桓因護世四王乃至大自在天淨居天

福州東禪等覺院住持傳法慧空大師沖真等謹募泉緣恭為
今上皇帝　太皇太后　皇太后　皇太妃延　聖壽國泰民安開鏤
大藏經印板一副惣計五百函仍勘一萬家助緣有頒　東月布令思無量是
勅園林盡發花無限馨香與和氣一時散入萬人家元豐乙丑歲五月三日題

常

171　如來智印經一卷　宋元豐三年至政和二年（1080–1112）福州東禪等覺禪院刻崇寧萬壽大藏經本　一冊

半葉六行十七字，上下單邊。框高24.9厘米，廣11.2厘米。經折裝。千字文帙號爲"常"。有"鼓山大藏"朱印及印造者墨印。入選第一批《國家珍貴古籍名録》（00872）和第一批《山西省珍貴古籍名録》（00017）。

172　雜阿毗曇心論第十一卷　　（宋）釋僧伽跋摩等譯　北宋至和二年（1055）寫大藏本　一軸

存一卷（十一），存十四紙，每紙二十九行，行十七字，後一紙十九字，上下單邊。高31.5厘米，長721.5厘米。入選第四批《國家珍貴古籍名錄》（09957）。

衲僧
師云若論此事宣在如斯一問一荅以順機
器諸祖妙道即不然也何故輝騰世界迥絕
見知函蓋相應絲毫不漏當人分上各自圓
成亘古亘今無增無減有佛無佛性相常如
問趙州庭柏意旨如何師云夜來風色緊狐
以此舉揚上荅
皇恩久立眾惟珍重
客曰先寒僧栢意旨先師無此語
行人始知
師云雪上加霜問如何是城裏佛師云萬
人叢裏逞不插標僧如何是村裏佛師云泥
猪疥狗僧如何是山裏佛師云絕人往還
僧曰如何是敕外別傳師云翻譯不出問
牛頭未見四祖時如何師云寒毛卓豎僧曰

師云若論此事宣在如斯一問一荅以順機
器諸祖妙道即不然也何故輝騰世界迥絕
見知函蓋相應絲毫不漏當人分上各自圓
成亘古亘今無增無減有佛無佛性相常如
問趙州庭柏意旨如何師云夜來風色緊狐
以此舉揚上荅
皇恩久立眾惟珍重

爭奈瑞氣流沙界和風滿
帝城師云剎利

吹處石女溪邊暗點頭云羊遇知音僧曰
何舉唱師云一二三四五僧曰本人嶺上輕
道著問如何是有道君師云不落宮商如
平僧曰八方無一事四海有謳謠師云不妨
日遭逢有道君如何師云聖明此
我皇師云箇箇問太平一曲四海咸聞不
平平僧曰一滴曹溪水四海為霖報
僧曰青山藏不得明月却相容師云帝道
臻為國開堂如何舉唱師云
皇風蕩蕩
其或未然何妨致問
問香煙馥郁海泉雲
下隨處建立隨處利生出沒卷舒縱橫應用
師指出底人還信得及天上天
來直指人心見性成佛況在會四眾盡是祖
三街和風冒冒如未相悉流布去也祖師西
槌竟師召大眾云龍樓鳳閣瑞氣凝空五路
香祝罷乃敷坐法雲大通禪師白

哲宗皇帝遣中使降香師謝
恩畢登座拈

詔旨住智海禪院開堂日

席投機玄契乃推為上首始住巖叢大為晚奉

173　建中靖國續燈録三十卷　（宋）釋惟白編　宋刻本　一軸

　　存一卷（十四），存二十一紙，每紙二十四行，行十七字，上下單邊。高33厘米，長793厘米。卷軸裝。卷内"玄""豎"兩字缺筆避諱。入選第四批《國家珍貴古籍名録》（09972）。

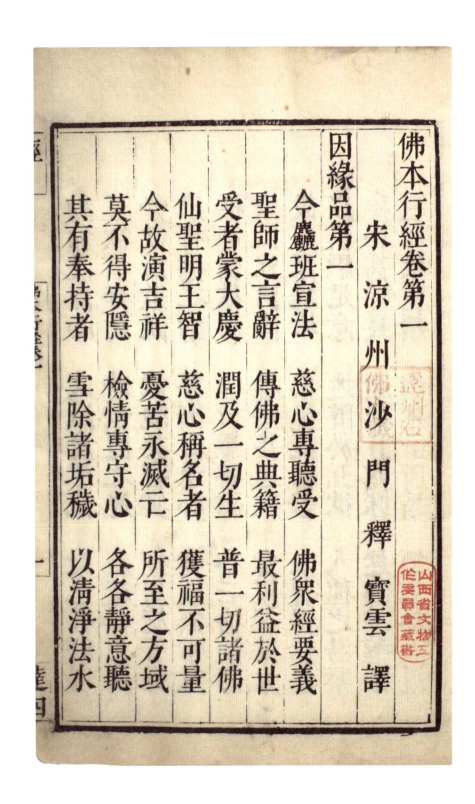

佛本行經卷第一

宋涼州沙門釋寶雲譯

因緣品第一

今齄班宣法　慈心專聽受
聖師之言辭　傳佛之典籍
受者蒙大慶　潤及一切生
仙聖明王智　慈心稱名者
今故演吉祥　憂苦永滅亡
莫不得安隱　檢情專守心
其有奉持者　雪除諸垢穢

佛眾經要義
最利益於世
普一切諸佛
獲福不可量
所至之方域
各各靜意聽
以清淨法水

174　佛本行經七卷　（宋）釋寶雲譯　明天啟五年（1625）刻本　二册

半葉十行二十字，白口，四周雙邊。框高 23 厘米，廣 15.5 厘米。版心下題"達四""達五""達六"。書耳題"達"。有題識"天啟歲次乙丑季冬吉日徑山化城識"。

楞伽阿跋多羅寶經卷第一

宋天竺三藏求那跋陀羅譯　　　　惟七

一切佛語心品之一

如是我聞一時佛住南海濱楞伽山頂種種

寶華以爲莊嚴與大比丘僧及大菩薩衆俱

從彼種種異佛刹來是諸菩薩摩訶薩無量

三昧自在之力神通遊戲大慧菩薩摩訶薩

而爲上首一切諸佛手灌其頂自心現境界

善解其義種種衆生種種心色無量度門隨

類普現於五法自性識二種無我究竟通達

爾時大慧菩薩與摩帝菩薩俱遊一切諸佛

刹土承佛神力從坐而起偏袒右肩右膝著

地合掌恭敬以偈讚曰

世間離生滅　猶如虛空華

而與大悲心　一切法如幻

遠離於心

智不得有

175　楞伽阿跋多羅寶經四卷　（宋）釋求那跋陀羅譯　明刻本　四册

　　半葉十五行十七字，上下單邊。框高28.2厘米，廣24.4厘米。藏印"馮守田印"（朱文）、"柳蓉春經眼印"（白文）、"雙鑑樓藏書印"（朱文）、"傅沅叔藏書印"（朱文）。傅增湘舊藏。

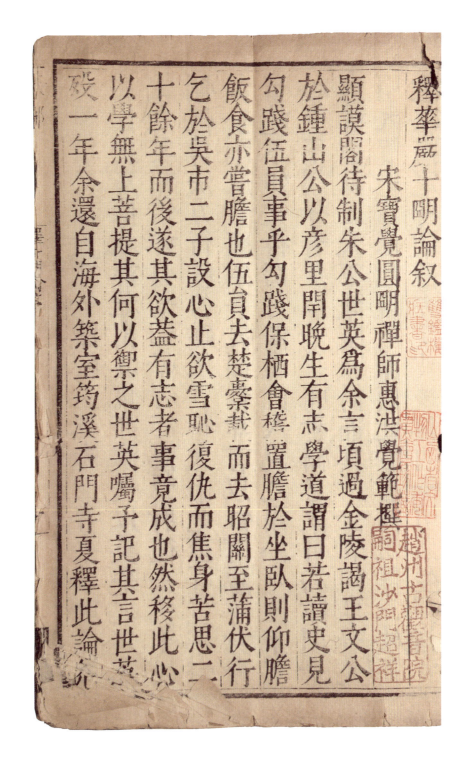

176　釋華嚴十明論叙一卷　（宋）惠洪覺範撰　解謎顯智成悲十明論一卷　（唐）李通玄撰　大方廣佛華嚴經吞海集三卷　（宋）陶愷撰　法界觀披雲集一卷　（宋）宋道通述　明萬曆二十九年（1601）刻本　一册

　　半葉十行二十字，黑口，四周雙邊。框高 24.6 厘米，廣 15.3 厘米。藏印“趙州古觀音院嗣祖沙門超祥”（朱文）、“雙鑑樓藏書印”（朱文）、“傅沅叔藏書印”（朱文）。傅增湘舊藏。

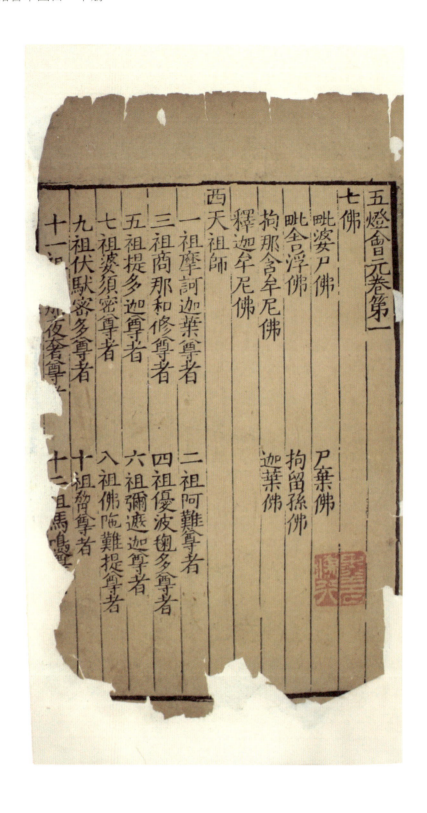

177 五燈會元二十卷 （元）釋普濟撰 明初刻本 清傅山批點 二册

半葉十三行二十四字，小字雙行同，黑口，左右雙邊，黑魚尾。框高21.2厘米，廣16厘米。存二卷（一至二）。藏印"墨名儒行"（白文）。清傅山舊藏。

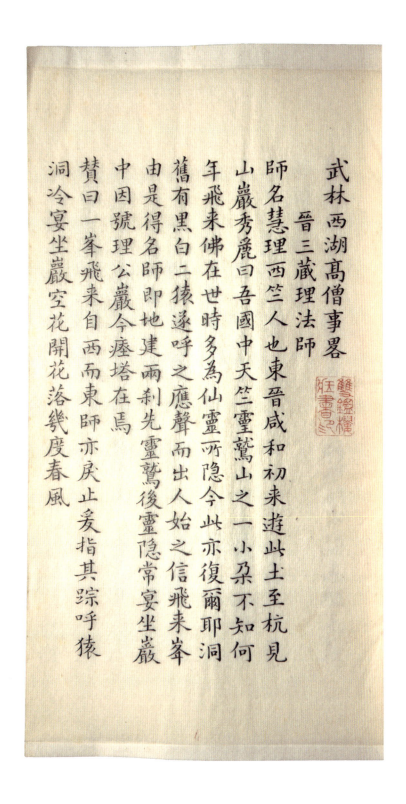

武林西湖高僧事畧

晉三藏理法師

師名慧理西竺人也東晉咸和初來遊此土至杭見
山巖秀麗曰吾國中天竺靈鷲山之一小朶不知何
年飛來佛在世時多為仙靈所隱今此亦復爾耶洞
舊有黑白二猿遂呼之應聲而出人始之信飛來峯
由是得名師即地建兩剎先靈鷲後靈隱常宴坐巖
中因號理公巖今瘞塔在焉
贊曰一峯飛來自西而東師亦戻止爰指其蹤呼猿
洞冷宴坐巖空花開花落幾度春風

178 武林西湖高僧事略一卷 （宋）釋元敬 （宋）釋元復撰 民國傅氏雙鑑樓抄本 一冊
　　半葉十行二十字。無欄格。藏印"雙鑑樓藏書印"（朱文）、"傅沅叔藏書記"（朱文）。
傅氏雙鑑樓據明抄本轉錄。傅增湘舊藏。

集　部

【楚辭類】

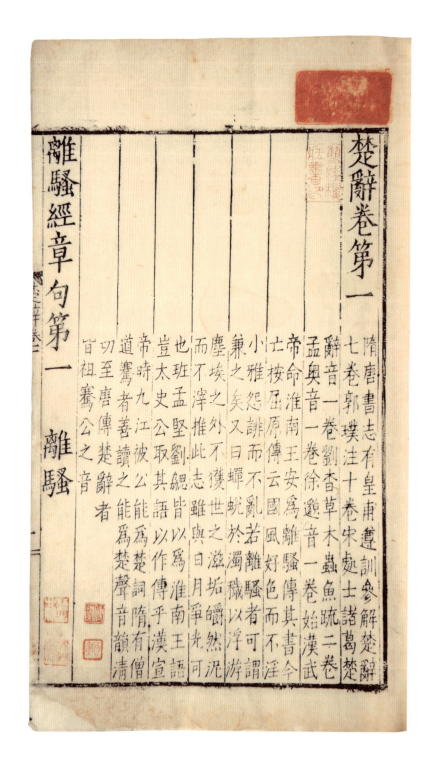

1 楚辭章句十七卷 （漢）王逸撰 （宋）洪興祖補注 明刻本 八冊

　　半葉九行十五字，小字雙行二十字，白口，左右雙邊，單黑魚尾。框高 18.9 厘米，廣 14 厘米。藏印"海陵錢犀盦校藏書籍"（白文）、"媿斁齋"（朱文）、"雙鑑樓藏書印"（朱文）、"傅增湘"（白文）、"傅沅叔藏書記"（朱文）、"沅叔"（朱文）、"佩德齋珍藏印"（朱文）、"佩德齋"（朱文）、"忠謨讀書"（白文）、"晉生心賞"（白文）。經錢桂森、傅增湘遞藏。入選第五批《國家珍貴古籍名録》（11828）。

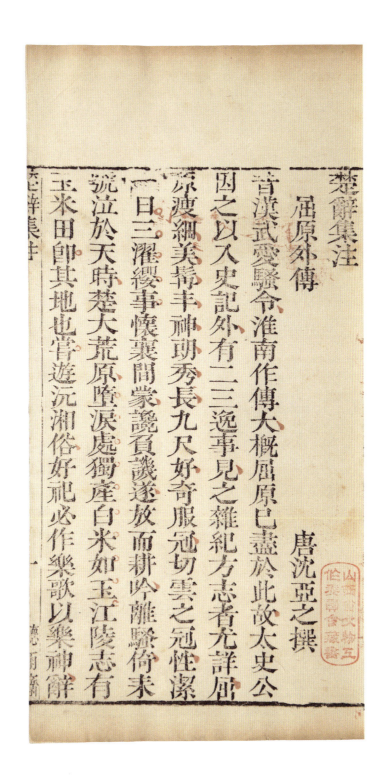

2　楚辭集注八卷　　（宋）朱熹撰　清聽雨齋刻朱墨套印本　八冊

　　半葉八行二十二字，白口，左右雙邊。框高 19.8 厘米，廣 12.8 厘米。內封題"朱文公楚辭集注　八十四家評點　聽雨齋開雕"。版心下題"聽雨齋"。

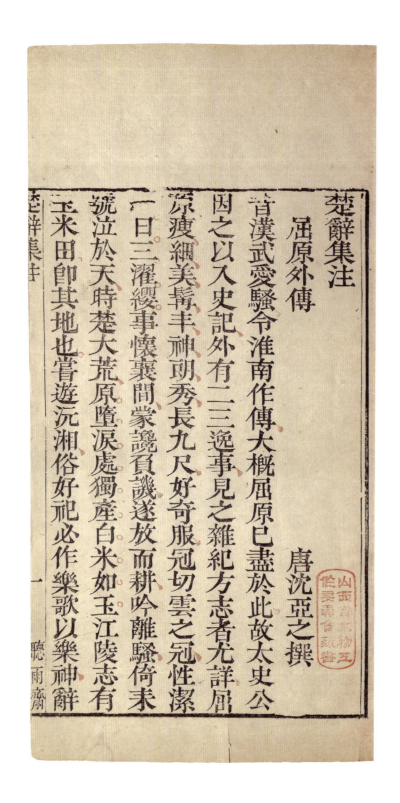

3　楚辭集注八卷　（宋）朱熹撰　清聽雨齋刻朱墨套印本　十二册

　　半葉八行二十二字，白口，左右雙邊。框高 19.8 厘米，廣 13.2 厘米。内封題"朱文公楚辭集注　八十四家評點　聽雨齋開雕"。版心下題"聽雨齋"。

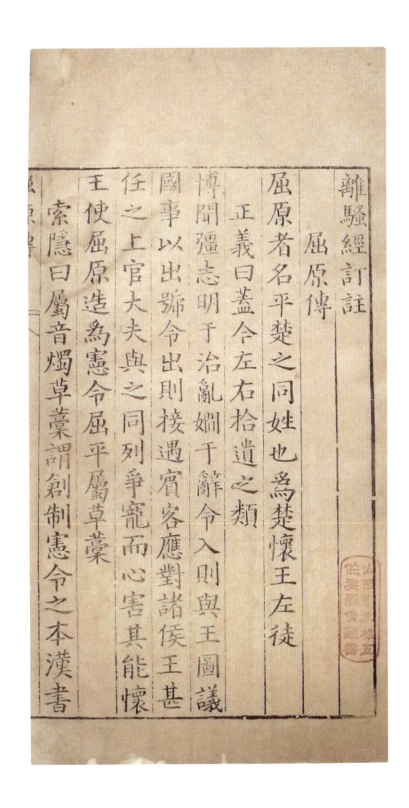

4　離騷經訂註一卷　（明）趙南星撰　明萬曆四十一年（1613）誕芝堂刻本　一冊

半葉九行十八字，白口，四周單邊，單白魚尾。框高 20 厘米，廣 12.7 厘米。藏印"慎齋藻鑑"（朱文）。

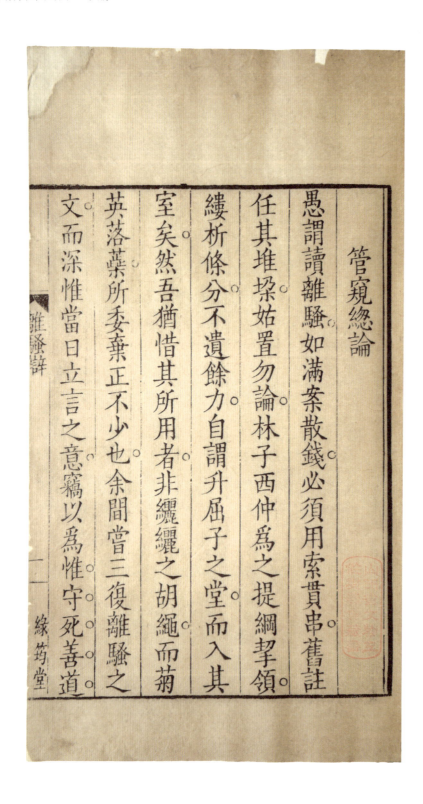

5 離騷辯不分卷 （清）朱冀撰 清康熙緑筠堂刻本 二册
　　半葉七行十八字，白口，左右雙邊，單黑魚尾。框高18.3厘米，廣13.8厘米。版心下題"緑
筠堂"。

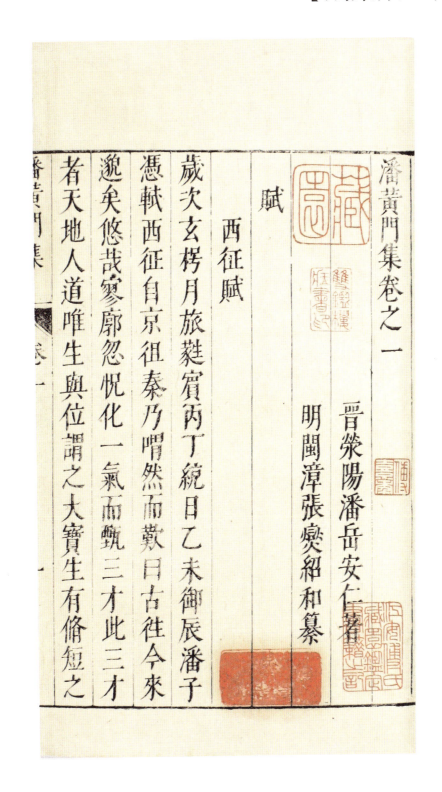

6 潘黃門集六卷附錄一卷 （晉）潘岳撰　明天啓、崇禎間張燮刻七十二家集本　二册

　　半葉九行十八字，白口，左右雙邊，單黑魚尾。框高 20.3 厘米，廣 14.5 厘米。藏印"雙鑑樓珍藏印"（朱文）、"藏園"（朱文）、"雙鑑樓藏書印"（朱文）、"江安傅氏藏園鑑定書籍之記"（朱文）、"傅沅叔藏書印"（朱文）、"江南傅沅叔收藏善本"（朱文）、"傅熹年"（朱文）。傅增湘舊藏。

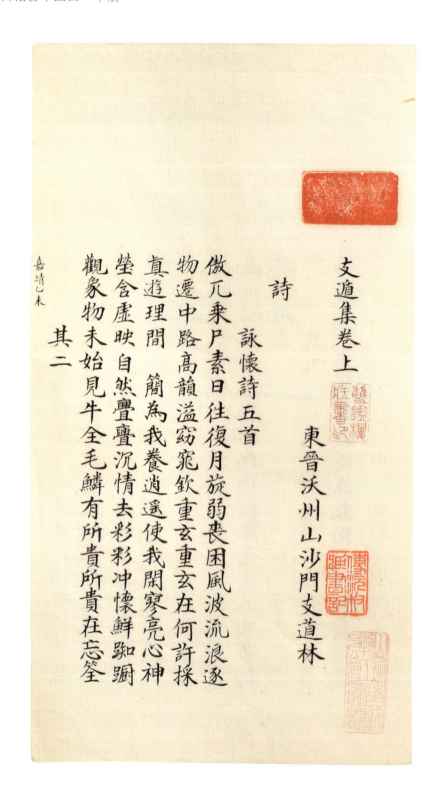

詠懷詩五首

傲兀乘尸素　日往復月旋　弱喪困風波流浪逐
物遷中路高韻溢窈窕　欽重玄重玄在何許採
真遊理間　簡為我養逍遙使我閱寥亮心神
瑩含虛映自然豐豐沉情去彩彩冲懷鮮跏蹦
觀象物未始見牛全毛鱗有所貴所貴在忘筌

其二

詩

支遁集卷上

東晉沃州山沙門支道林

嘉靖乙未

7　**支遁集二卷**　（晉）釋支遁撰　民國傅氏雙鑑樓抄本　傅增湘跋　一册

　　半葉十行十八字。無欄格。藏印"沅叔"（朱文）、"雙鑑樓藏書印"（朱文）、"傅
沅叔藏書記"（朱文）、"傅增湘讀書"（朱文）、"傅增湘"（白文）、"企驥軒"（白
文）。傅氏雙鑑樓據明楊儀抄本轉録。傅增湘舊藏。

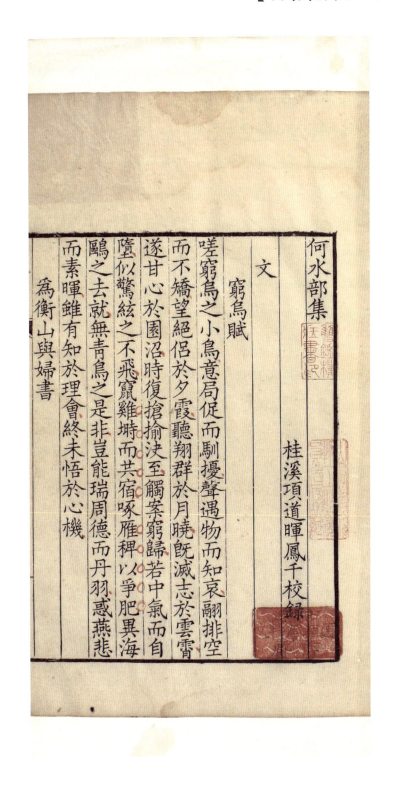

8　何水部集二卷　（南朝梁）何遜撰　清雍正二年（1724）項道暉群玉書堂刻本　朱筆批點　一册

　　半葉十一行二十一字，小字雙行同，白口，四周單邊，單黑魚尾。框高 17.6 厘米，廣 13.5 厘米。藏印"雙鑑樓藏書印"（朱文）、"傅沅叔藏書記"（朱文）。内封題"何水部集　群玉書堂"。金鑲玉裝。傅增湘舊藏。

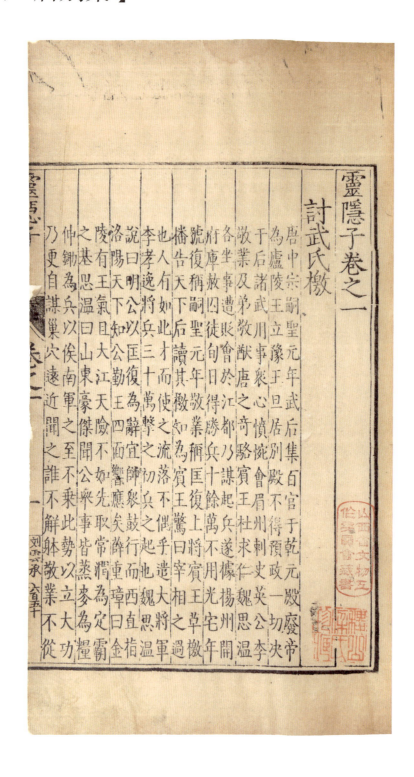

9　靈隱子六卷　（唐）駱賓王撰　（明）陳魁士注　明萬曆二十四年（1596）陳大科刻本　四冊

　　半葉十行二十字，小字雙行同，白口，四周雙邊，單黑魚尾。框高20.2厘米，廣14.3厘米。藏印"稷公梁氏珍藏"（朱文）。版心下題刻工：張杜、劉雲承、梁本智、溫汝倫等；又題字數。

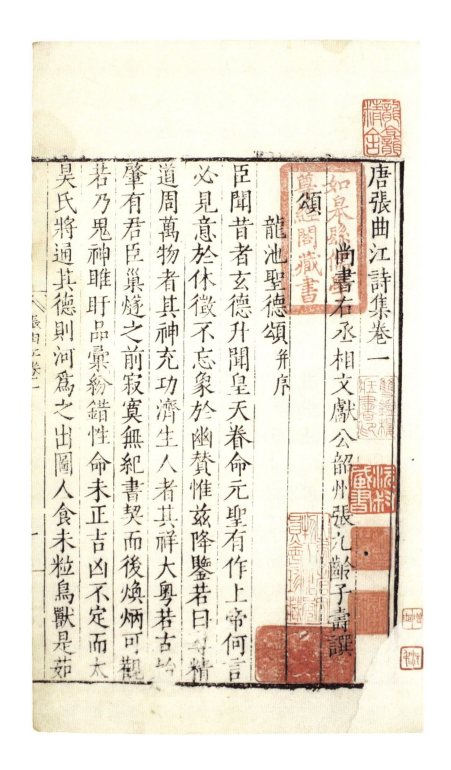

10　唐張曲江詩集二卷　（唐）張九齡撰　明嘉靖刻本　傅增湘跋　二册

　　半葉十行二十字，白口，左右雙邊，單白魚尾。框高19.6厘米，廣14厘米。藏印"如皋縣儒學尊經閣藏書"（朱文）、"雙鑑樓藏書印"（朱文）、"薀庵"（朱文）、"增湘"（朱文）、"沅叔"（朱文）、"沅叔藏書"（白文）、"企驎軒"（白文）、"龍龕精舍"（朱文）。傅增湘舊藏。入選第三批《國家珍貴古籍名録》（08685）和第三批《山西省珍貴古籍名録》（00407）。

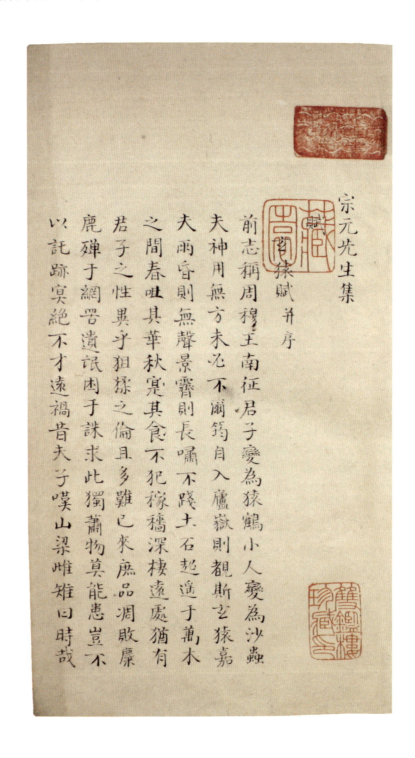

11　宗元先生集三卷附施真人集一卷　　（唐）吳筠撰　清抄本　二册

　　半葉十行二十一字。無欄格。藏印"傅增湘"（白文）、"沅叔"（朱文）、"江安傅沅叔藏書記"（朱文）、"洗心室圖書章"（朱文）、"藏園"（朱文）、"雙鑑樓珍藏印"（朱文）、"雙鑑樓藏書印"（朱文）、"江安傅沅叔藏善本"（朱文）、"傅沅叔藏書記"（朱文）。傅增湘舊藏。

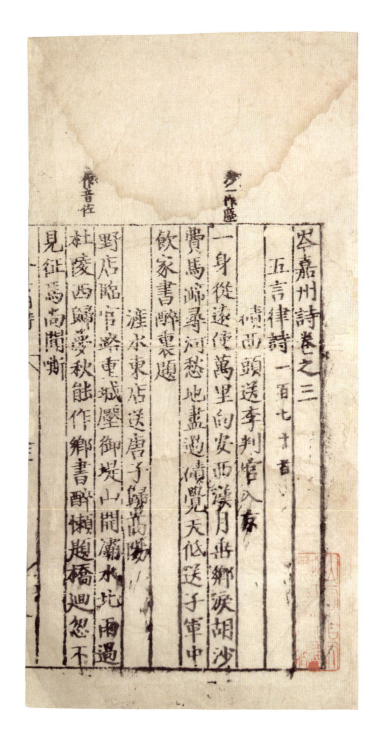

12　岑嘉州詩七卷　（唐）岑參撰　明正德十五年（1520）熊相、高嶼刻本（卷一至二傅氏抄配）　傅增湘跋　二冊

　　半葉十行十七字，白口，四周單邊。框高 16.3 厘米，廣 11.2 厘米。藏印"藏園"（朱文）、"雙鑑樓珍藏印"（朱文）、"企驎軒"（白文）、"雙鑑樓藏書印"（朱文）、"耽書是宿緣"（朱文）、"雙鑑樓"（朱文）、"蘦庵"（朱文）、"晉生心賞"（朱文）。傅增湘舊藏。入選第三批《國家珍貴古籍名録》（08715）和第三批《山西省珍貴古籍名録》（00408）。

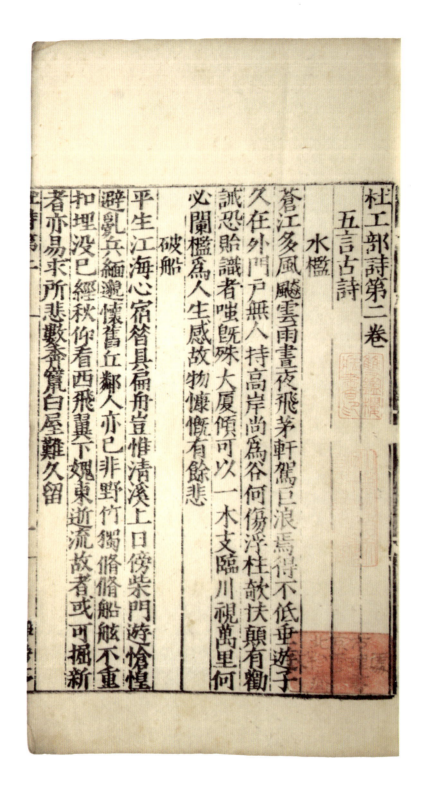

13　杜工部詩八卷　（唐）杜甫撰　明正德嘉靖淨芳亭刻本（卷一抄配）　八册

　　半葉十二行二十二字，白口，左右雙邊，單黑魚尾。框高17.8厘米，廣13.4厘米。藏印"宋忠襄公後人"（朱文）、"四明西郭范氏家藏"（白文）、"雙鑑樓藏書印"（朱文）、"佩德齋珍藏書"（朱文）、"傅沅叔藏書記"（朱文）、"企驪軒"（白文）。版心下題"淨芳亭"。經天一閣、傅增湘遞藏。

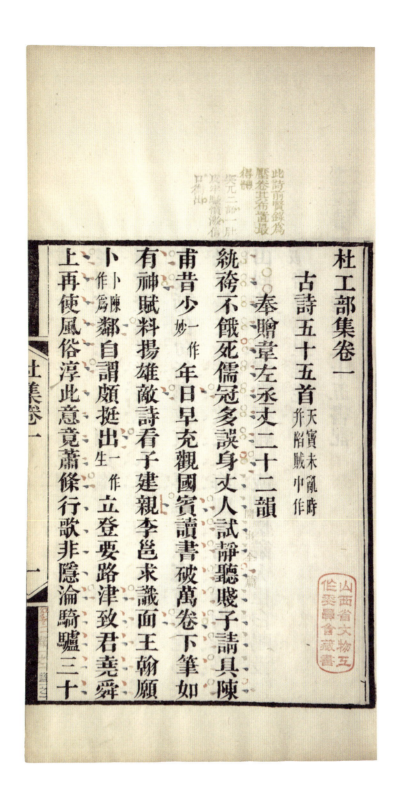

14　杜工部集二十卷首一卷　（唐）杜甫撰　（明）王世貞等評　清道光十四年（1834）芸葉盦刻五色套印本　十册

　　半葉八行二十字，小字雙行同，黑口，左右雙邊，雙對黑魚尾。框高 17.5 厘米，廣 13.6 厘米。內封題"杜工部集　五家評本　道光甲午季冬　芸葉盦藏板"。

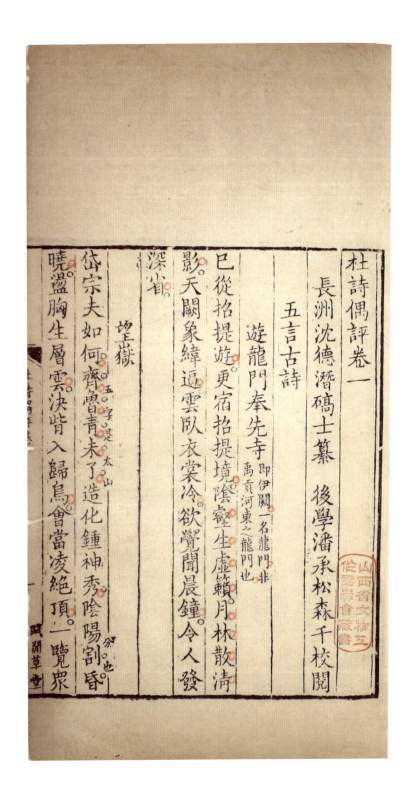

15　**杜詩偶評四卷**　（清）沈德潛撰　清乾隆十二年（1747）潘承松賦閒草堂刻本　四册

　　半葉十行十九字，小字雙行三十九字，白口，左右雙邊，單黑魚尾。框高 17 厘米，廣 13.7 厘米。內封題"杜詩偶評　沈歸愚先生點定　賦閒草堂藏板"。版心下題"賦閒草堂"。

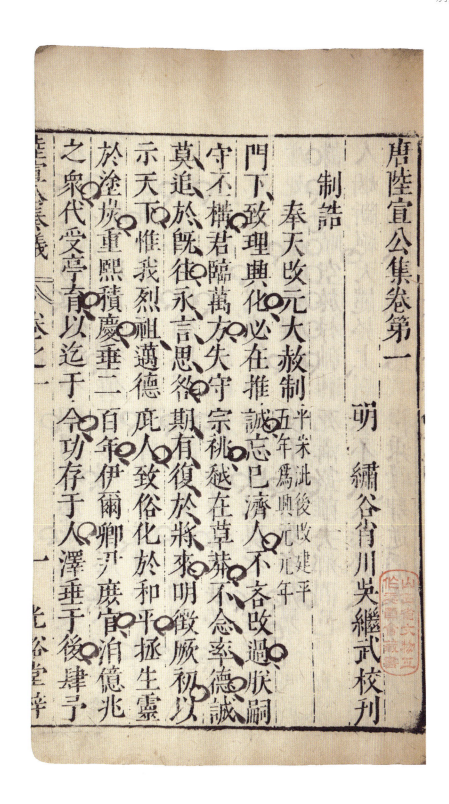

16　唐陸宣公集二十二卷　（唐）陸贄撰　明光裕堂刻本　六冊

半葉十行二十字，白口，四周單邊，單白魚尾。框高21.5厘米，廣14.5厘米。內封題"陸宣公奏議　唐權德輿先生原本　映旭齋藏板　步月樓發兌"。版心下題"光裕堂梓"。

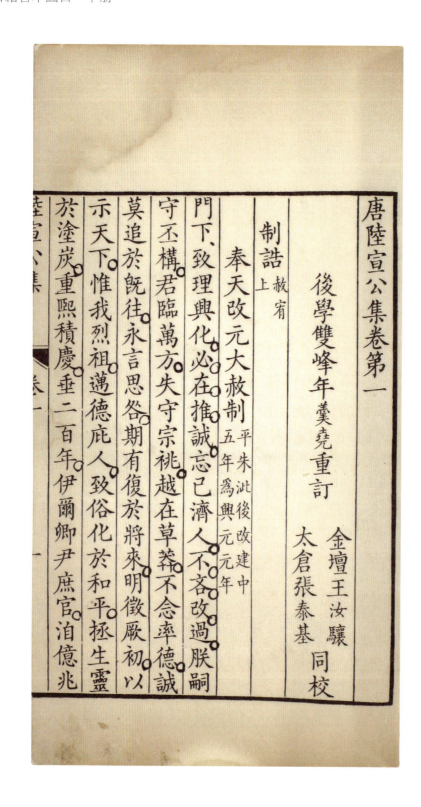

17　唐陸宣公集二十二卷　（唐）陸贄撰　清雍正元年（1723）年龔堯刻本　十二冊
　　半葉十行二十字，白口，四周單邊，單黑魚尾。框高18.8厘米，廣13.6厘米。

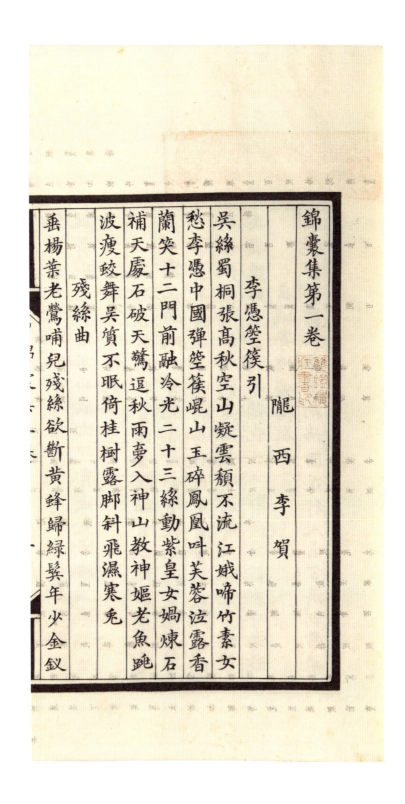

18 錦囊集四卷外集一卷 （唐）李賀撰 民國傅氏雙鑑樓影明抄本 傅增湘題識 一冊

　　半葉十行二十字，黑口，四周雙邊，雙對黑魚尾。框高22.2厘米，廣14.5厘米。藏印"雙鑑樓藏書印"（朱文）、"傅沅叔藏書印"（朱文）。書衣題"雙鑑樓據元刊本影寫"。傅氏雙鑑樓據明弘治刻本影抄。傅增湘舊藏。

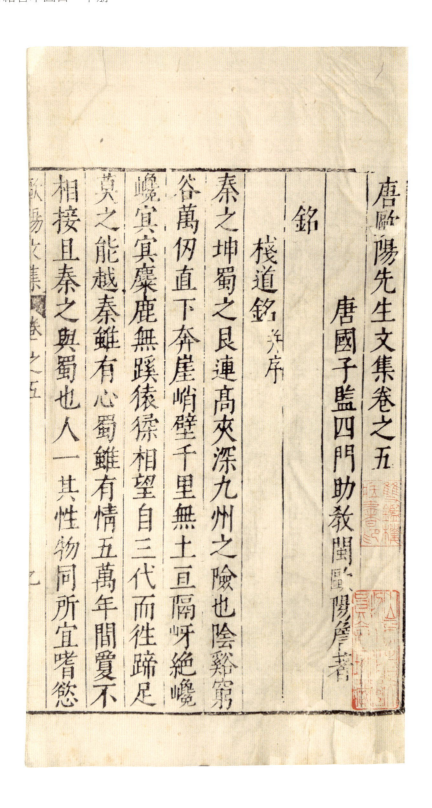

19 唐歐陽先生文集八卷 （唐）歐陽詹撰 **附錄一卷** 明萬曆三十四年（1606）葉向高等刻本 **一册**

　　半葉九行十八字，白口，左右雙邊，單黑魚尾。框高19.1厘米，廣13.3厘米。存四卷（五至八）。藏印"雙鑑樓藏書印"（朱文）、"傅沅叔藏書印"（朱文）。傅增湘舊藏。

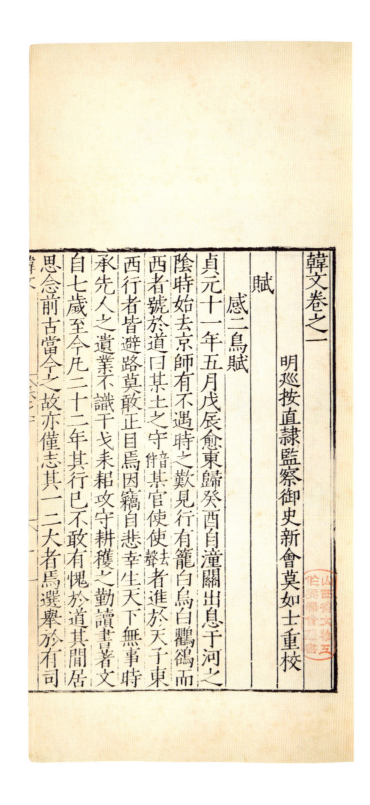

20　韓文四十卷外集十卷遺集一卷　（唐）韓愈撰　**集傳一卷**　明嘉靖三十五年（1556）莫如

士刻韓柳文本　趙昌燮批注　六册

　　半葉十一行二十二字，白口，左右雙邊，單白魚尾。框高 18.9 厘米，廣 13 厘米。

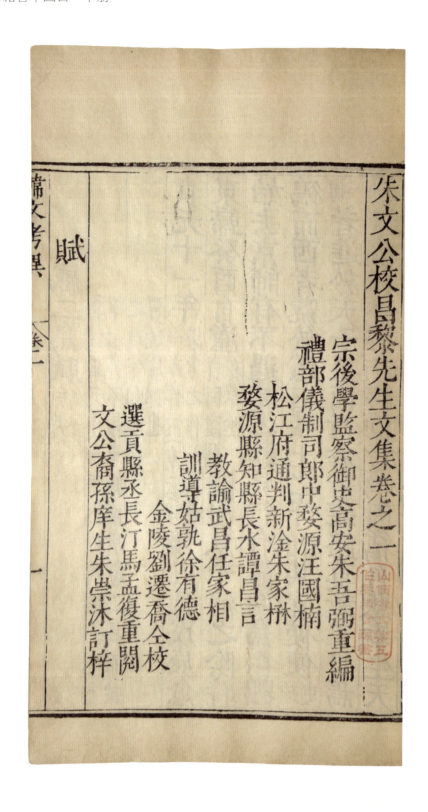

21 朱文公校昌黎先生文集四十卷外集十卷遺文一卷 （唐）韓愈撰 （宋）朱熹考
異 （宋）王伯大音釋 **傳一卷** 明萬曆朱崇沐刻本 八册

半葉九行十八字，小字雙行同，白口，四周雙邊，單白魚尾。框高22.4厘米，廣14.5厘米。
存四十卷（文集四十卷）。藏印"聖檀"（朱文）。版心下題"光裕堂梓"。

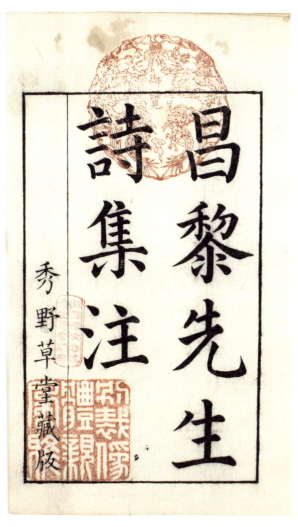

22　昌黎先生詩集注十一卷　（清）顧嗣立刪補　**年譜一卷**　清康熙三十八年（1699）顧氏秀
野草堂刻本　四冊

　　半葉十一行二十字，小字雙行三十字，白口，左右雙邊，單黑魚尾。框高19.3厘米，
廣15厘米。藏印"仲舉"（白文）、"雙鑑樓藏書印"（朱文）、"沅叔"（朱文）、"傅
沅叔藏書記"（朱文）、"傅增湘"（白文）。內封題"昌黎先生詩集注　秀野草堂藏版"。
版心上題字數，下題"秀野草堂"；又題刻工：曾唯聖、唐元吉、顧有恒、鄧梵生、張公化
等。傅增湘舊藏。

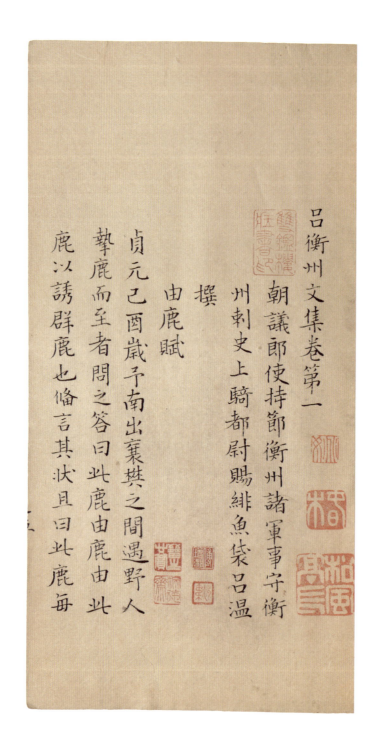

23　吕衡州文集十卷　（唐）吕溫撰　清初抄本　清章來跋　一册

　　半葉八行十六字。無欄格。存四卷（一至四）。藏印"雲間陸耳山珍藏書籍"（朱文）、"姚椿"（白文）、"姚"（朱文）、"王堂中人"（白文）、"雙鑑樓"（朱文）、"傅沅叔藏書記"（朱文）、"傅增湘"（朱文）、"沅叔"（朱文）、"佩德齋"（朱文）、"佩德齋珍藏印"（朱文）、"企驎軒"（白文）、"晉生心賞"（朱文）、"忠謨讀書"（白文）。經清陸錫熊、姚椿、章來及民國傅增湘遞藏。

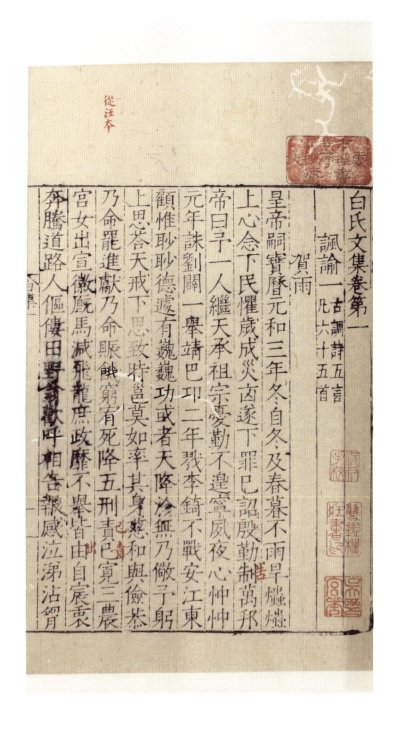

24　白氏文集七十一卷 （唐）白居易撰　明嘉靖十七年（1538）伍忠光龍池草堂刻錢應龍重修本　傅增湘校　二十四册

　　半葉十二行二十字，白口，左右雙邊，單白魚尾。框高19.1厘米，廣15.3厘米。藏印"海虞王氏家藏圖書"（朱文）、"東吳錢氏"（朱文）、"雙鑑樓藏書印"（朱文）、"沅叔"（朱文）、"沅叔手校"（朱文）、"傅增湘"（白文）、"企驥軒"（白文）。版心下題刻工：起明、啟明、仲、秀等。金鑲玉裝。傅增湘舊藏。入選第四批《國家珍貴古籍名録》（10604）和第二批《山西省珍貴古籍名録》（00190）。

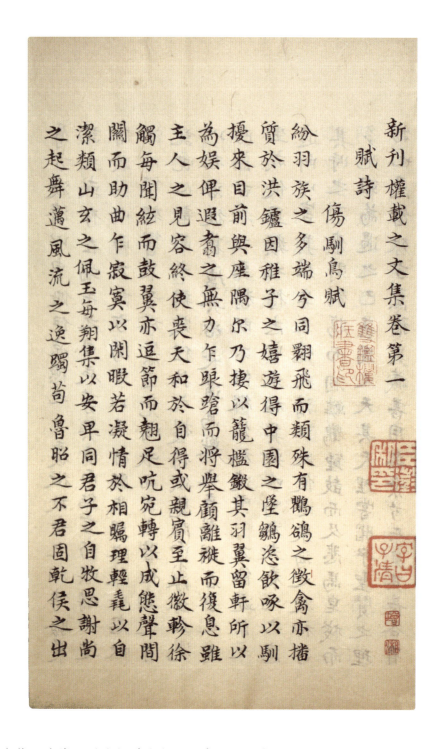

25　權載之文集五十卷　（唐）權德輿撰　清抄本　傅增湘跋　八冊

　　半葉十二行二十一字。無欄格。藏印"結一廬藏書印"（朱文）、"鄂氏順安珍藏"（朱文）、"字曰子清"（朱文）、"朱子清"（朱文）、"臣澂私印"（白文）、"雙鑑樓藏書印"（朱文）、"傅沅叔藏書記"（朱文）、"佩德齋珍藏印"（朱文）、"雙鑑樓"（朱文）、"薑庵"（朱文）、"傅增湘"（朱文）、"沅叔"（朱文）、"增"（朱文）、"湘"（朱文）、"傅增湘"（白文）、"臣澂私印"（白文）、"忠謨讀書"（白文）、"晉生心賞"（白文）、"企驦軒"（白文）。經朱學勤、傅增湘遞藏。

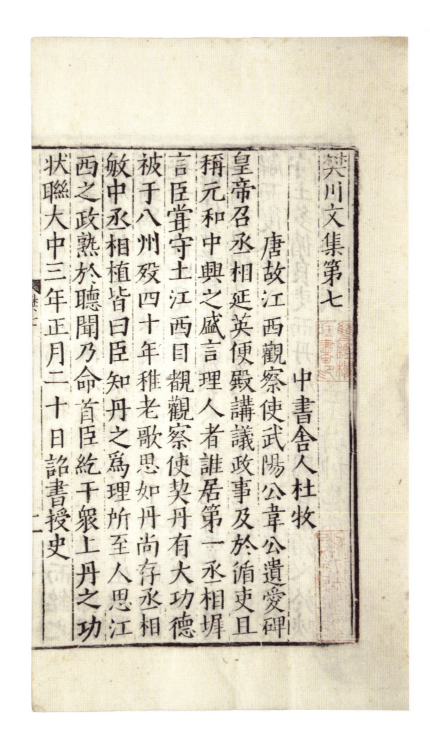

26　樊川文集二十卷外集一卷別集一卷　（唐）杜牧撰　明刻本　二册

　　半葉十行十八字，白口，左右雙邊，單黑魚尾。框高19厘米，廣12.7厘米。存八卷（七至十四）。藏印“雙鑑樓藏書印”（朱文）、“傅沅叔藏書印”（朱文）。傅增湘舊藏。

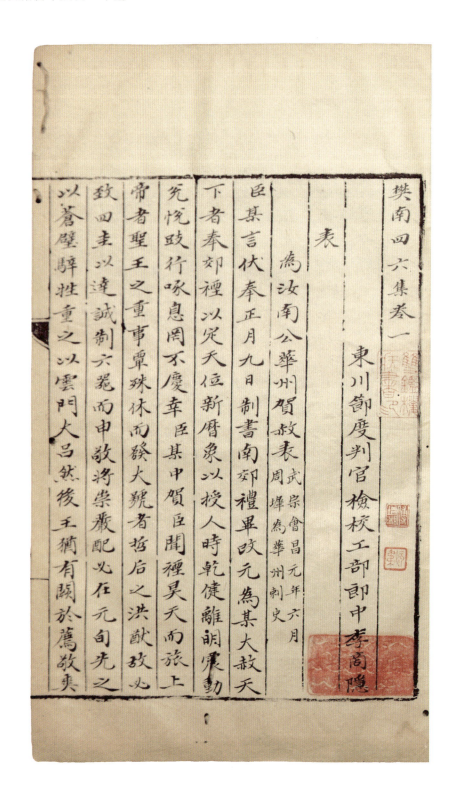

27　樊南四六集五卷樊南集補三卷　（唐）李商隱撰　清初抄本　傅增湘題識　一冊

　　半葉十行二十二字，白口，四周單邊，單黑魚尾。框高 18.2 厘米，廣 13.8 厘米。存二卷（樊南四六集一至二卷）。藏印"雙鑑樓"（朱文）、"雙鑑樓藏書印"（朱文）、"沅叔"（朱文）、"傅沅叔藏書記"（朱文）、"佩德齋"（朱文）、"傅增湘"（白文）、"企驥軒"（白文）、"晉生"（朱文）、"晉生心賞"（白文）。傅增湘舊藏。

文泉子集卷一

文泉子集序

于西華主之降也其三月辛卯夜未半野水入盧漬壞簡
策既明日燎其書有不可玩其辭者憶甞初不敢自明其
書十五年矣今水之來冦余命也已矣故自禍衣以來辛
卯以前收其微詞屬意古今上下之閒者為外内篇焉復
收其怨抑頌記嬰于仁義者雜為諸篇焉物不可以終雜
故離為十卷離則名之不絕故授之以為文泉泉之時義
大矣哉蓋覃以九流之旨曰文配以不竭之義曰泉厓谷
結珠璣昧則將救之雲雷元粢盛乾則將救之于豈乖之

卷一

28　文泉子集六卷　（唐）劉蛻撰　清抄本　傅增湘題識　一册
　　半葉十行二十二字。無欄格。藏印“雙鑑樓”（朱文）、“雙鑑樓藏書印”（朱文）、
“佩德齋珍藏印”（朱文）、“佩德齋”（朱文）、“沅叔”（朱文）、“傅增湘”（朱文）、
“傅沅叔藏書記”（朱文）、“晉生心賞”（朱文）、“忠謨讀書”（白文）。傅增湘舊藏。

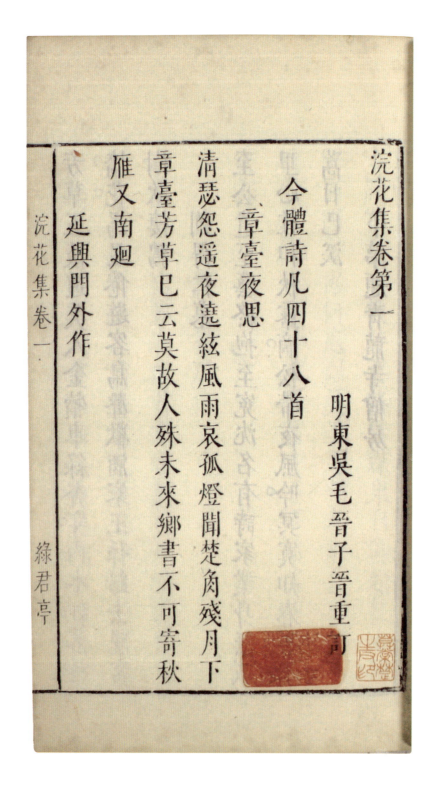

29　浣花集十卷　（唐）韋莊撰　明末毛氏綠君亭刻本　一册

　　半葉八行十八字，白口，四周單邊。框高20厘米，廣14厘米。藏印"鋤經樓藏書印"（朱文）、"獨山莫氏藏書"（朱文）、"莫棠楚生父印"（朱文）、"莫棠"（朱文）、"莫棠之印"（白文）、"雙鑑樓藏書印"（朱文）、"傅沅叔"（朱文）、"傅沅叔藏書記"（朱文）。版心下題"綠君亭"。經莫棠、傅增湘遞藏。

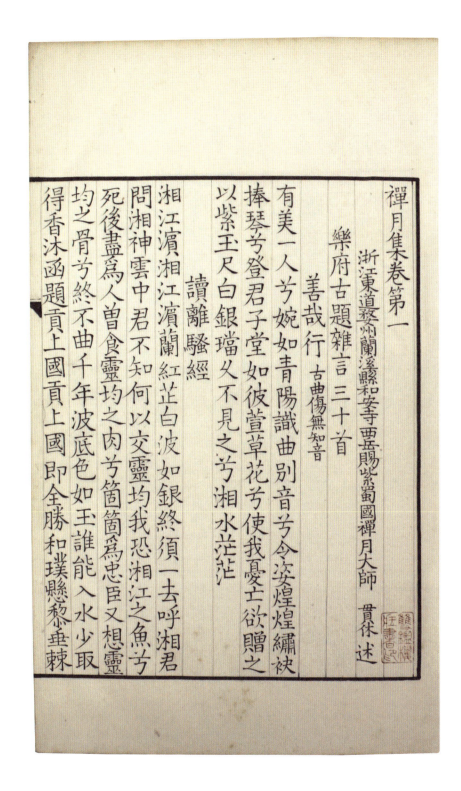

禪月集卷第一

浙東道婺州蘭谿縣和安寺西岳賜紫蜀國禪月大師　貫休述

樂府古題雜言三十首

善哉行　古曲傷無智音

有美一人兮婉如青陽識曲別音兮令姿煌煌繡袂
捧琴兮登君子堂如彼萱草花兮使我憂士欲贈之
以紫玉尺白銀璫父不見之兮湘水茫茫

讀離騷經

湘江濱湘江濱蘭紅茝白波如銀終須一去呼湘君
問湘神雲中君不知何以交靈均我恐湘江之魚兮
死後盡爲人曾食靈均之肉兮箇箇爲忠臣又想靈
均之骨兮終不曲千年波底色如玉誰能入水少取
得香沐函題貢上國貢上國即全勝和璞懸黎垂棘

30　禪月集二十五卷　（唐）釋貫休撰　清影宋抄本　二冊

　　半葉十三行二十字，白口，左右雙邊，單黑魚尾。框高 22.8 厘米，廣 18.3 厘米。藏印“雙鑑樓藏書印”（朱文）、“佩德齋珍藏印”（朱文）、“傅沅叔藏書記”（朱文）、“企驎軒”（白文）。傅增湘舊藏。

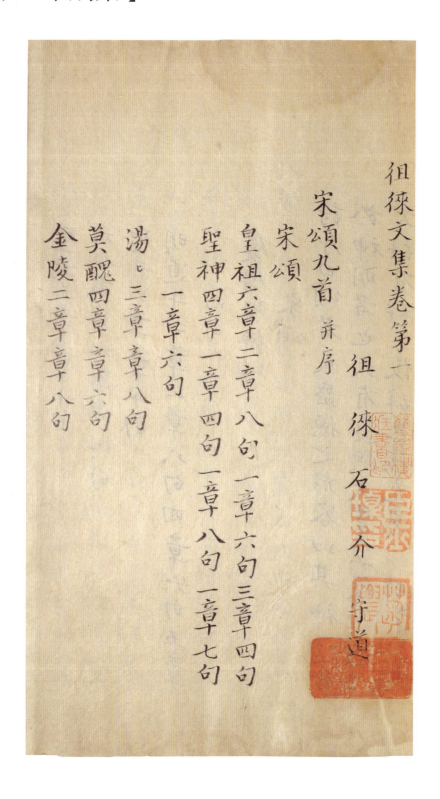

31　徂徠文集二十卷　　（宋）石介撰　　清初抄本　傅增湘題識　　四册

　　半葉十行十七字。無欄格。存十八卷（一至十、十三至二十）。藏印"謙牧堂藏書記"（白文）、"企驎軒"（白文）、"雙鑑樓藏書印"（朱文）、"傅沅叔藏書記"（朱文）。經清揆叙謙牧堂收藏，傅增湘遞藏。

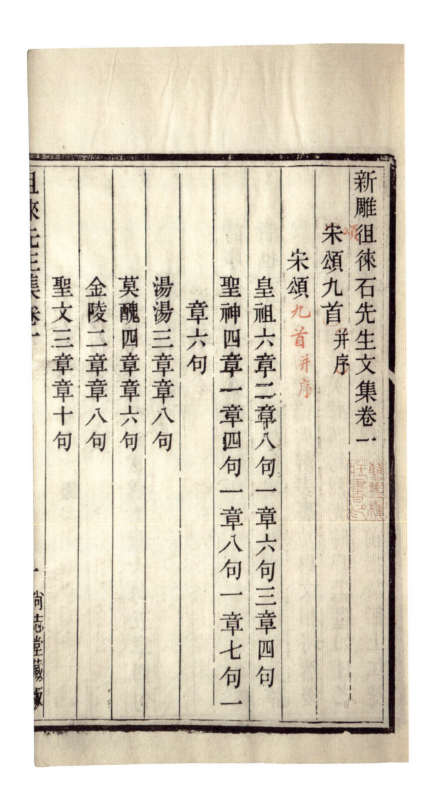

32 新雕徂徠石先生文集二十卷補遺一卷末一卷 （宋）石介撰 清光緒九年（1883）刻本 傅增湘題識 四册

半葉十行二十一字，白口，四周雙邊。框高22厘米，廣14厘米。藏印"雙鑑樓藏書印"（朱文）。版心下題"尚志堂藏板"。牌記題"濰縣張氏藏本 光緒九年開雕"。傅增湘舊藏。

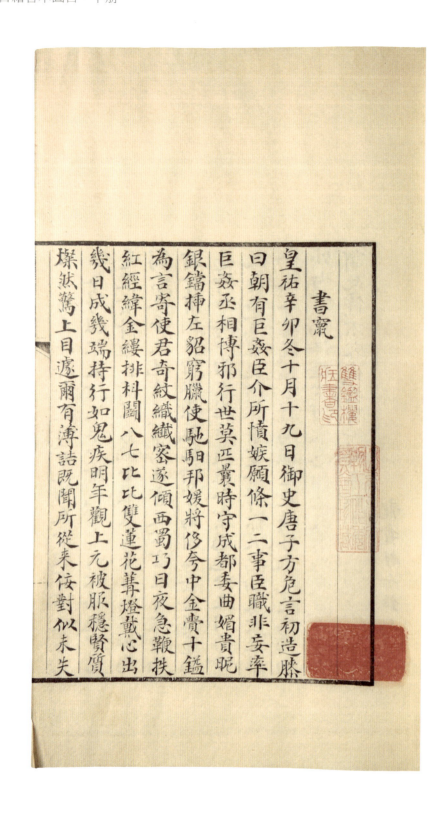

33　梅聖俞佚詩不分卷　（宋）梅堯臣撰　傅增湘輯　民國傅氏雙鑑樓抄本　傅增湘題識　一册

　　半葉十行二十字，白口，四周單邊，單黑魚尾。框高 17 厘米，廣 13.5 厘米。藏印"雙鑑樓藏書印"（朱文）、"傅沅叔藏書記"（朱文）。欄外下鎸"龍龕精舍録存"。傅氏雙鑑樓據宋刊本轉録。傅增湘舊藏。

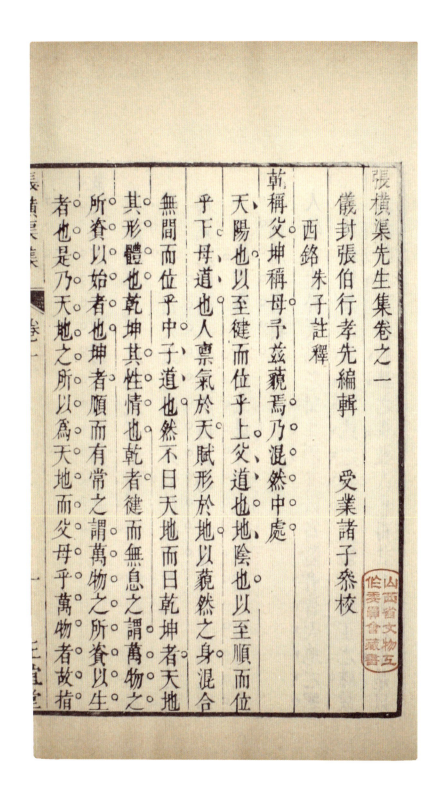

34　張橫渠先生集十二卷　（宋）張載撰　清康熙四十七年（1708）張氏正誼堂刻本　四冊

半葉十行二十二字，小字雙行同，白口，四周單邊，單黑魚尾。框高20厘米，廣14厘米。內封題"張橫渠先生全集　儀封張大中丞編輯　正誼堂藏板"。版心下題"正誼堂"。

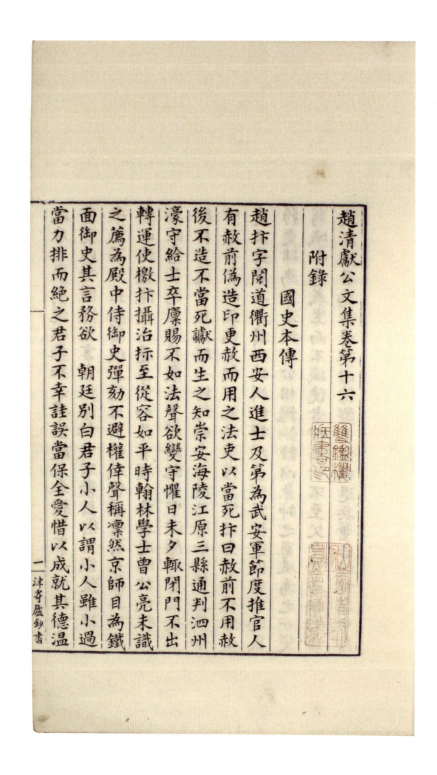

35　**趙清獻公文集十六卷**　（宋）趙抃撰　民國傅氏雙鑑樓抄本　一冊

　　半葉十一行二十三字，白口，左右雙邊。框高17.6厘米，廣13.4厘米。存一卷（十六）。
藏印"雙鑑樓藏書印"（朱文）、"傅沅叔藏書記"（朱文）。版心下題"津寄廬鈔書"。
傅增湘舊藏。

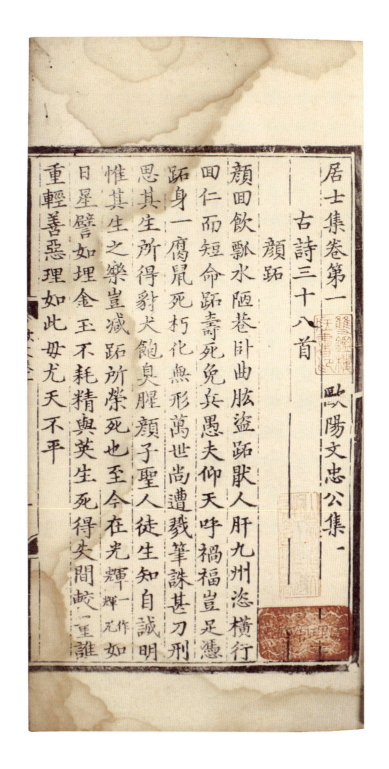

36　歐陽文忠公集一百五十三卷　（宋）歐陽修撰　年譜一卷　（宋）胡柯撰　附録五卷　明天順六年（1462）程宗刻本（卷一百二十六抄配）傅增湘跋　三十六册

　　半葉十行二十字，黑口，四周雙邊，雙對黑魚尾。框高20.4厘米，廣13.2厘米。藏印"雙鑑樓"（朱文）、"耽書是宿緣"（朱文）、"雙鑑樓藏書印"（朱文）、"佩德齋珍藏印"（朱文）、"傅沅叔藏書記"（朱文）、"企驊軒"（白文）。第一百二十六卷據明正德本抄配。傅增湘舊藏。入選第五批《國家珍貴古籍名録》（11866）。

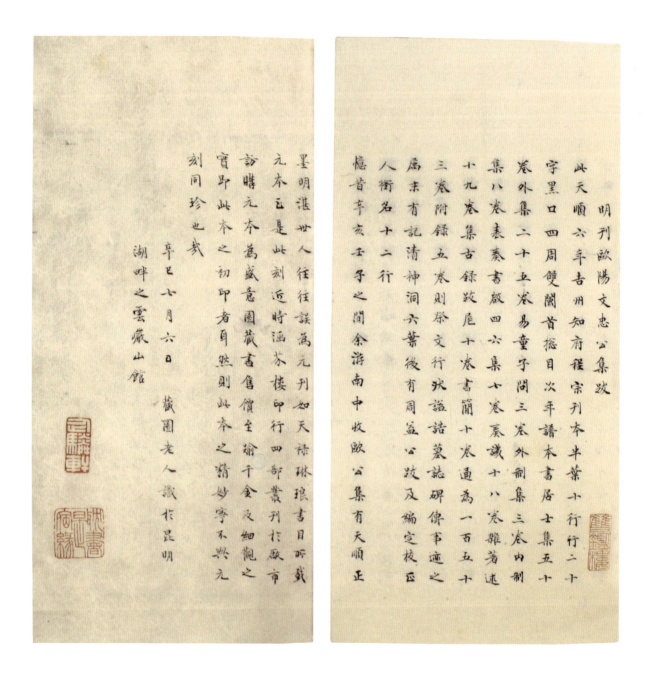

明刊歐陽文忠公集跋

此天順六年吉州知府程宗刊本半葉小行行二十
字黑口四周雙闌首題目次年譜本書居士集五十
卷外集二十五卷易童子問三卷外制集三卷內制
集八卷表奏書啟四六集七卷奏議十八卷雜著述
十九卷集古錄跋尾十卷書簡十卷通為一百五十
三卷附錄五卷則傳文行狀諡誥墓誌碑傳事迹之
屬末有記清神洞六葉後有周益公跋及編定校正
人銜名十二行

憶昔辛亥壬子之間余游南中收歐公集有天順正

墨明湛世人往往誤為元刊如天祿琳琅書目所載
元本正是此刻近時涵芬樓印行四部叢刊於啟市
訪購元本為盛意園藏書售價至踰千金及細觀之
實即此本之初印者自然則此本之精妙寧不與元
刻同珍也哉

辛巳七月六日　藏園老人識於昆明

湖畔之雲巖山館

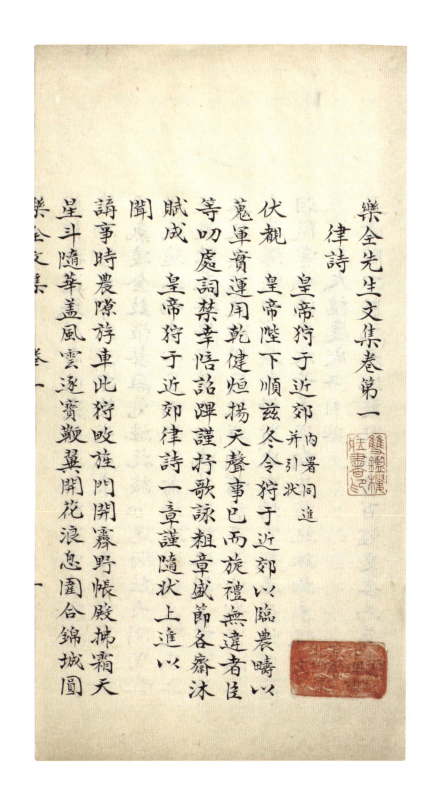

37　樂全先生文集四十卷　（宋）張方平撰　**行狀一卷**　（宋）王鞏撰　清抄本　十二冊

　　半葉十行二十字。無欄格。藏印"雙鑑樓藏書印"（朱文）、"傅沅叔藏書記"（朱文）、
"佩德齋珍藏印"（朱文）、"忠謨讀書"（白文）、"企驎軒"（白文）。傅增湘舊藏。

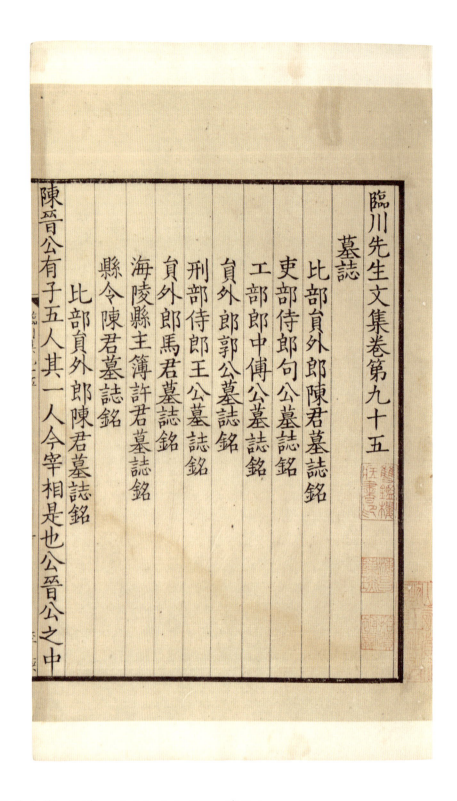

38　臨川先生文集一百卷　（宋）王安石撰　清抄本　一册

　　半葉十二行二十字，白口，左右雙邊，單黑魚尾。框高20.4厘米，廣15.6厘米。存六卷（九十五至一百）。藏印“海昌陳琰”（朱文）、“拾遺補闕”（朱文）、“雙鑑樓藏書印”（朱文）、“傅沅叔藏書印”（朱文）。版心下録刻工：李庚、通宗等。金鑲玉裝。傅增湘舊藏。

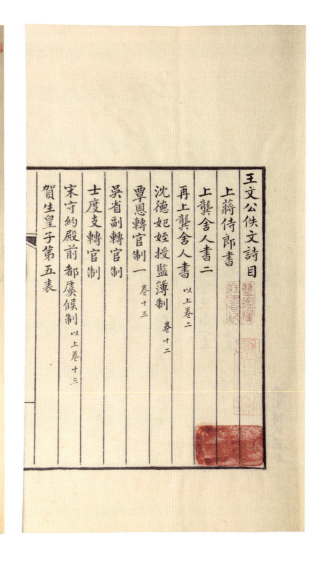

上蔣侍郎書

某嘗讀易見晉之初六日晉如摧如正吉罔孚裕無
咎此謂雖明在上己往應之然處卦之初道未章著
上雖明照而未之信故摧如不進寬裕以待其時也
又比之上六日此之無首凶此謂九五居中為上下
之主衆皆親比而己獨後期時過道窮則人所不與
也斯則聖人贖必然之理寓卦象以示人事欲人進
退以時不為妄動時未可而進謂之躁躁則事不審
而上必疑時可進而不進謂之緩緩則事不及而上
必違誠如是是上之人非無待下之意由乎在下者

39　王文公佚文詩一卷　（宋）王安石撰　民國傅氏雙鑑樓抄本　傅增湘批校　一册

　　半葉十行二十字。無欄格。藏印"雙鑑樓藏書印"（朱文）、"沅叔手校"（朱文）、
"傅沅叔藏書記"（朱文）。目錄欄外下鋟"藏園傅氏寫本"。傅氏雙鑑樓據劉氏藏宋刊本
王文公集輯錄。傅增湘舊藏。

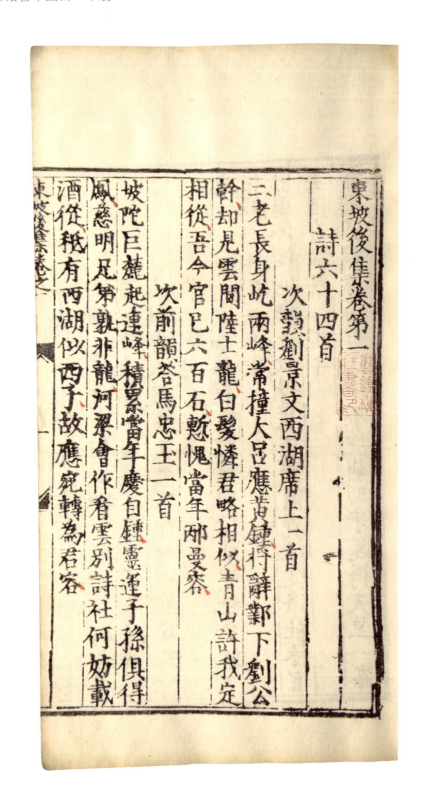

40　東坡後集二十卷　（宋）蘇軾撰　明刻本　三册

　　半葉十行二十字，白口，四周雙邊，雙對黑魚尾。框高20厘米，廣12.8厘米。存九卷（一至九）。藏印"傅增湘藏書印"（朱文）、"雙鑑樓藏書印"（朱文）。傅增湘舊藏。

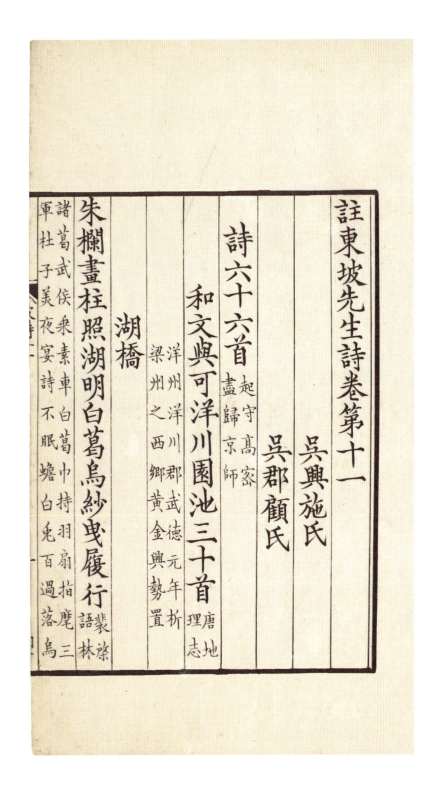

41　註東坡先生詩四十二卷　（宋）蘇軾撰　（宋）施元之　（宋）顧禧注　清影宋抄本　四册

　　半葉九行十六字，小字雙行同，白口，左右雙邊，單黑魚尾。框高21.1厘米，廣15.7厘米。存四卷（十一至十二、二十五至二十六）。藏印"雙鑑樓藏書印"（朱文）、"傅沅叔藏書記"（朱文）。清人據宋嘉泰淮東倉司刊本影寫。傅增湘舊藏。

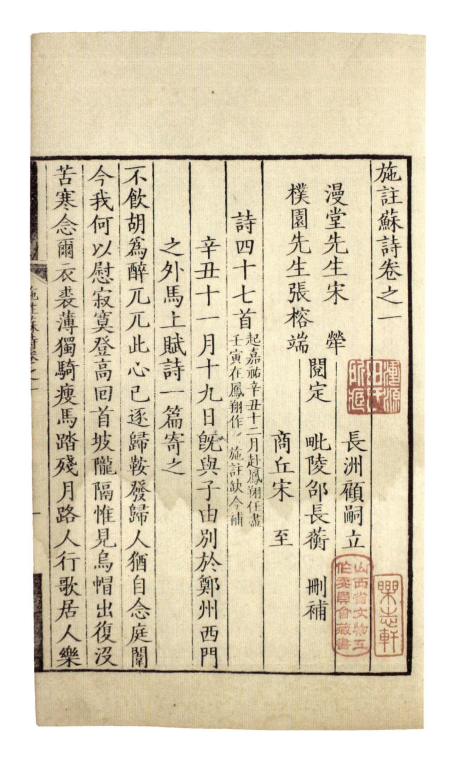

42　施註蘇詩四十二卷總目二卷　（宋）蘇軾撰　（宋）施元之　（宋）顧禧注　（清）邵長蘅　（清）顧嗣立　（清）宋至刪補　**蘇詩續補遺二卷**　（宋）蘇軾撰　（清）馮景補注　**王註正僞一卷**　（清）邵長蘅撰　**東坡先生年譜一卷**　（宋）王宗稷撰　清康熙三十八年（1699）宋犖刻本　十二册

　　半葉十行二十一字，小字雙行三十一字，黑口，四周單邊，單黑魚尾。框高 19 厘米，廣 14.4 厘米。藏印"渾源田氏所藏"（白文）、"樂志軒"（朱文）。

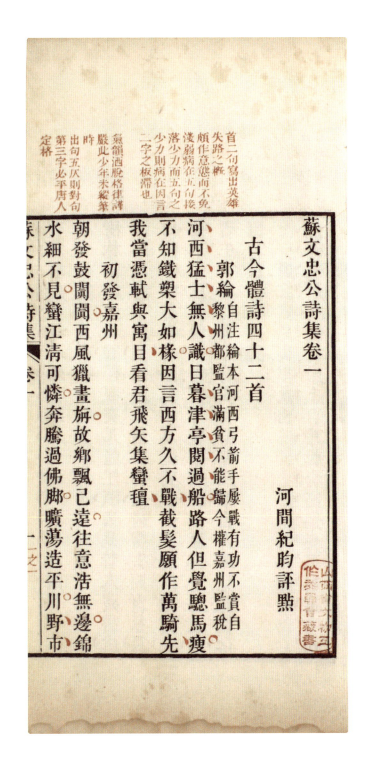

43　蘇文忠公詩集五十卷目録二卷　（宋）蘇軾撰　（清）紀昀評點　清道光十四年（1834）
兩廣節署刻朱墨套印本　十二册

　　半葉十行二十一字，小字雙行同，白口，左右雙邊，單黑魚尾。框高 18.3 厘米，廣
13.1 厘米。内封題"蘇文忠公詩集　紀文達公評本"。牌記題"道光十四年冬刊於兩廣節署"。

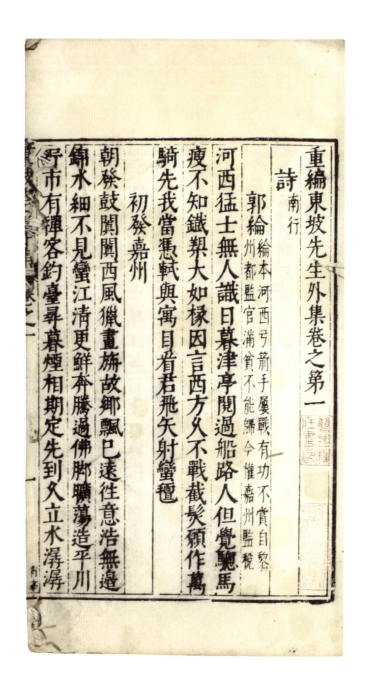

44　重編東坡先生外集八十六卷　（宋）蘇軾撰　**年譜一卷**　明萬曆三十六年（1608）康丕楊
刻本　四册

　　半葉十行二十字，小字雙行同，白口，四周雙邊，單黑魚尾。框高21.8厘米，廣15厘
米。存十五卷（一至五、十七至二十一、二十七至三十一）。藏印“雙鑑樓藏書印”（朱文）。
版心下題刻工：魯、施、惟售、張元、胡朝、金科、盛名等；又題字數。傅增湘舊藏。

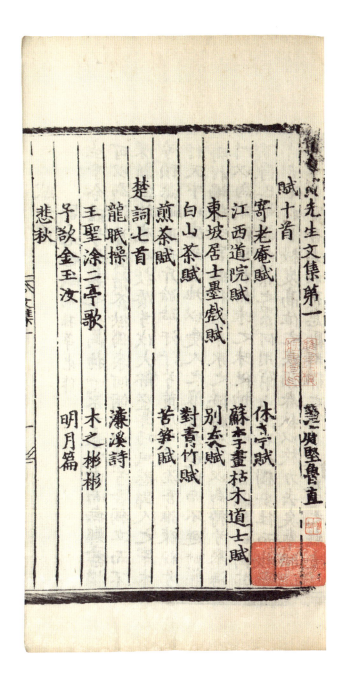

45　豫章黃先生文集三十卷外集十四卷別集二十卷簡尺二卷詞一卷　（宋）黃庭堅撰　伐檀集二卷　（宋）黃庶撰　山谷先生年譜三十卷　（宋）黃莹撰　別傳一卷　（明）周季鳳撰　明弘治葉天爵刻嘉靖六年（1527）喬遷余載仕重修本　傅增湘跋　十四册

半葉十二行二十一至二十二字，小字雙行同，白口，四周雙邊。框高29.8厘米，廣16.7厘米。藏印“葉氏藏書”（朱文）、“白堤錢聽默經眼”（朱文）、“宗室盛昱收藏圖書印”（白文）、“龍龕精舍”（朱文）、“雙鑑樓藏書印”（朱文）、“增湘”（朱文）、“蘊庵”（朱文）、“雙鑑樓”（朱文）、“佩德齋珍藏印”（朱文）、“耽書是宿緣”（朱文）、“傅沅叔藏書記”（朱文）、“佩德齋”（朱文）、“沅叔”（朱文）、“企驪軒”（白文）、“傅增湘”（白文）、“晉生心賞”（白文）。經明葉盛，清錢聽默、盛昱，傅增湘遞藏。入選第五批《國家珍貴古籍名錄》（11870）。

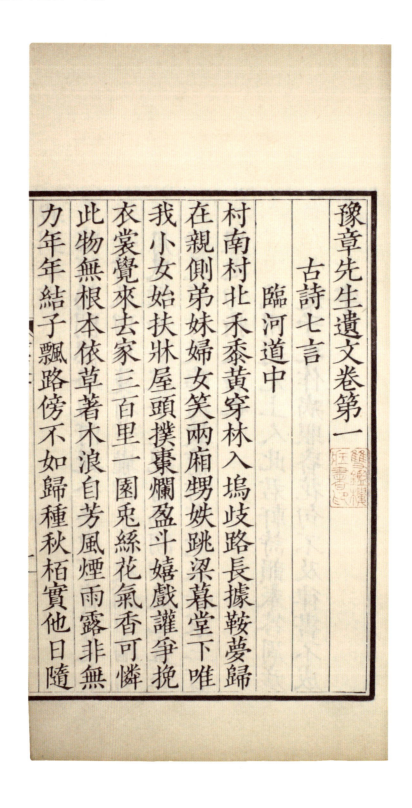

豫章先生遺文卷第一

古詩七言

臨河道中

村南村北禾黍黃穿林入塢歧路長據鞍夢歸
在親側弟妹婦女笑兩廂甥姓跳梁慕堂下唯
我小女始扶牀屋頭撲棗爛盈斗嬉戲誰爭挽
衣裳覺來去家三百里一圜兔絲花氣香可憐
此物無根本依草著木浪自芳風煙雨露非無
力年年結子飄路傍不如歸種秋栢實他日隨

46　豫章先生遺文十二卷　（宋）黃庭堅撰　清乾隆四十五年（1780）汪大本刻本　四册
　　半葉九行十八字，白口，四周雙邊，單黑魚尾。框高 20 厘米，廣 14.2 厘米。藏印"雙
鑑樓藏書印"（朱文）、"傅沅叔藏書記"（朱文）。傅增湘舊藏。

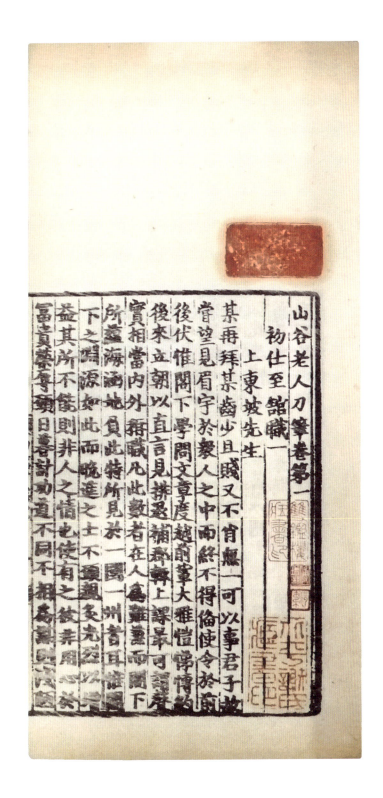

47　山谷老人刀筆二十卷　　（宋）黃庭堅撰　明弘治十二年（1499）張汝舟刻本　四冊

　　半葉十二行十九字，小字雙行字不等，白口，左右雙邊，雙對黑魚尾。框高15.5厘米，廣11.3厘米。藏印“北平謝氏藏書印”（朱文）、“傅增湘”（白文）、“雙鑑樓藏書印”（朱文）、“佩德齋藏書印”（朱文）、“沅叔”（朱文）。傅增湘舊藏。入選第二批《國家珍貴古籍名録》（05630）和第二批《山西省珍貴古籍名録》（00196）。

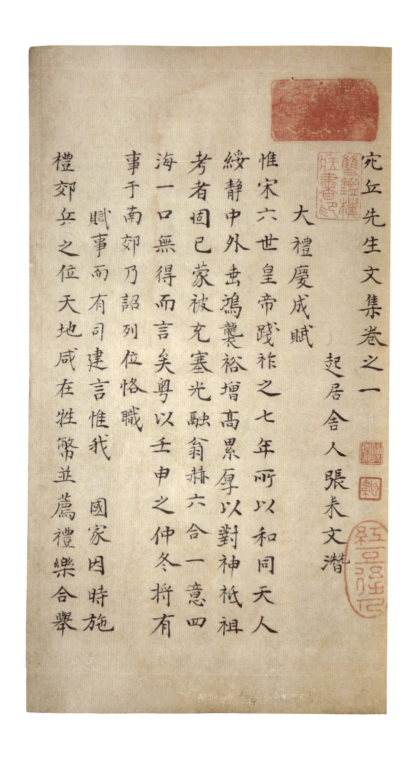

48　宛丘先生文集四十一卷　（宋）張耒撰　清抄本　八册

半葉十行十七字。無欄格。藏印"紅豆後人印"（朱文）、"佩德齋珍藏印"（朱文）、"沅叔"（朱文）、"雙鑑樓藏書印"（朱文）、"傅沅叔藏書記"（朱文）、"傅增湘"（白文）、"企驎軒"（白文）。傅增湘舊藏。

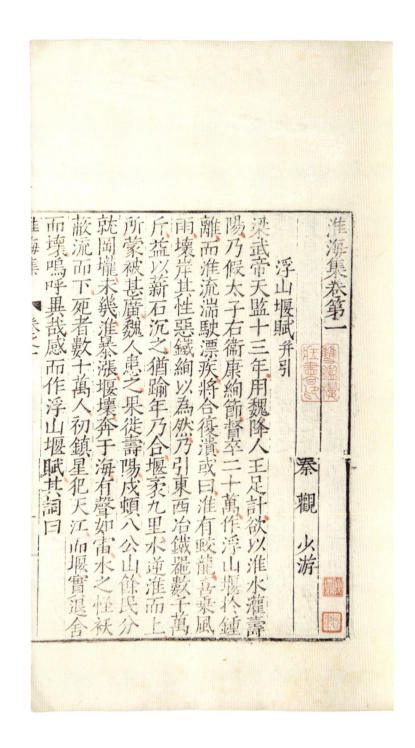

49 淮海集四十卷後集六卷長短句三卷 （宋）秦觀撰 明嘉靖二十四年（1545）胡民表刻本 傅增湘跋 五册

半葉十二行二十一字，小字雙行同，白口，四周單邊，單黑魚尾。框高17.8厘米，廣13.1厘米。藏印"雙鑑樓藏書印"（朱文）、"佩德齋珍藏印"（朱文）、"雙鑑樓"（朱文）、"沅叔"（朱文）、"企驎軒"（白文）、"傅增湘"（白文）、"忠謨讀書"（白文）、"温陵陳伯達印"（朱文）。傅增湘舊藏。入選第三批《國家珍貴古籍名録》（08892）和第三批《山西省珍貴古籍名録》（00411）。

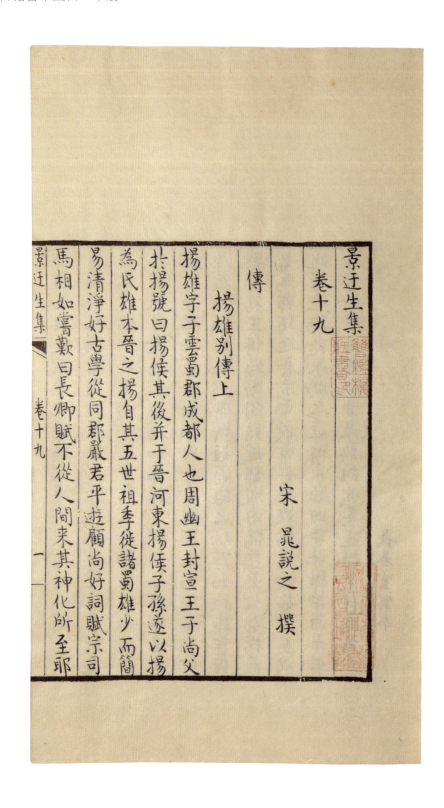

50　景迂生集二十卷　（宋）晁説之撰　民國傅氏雙鑑樓抄本　一册

　　半葉十行二十字，白口，四周單邊，單黑魚尾。框高 16.8 厘米，廣 13.4 厘米。存一卷（十九）。藏印"雙鑑樓藏書印"（朱文）。傅增湘舊藏。

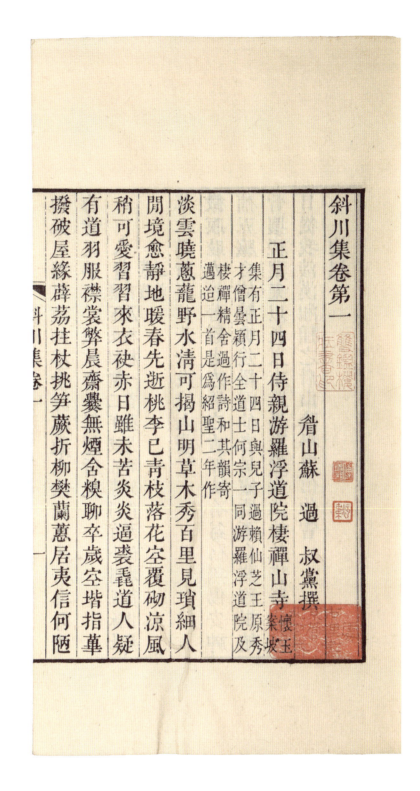

51　斜川集六卷　（宋）蘇過撰　訂誤一卷　（清）吳辰元撰　附錄二卷　清乾隆五十三年（1788）
趙懷玉亦有生齋刻本　二冊

　　半葉十行二十一字，小字雙行同，白口，左右雙邊，單黑魚尾。框高 18.6 厘米，廣
13.4 厘米。藏印"雙鑑樓藏書印"（朱文）、"沅叔"（朱文）、"傅沅叔藏書記"（朱文）。
內封題"斜川集　乾隆戊申武進趙氏亦有生齋校刊真本"。傅增湘舊藏。

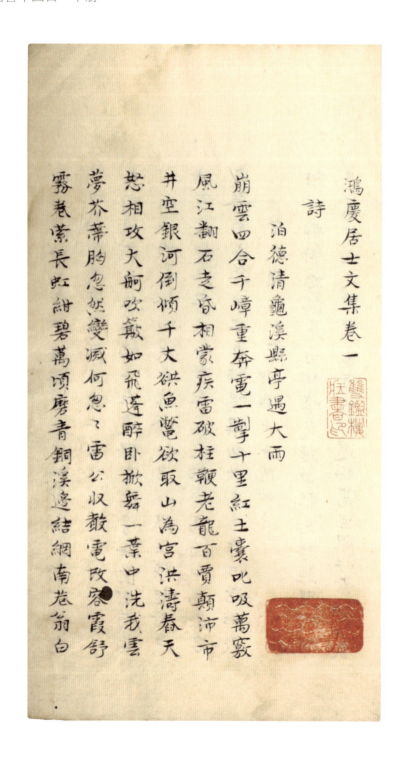

52 鴻慶居士文集四十二卷 （宋）孫覿撰 清抄本 五冊

半葉九行二十字。無欄格。存二十三卷（一至十八、二十七至三十一）。藏印"平甫"
（白文）、"勞權之印"（白文）、"學林堂"（朱文）、"清靜樓"（朱文）、"朝埰"
（白文）、"雙鑑樓藏書印"（朱文）、"佩德齋珍藏印"（朱文）、"傅沅叔藏書記"（朱
文）、"佩德齋"（朱文）、"企驎軒"（白文）。傅增湘舊藏。

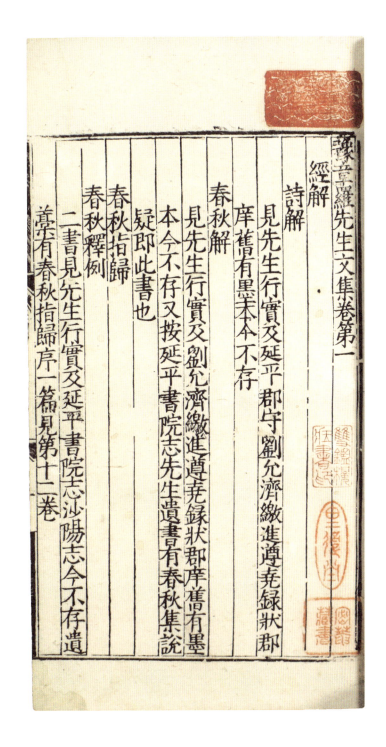

53　豫章羅先生文集十七卷　（宋）羅從彥撰　年譜一卷　（元）曹道振撰　明嘉靖三十三年（1554）謝鸞刻本　傅增湘跋　六册

　　半葉十三行二十三字，黑口，四周雙邊，雙順黑魚尾。框高19.8厘米，廣12.8厘米。藏印"密菴藏書"（朱文）、"傅增湘"（白文）、"佩德齋珍藏印"（朱文）、"雙鑑樓藏書印"（朱文）、"傅沅叔藏書記"（朱文）、"沅叔"（朱文）、"企驎軒"（白文）、"忠謨讀書"（白文）。傅增湘舊藏。入選第三批《國家珍貴古籍名録》（08902）和第三批《山西省珍貴古籍名録》（00409）。

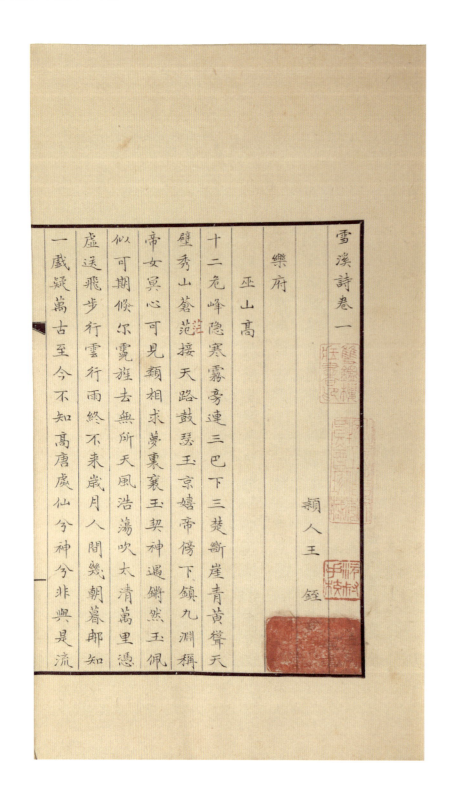

54 雪溪詩五卷 （宋）王銍撰 民國傅氏雙鑑樓抄本 傅增湘批校 一册

半葉十行二十字，白口，四周單邊，單黑魚尾。框高 17.8 厘米，廣 13.3 厘米。藏印“雙鑑樓藏書印”（朱文）、“沅叔手校”（朱文）、“傅沅叔藏書記”（朱文）。欄外下鐫“藏園傅氏寫本”。傅氏雙鑑樓據康熙揆叙謙牧堂藏本傳抄。

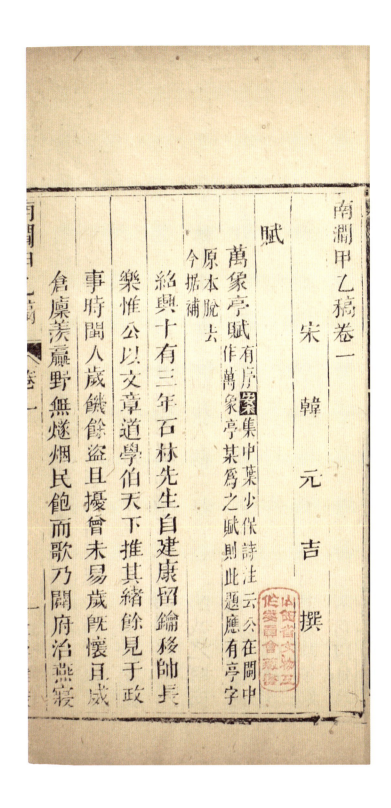

55　南澗甲乙稿二十二卷　（宋）韓元吉撰　（清）紀昀等纂修　清乾隆福建翻刻乾隆武英殿活字印聚珍版道光遞修本　八册

　　半葉九行二十一字，小字雙行同，白口，四周雙邊，單黑魚尾。框高18.8厘米，廣12.8厘米。卷末鎸"道光八年五月福建布政使南海吳榮光重修"。

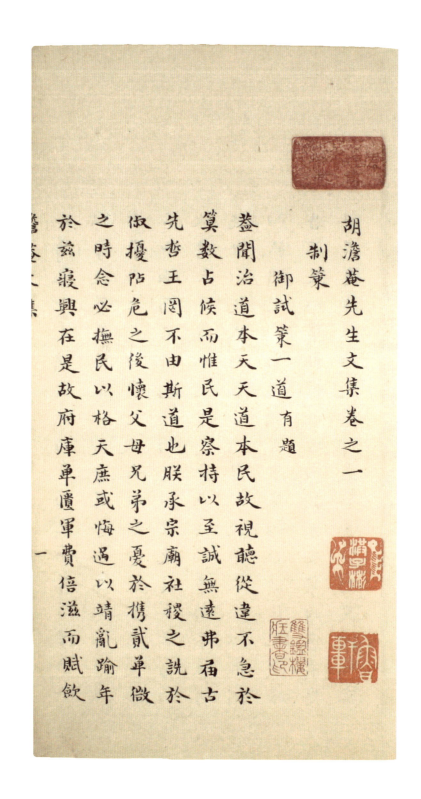

56　**胡澹菴先生文集六卷**　（宋）胡銓撰　舊抄本　一册

半葉九行十八字。無欄格。藏印"洪子彬"（白文）、"魯軒"（白文）、"雙鑑樓藏書印"（朱文）、"傅沅叔藏書記"（朱文）、"佩德齋珍藏印"（朱文）、"企驎軒"（白文）、"忠謨讀書"（白文）。傅增湘舊藏。

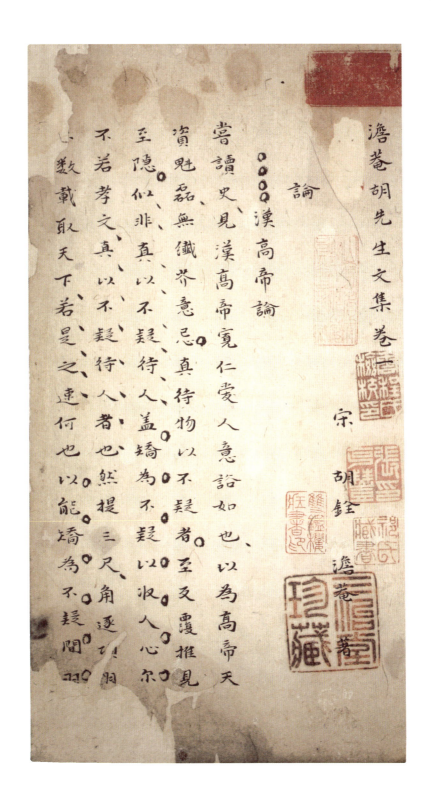

57　澹庵文集二十五卷　（宋）胡銓撰　清抄本　十二册

半葉九行二十字。無欄格。藏印"三怡堂珍藏"（朱文）、"祁氏藏書"（朱文）、"張
克豐印"（白文）、"雲程氏檢校印"（白文）、"雙鑑樓藏書印"（朱文）、"傅沅叔藏
書記"（朱文）。傅增湘舊藏。

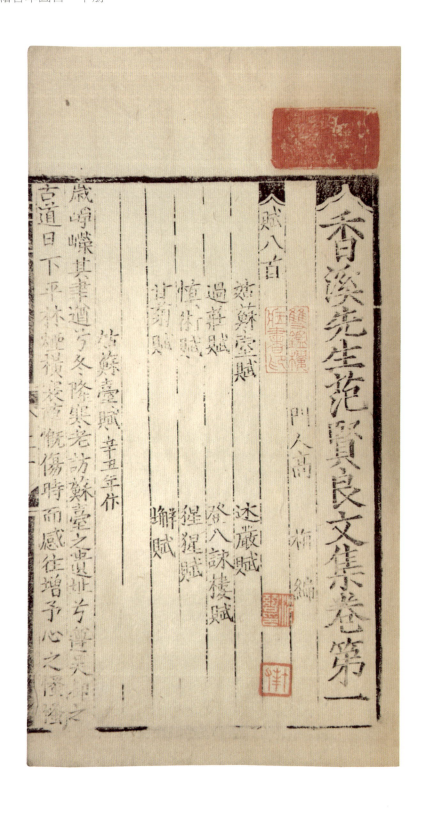

58　香溪先生范賢良文集二十二卷　（宋）范浚撰　明成化十五年（1479）唐詔刻遞修本　四册
　　半葉十二行二十二字，黑口，四周單邊，雙對黑魚尾。框高 19.6 厘米，廣 13.2 厘米。
存十四卷（一至六、十一至十八）。藏印"沈慈藏印"（朱文）、"沈慈印"（白文）、"雙
鑑樓藏書印"（朱文）、"企驪軒"（白文）。傅增湘舊藏。

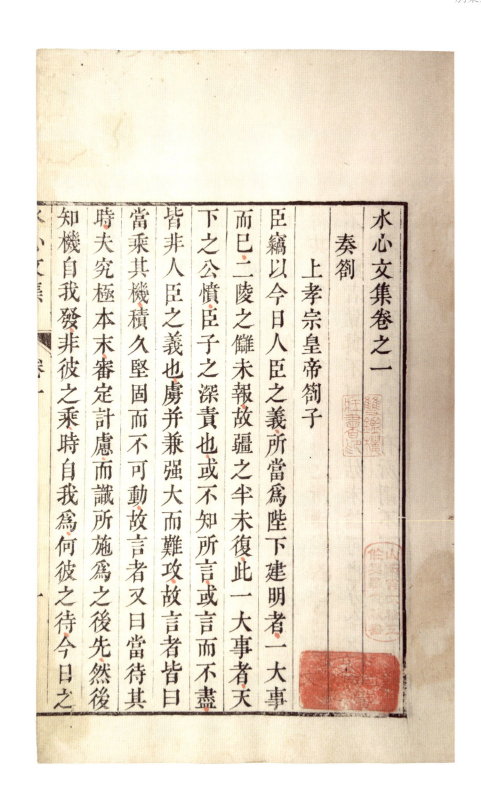

59　水心文集二十九卷　（宋）葉適撰　清乾隆二十年（1755）刻本　清王韜批校并跋　十册

半葉十行二十字，白口，左右雙邊，單黑魚尾。框高19厘米，廣14.2厘米。藏印"企驎軒"（白文）、"傅增湘"（白文）、"沅叔"（朱文）、"雙鑑樓藏書印"（朱文）、"傅沅叔藏書記"（朱文）。清王韜據明正統黎諒刊本批校并跋。傅增湘舊藏。

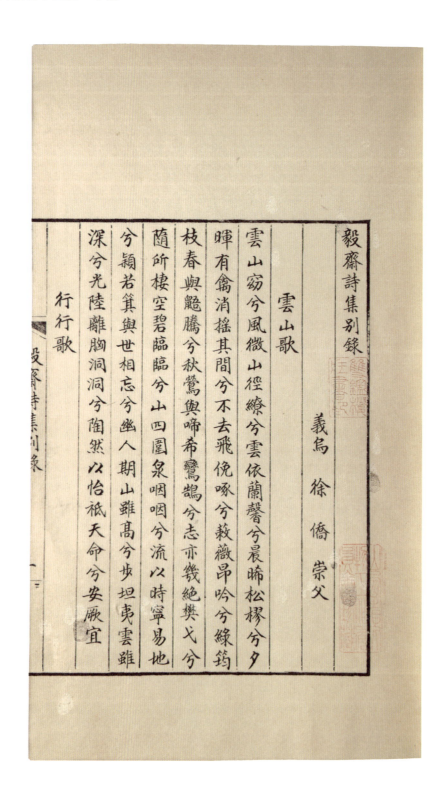

60　毅齋詩集別錄一卷　（宋）徐僑撰　民國傅氏雙鑑樓抄本　一册

　　半葉十行二十一字，白口，四周單邊，單黑魚尾。框高17.4厘米，廣13.3厘米。藏印"雙鑑樓藏書印"（朱文）、"傅沅叔藏書記"（朱文）。欄外下鎸"藏園傅氏寫本"。傅氏雙鑑樓據周氏雙南華館藏正德六年（1511）徐興刻本轉録。傅增湘舊藏。

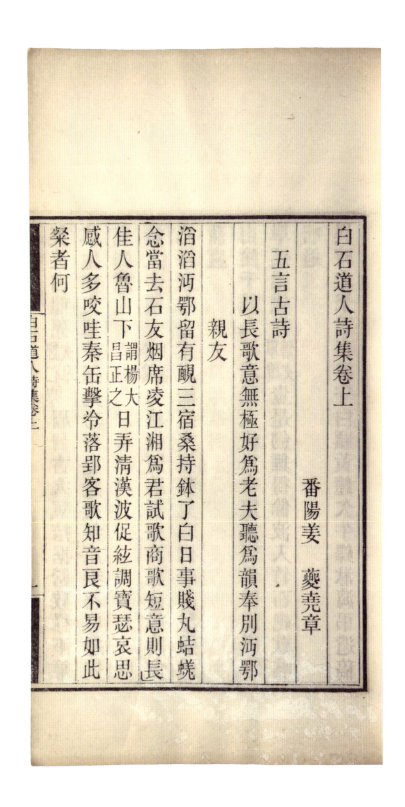

五言古詩　以長歌意無極好爲老夫聽爲韻奉別沔鄂

白石道人詩集卷上　　番陽姜　夔堯章

親友

滔滔沔鄂留有覿　三宿桑持鉢了　白日事賤丸蠔蟻

念當去石友烟席凌江湘爲君試歌商歌短意則長

佳人魯山下謂楊大昌正之日弄清漢波促絃調寶瑟哀思

感人多咬哇秦缶擊泠落鄒客歌知音艮不易如此

粲者何

白石道人詩集卷上

61　姜白石詩詞合集九卷　［詩集二卷　集外詩一卷　詩說一卷　白石道人歌曲四卷　歌曲別
集一卷］　（宋）姜夔撰　附錄一卷　清刻本　一册
半葉十行二十字，黑口，四周雙邊。框高 17.3 厘米，廣 12.4 厘米。

553

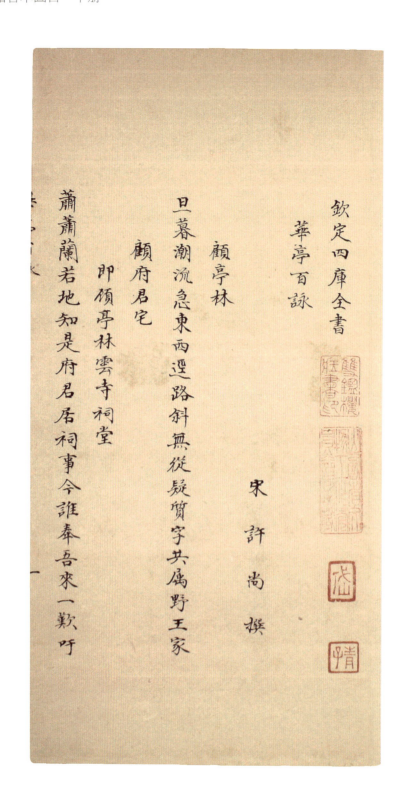

62　華亭百詠一卷　（宋）許尚撰　舊抄本　一册

　　半葉八行二十字。無欄格。藏印“雙鑑樓藏書印”（朱文）、“傅沅叔藏書記”（朱文）。
傅增湘舊藏。

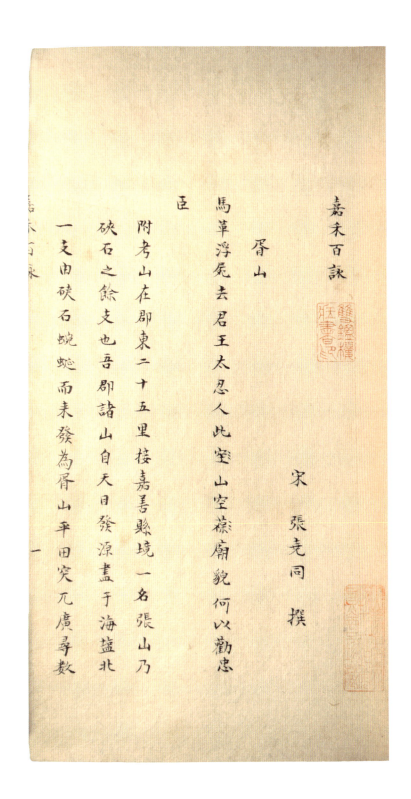

63　嘉禾百詠二卷　（宋）張堯同撰　清抄本　二册

半葉八行二十字。無欄格。藏印"雙鑑樓藏書印"（朱文）、"傅沅叔藏書記"（朱文）。
金鑲玉裝。傅增湘舊藏。

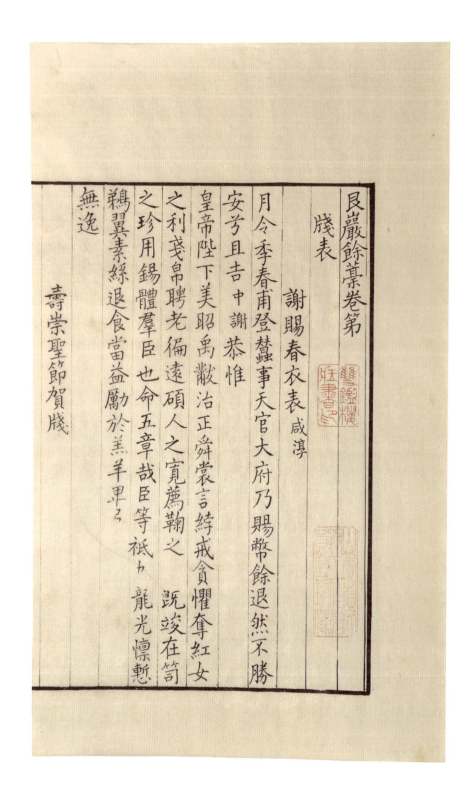

64 艮巖餘藁四卷 （宋）梅應發撰　民國傅氏雙鑑樓抄本　傅增湘題識　一冊

半葉十一行二十字，白口，左右雙邊。框高 19 厘米，廣 12.9 厘米。藏印"嘉善曹秉章壬戌夏所得内閣彝殘典籍之一"（摹寫印章）、"傅沅叔藏書記"（朱文）。傅氏雙鑑樓據嘉善曹氏藏宋刊孤本影寫。傅增湘舊藏。

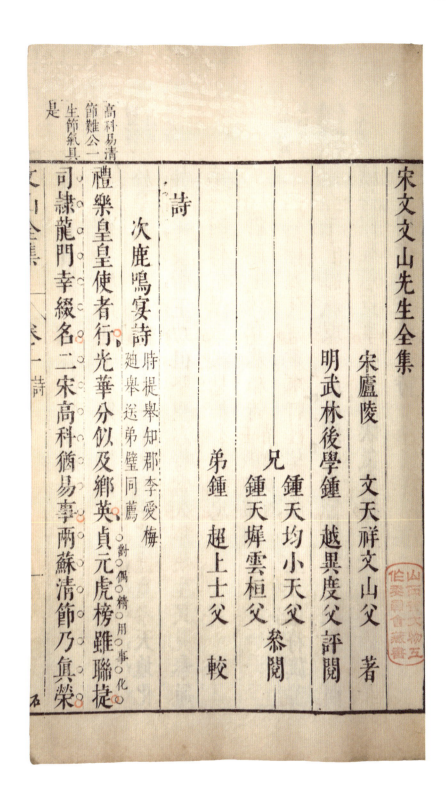

禮樂皇皇使者行光華分似及鄉英貞元虎榜雖聯捷
次鹿鳴宴詩 迺舉送弟璧同薦 對偶精用事化
詩
宋文文山先生全集
明武林後學鍾 越異度父評閱
宋廬陵 文天祥文山父 著
兄 鍾天均小天父
鍾天埒雲桓父 恭閱
弟 鍾超上士父 較
司隸龍門幸綴名二宋高科猶易事兩蘇清節乃真榮
時提舉知郡李愛梅
高科易清
節難公一
生節氣其
是

65 宋文文山先生全集二十一卷 （宋）文天祥撰 （明）鍾越輯并評 明崇禎二年（1629）
鍾越刻本 八册

半葉十行二十一字，小字雙行同，白口，四周單邊，單白魚尾。框高 20.4 厘米，廣
15.1 厘米。版心下題刻工。朱筆圈點。眉端鐫批語。

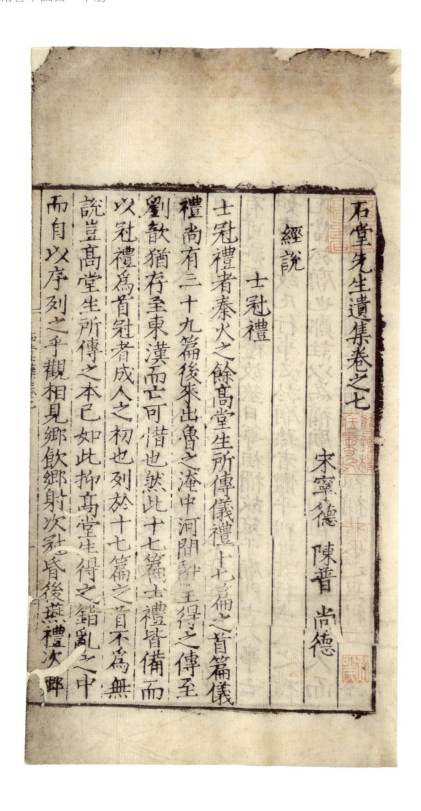

66　石堂先生遺集二十二卷　（宋）陳普撰　明刻本　三冊

　　半葉十行二十二字，白口，四周單邊。框高 19.7 厘米，廣 13.5 厘米。存四卷（七至八、十七至十八）。藏印“然明氏”（白文）、“章氏圖書”（朱文）、“藏寶”（朱文）、“雙鑑樓藏書印”（朱文）、“傅沅叔藏書記”（朱文）。傅增湘舊藏。

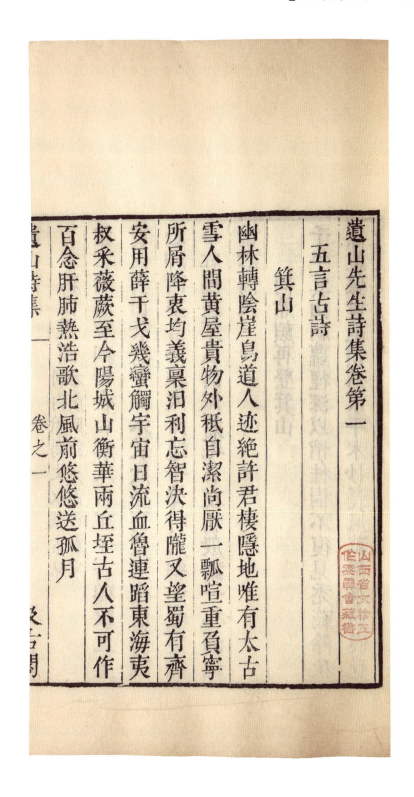

67 遺山先生詩集二十卷 （金）元好問撰 明毛氏汲古閣刻元人十種詩本 六冊

半葉九行十九字，白口，左右雙邊。框高 18.6 厘米，廣 14.3 厘米。藏印"子貞"（朱文）、"石介如印"（白文）。版心下題"汲古閣"。入選第二批《山西省珍貴古籍名錄》（00205）。

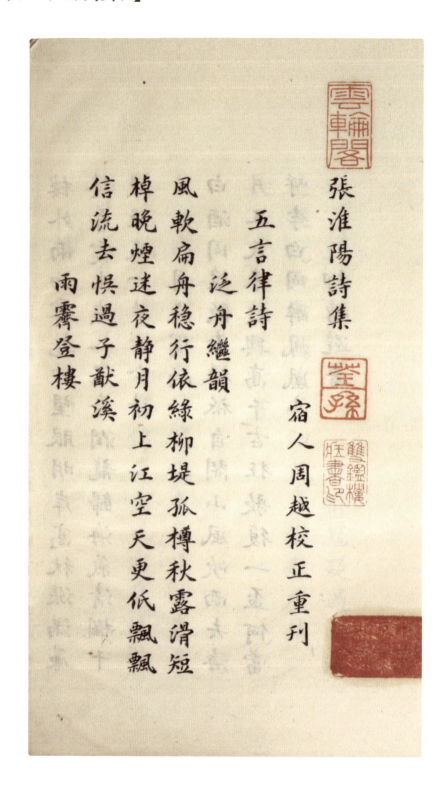

68　張淮陽詩集一卷樂府一卷　（元）張弘範撰　清江陰繆氏藝風堂抄本　一冊

　　半葉八行十六字。無欄格。藏印"荃孫"（朱文）、"雲輪閣"（朱文）、"雙鑑樓藏書印"（朱文）、"傅沅叔藏書記"（朱文）。江陰繆氏藝風堂據明正德周越刊本影寫。傅增湘舊藏。

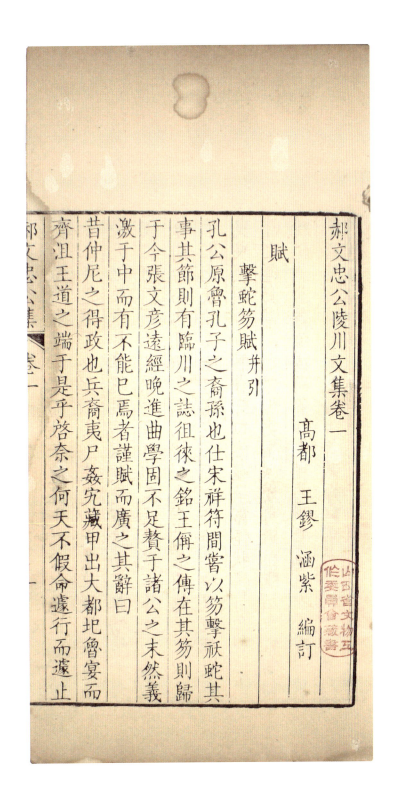

69　郝文忠公陵川文集三十九卷　（元）郝經撰　附録一卷　清嘉慶三年（1798）張大綸刻
本　十册

　　半葉十行二十二字，小字雙行同，白口，左右雙邊，單黑魚尾。框高 18.6 厘米，廣
12.5 厘米。

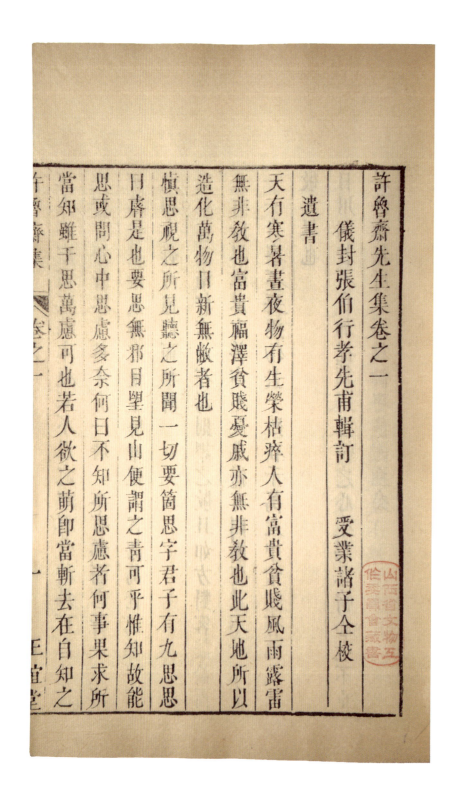

70　許魯齋先生集六卷　（元）許衡撰　（清）張伯行輯　清康熙四十七年（1708）張氏正誼
堂刻本　二冊

　　半葉十行二十二字，小字雙行同，白口，四周單邊，單黑魚尾。框高20厘米，廣14厘米。
內封題"許魯齋先生集　張大中丞訂　正誼堂藏板"。版心下題"正誼堂"。

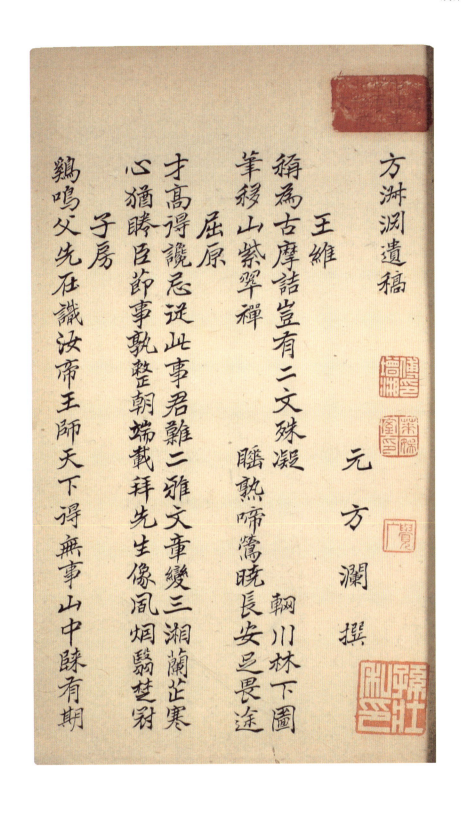

方淵遺稿

元 方瀾 撰

王維

稱為古摩詰豈有二文殊凝
筆移山紫翠禪
瞘熟啼鶯曉長安足晨途
輞川林下圖

屈原

才高得讒忌述此事君難二雅文章變三湘蘭芷寒
心猶聘臣節事款整正朝端載拜先生像風烟翳楚氛

子房

鶏鳴父先在識汝帝王師天下得無事山中跿有期

71 方叔淵遺稿一卷 （元）方瀾撰 清宣統三年（1911）孫壯抄本 一冊

半葉十行二十字。無欄格。藏印“越人孫壯”（白文）、“孫壯私印”（白文）、“伯衡”（朱文）、“尊蠡”（白文）、“覺廣”（朱文）、“萊娛室印”（朱文）“傅增湘”（白文）。傅增湘舊藏。

漢泉曹文貞公詩集卷第一

文林郎江南諸道行御史臺管勾易復亨類集

國子生浚儀胡滋益編錄

五言古詩

憲使徐公子方俾諸子賦勤學詩益示勉勵之
意借題卷末

脩身戒昏惰學業貴精勤聖人惜寸晷志士耻無聞
勤惰不自省賢愚此中分流觀八紘內矻矻窮朝曛
農者國之本三時務耕耘勞乃有得老稚俱歡忻
榟匠服工役營營慘斧斤商旅涉險阻哀情若悁焚

72　漢泉曹文貞公詩集十卷　（元）曹伯啟撰　文集後錄一卷　民國傅氏雙鑑樓抄本　二冊
　　半葉十行二十字。無欄格。民國傅氏雙鑑樓據元至元四年（1267）曹復亨刻本傳抄。
傅增湘舊藏。

564

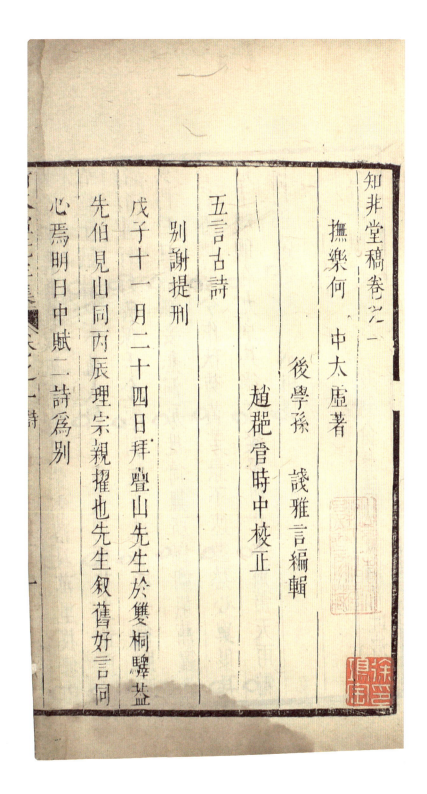

73　何太虚文集十卷　（元）何中撰　清刻本　傅增湘題識　二冊

　　半葉九行二十字，白口，四周單邊，單黑魚尾。框高 19.3 厘米，廣 13.4 厘米。藏印"森玉曾藏識者寶之"（朱文）、"森玉舊藏"（朱文）、"徐鴻寶印"（白文）、"雙鑑樓藏書印"（朱文）、"傅沅叔藏書記"（朱文）。版心上題"何太虚先生集"。經徐森玉、傅增湘遞藏。

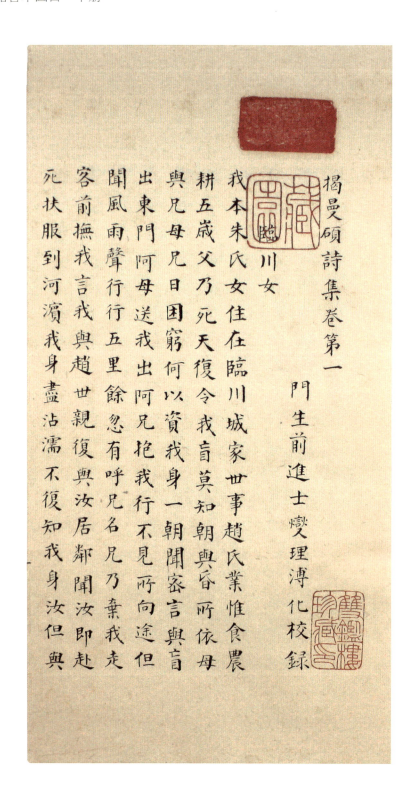

74 揭曼碩詩集三卷 （元）揭傒斯撰　清抄本　朱筆批校　二冊

　　半葉十行十九字。無欄格。藏印"江安傅沅叔藏書記"（朱文）、"雙鑑樓珍藏印"（朱文）、"藏園"（朱文）、"雙鑑樓藏書印"（朱文）、"江安傅沅叔藏善本"（朱文）、"傅晉生家珍藏"（朱文）。據元至元十七年（1280）日新堂刻本抄。傅增湘舊藏。

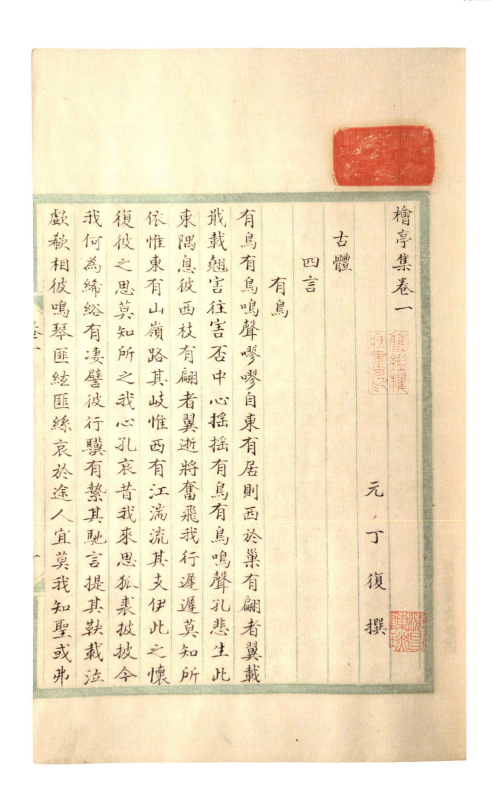

75 檜亭集九卷 （元）丁復撰 清繆荃孫藝風堂抄本 朱筆校字 二冊

　　半葉十二行二十一字，黑口，左右雙邊，雙對黑魚尾。框高 18.3 厘米，廣 14.9 厘米。藏印“海昌陳琰”（朱文）、“雙鑑樓藏書印”（朱文）、“傅沅叔藏書記”（朱文）。清繆荃孫藝風堂據清四庫全書影寫。傅增湘舊藏。

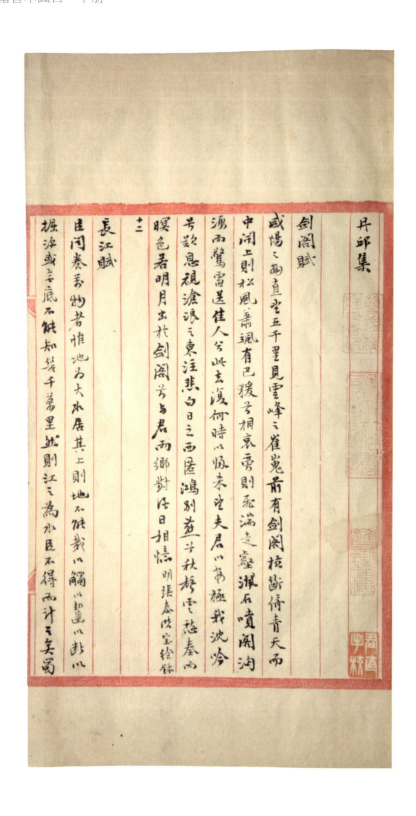

76　丹邱集一卷　（元）柯九思撰　（清）曹元忠輯　清抄本　章鈺題詞　傅增湘跋　一册

　　半葉十二行二十三至二十八字，黑口，左右雙邊，雙對黑魚尾。框高 18.9 厘米，廣 14.7 厘米。藏印"君直手校"（白文）、"沉叔"（朱文）、"雙鑑樓藏書印"（朱文）、"雙鑑樓"（朱文）、"傅沉叔藏書印"（朱文）、"傅增湘"（白文）。傅增湘舊藏。

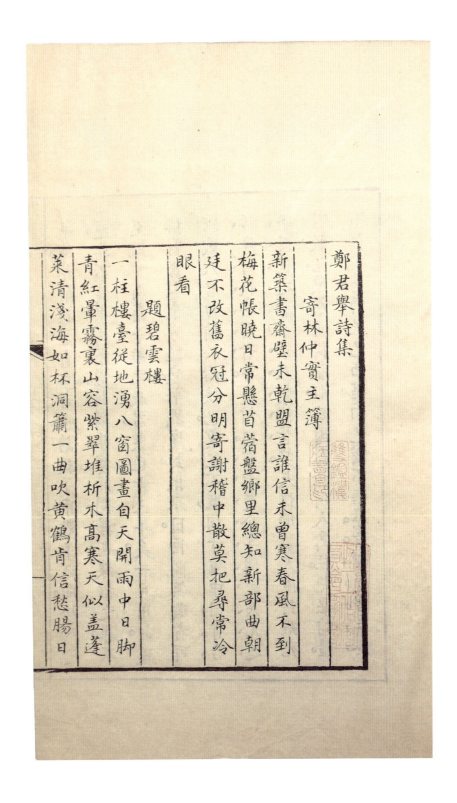

鄭君舉詩集

寄林仲寶主簿

新築書齋壁未乾盟言誰信未曾寒春風不到
梅花帳曉日常懸首蒻盤鄉里總知新部曲朝
廷不改舊衣冠分明寄謝稽中散莫把尋常冷
眼看

題碧雲樓

一柱樓臺從地湧八窗圖畫自天開雨中日脚
青紅暈霧裏山容紫翠堆析木高寒天似蓋蓬
萊清淺海如杯洞簫一曲吹黄鶴肯信愁腸日

77　鄭君舉詩集一卷　（元）鄭洪撰　民國傅氏雙鑑樓抄本　一冊

　　半葉十行十八字，白口，四周單邊，單黑魚尾。框高 16.6 厘米，廣 13.3 厘米。藏印"雙
鑑樓藏書印"（朱文）、"傅沅叔藏書記"（朱文）。欄外下鎸"藏園傅氏寫本"。傅氏雙
鑑樓據李盛鐸藏舊寫本轉録。傅增湘舊藏。

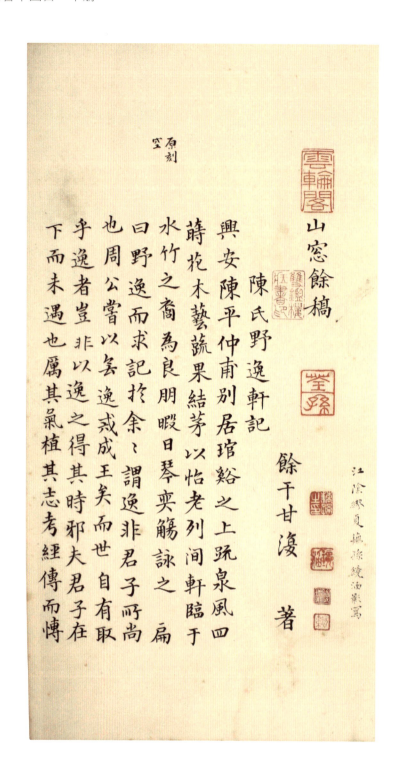

陳氏野逸軒記

興安陳平仲甫別居瑠谿之上跂泉風四
蔣花木藝蔬果結茅以怡老列間軒臨于
水竹之商為良朋暇日琴奕觴詠之扁
曰野逸而求記於余〻謂逸非君子尀尚
也周公嘗以矣逸戒成王矣而世自有取
乎逸者豈非以逸之得其時邪夫君子在
下而未遇也屬其氣植其志考經傳而博

山窓餘稿

餘干甘澓 著

78 山窓餘稿一卷 （元）甘復撰 清江陰繆氏藝風堂影明抄本 朱筆批校 一册
　　半葉十行十六字。無欄格。藏印"荃孫"（朱文）、"雲輪閣"（朱文）、"藕孫之印"
（白文）、"鏡涵"（朱文）、"沅叔"（朱文）、"雙鑑樓藏書印"（朱文）、"傅增湘"
（白文）、"企驎軒"（白文）。清江陰繆氏藝風堂據明成化刻本影寫，題"江陰繆夏藕孫
鏡涵影寫"。經繆荃孫、傅增湘遞藏。

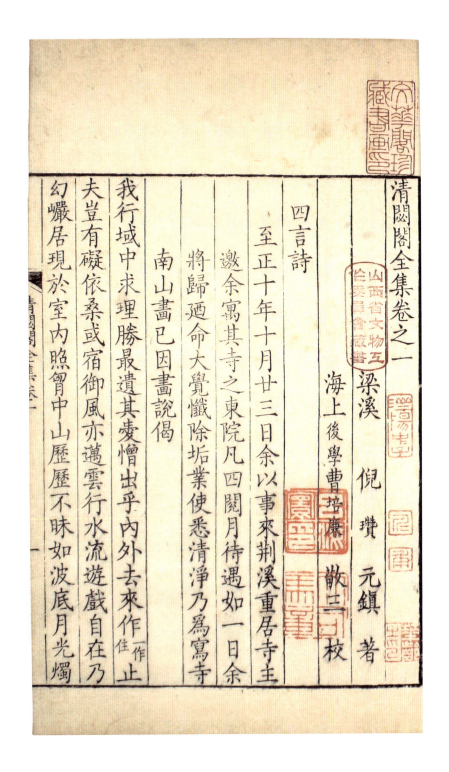

79　清閟閣全集十二卷　　（元）倪瓚撰　　（清）曹培廉編訂　　清康熙五十二年（1713）曹培廉城書室刻本　六冊

　　半葉十一行二十一字，小字雙行字不等，白口，四周單邊，單黑魚尾。框高 17.5 厘米，廣 13.6 厘米。藏印“大司馬章”（朱文）、“呂海圜印”（白文）、“文華閣珍藏書畫印”（朱文）、“仁”（朱文）、“甫”（朱文）、“華齡之印”（朱文）。內封題“倪高士清閟閣全集　海上曹敬三重訂　城書室藏板”。

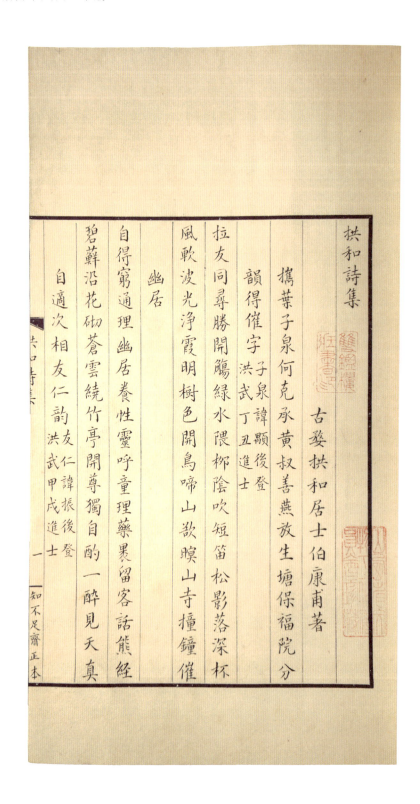

80 拱和詩集一卷　（元）曹志撰　附一卷　民國傅氏雙鑑樓抄本　一冊

　　半葉十行二十字，白口，四周單邊，單黑魚尾。框高17.8厘米，廣13.3厘米。藏印"雙鑑樓藏書印"（朱文）、"傅沅叔藏書記"（朱文）。版心下題"知不足齋正本"。有朱筆批校。欄外下鎸"藏園傅氏寫本"。傅氏雙鑑樓據清鮑廷博知不足齋寫本轉錄。傅增湘舊藏。

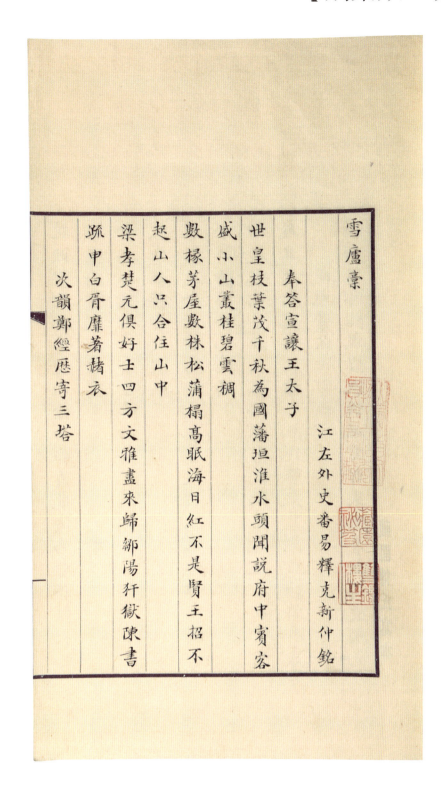

81　雪廬稾一卷　（明）釋克新撰　民國傅氏雙鑑樓抄本　傅增湘題識　一冊

　　半葉十行二十字，黑口，四周單邊，單黑魚尾。框高 17.8 厘米，廣 13.3 厘米。藏印"藏園居士"（朱文）、"池北書堂"（朱文）、"藏園秘笈"（朱文）、"藏園"（朱文）、"雙鑑樓主人"（白文）。有朱筆批校。欄外下鐫"藏園傅氏寫本"。傅氏雙鑑樓據日本嵯峨刻本轉録。傅增湘舊藏。

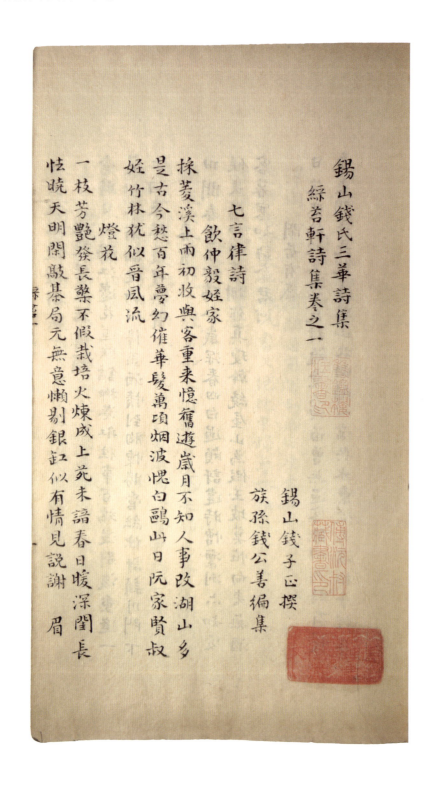

錫山錢氏三華詩集

綠苔軒詩集卷之一

錫山錢子正撰

族孫錢公善編集

七言律詩

飲仲毅姪家

採菱溪上雨初收興客重來憶舊遊歲月不知人事改湖山多
是古今愁百年夢幻催華髮萬頃烟波愧白鷗山日阮家賢叔
姪竹林猶似晉風流

燈花

一枝芳艷發長檠不假栽培火煉成上苑未語春日暖深閨長
怯曉天明閒敲棊局元無意懶剔銀缸似有情見說謝眉

82　綠苔軒詩集六卷　（明）錢子正撰　（明）錢公善輯　清抄本　傅增湘跋　一冊
　　半葉十二行二十四字。無欄格。藏印"沉叔"（朱文）、"讀易樓"（朱文）、"雙鑑
樓藏書印"（朱文）、"傅沉叔藏書印"（朱文）、"江安傅沉叔收藏善本"（朱文）、"傅
增湘印"（白文）。傅增湘舊藏。

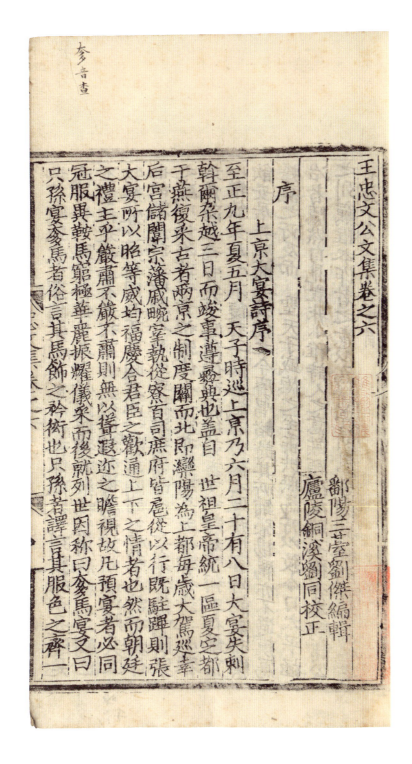

83　王忠文公文集二十四卷　（明）王禕撰　附錄一卷　（明）朱肇輯　明正統七年（1442）
劉傑刻本　傅增湘跋　二册

　　半葉十三行行二十六字，黑口，四周雙邊，雙順黑魚尾。框高 15.9 厘米，廣 13.5 厘米。
存十三卷（六至十八）。藏印“雙鑑樓藏書印”（朱文）、“傅沅叔藏書記”（朱文）。傅
增湘舊藏。入選第三批《國家珍貴古籍名録》（09030）和第三批《山西省珍貴古籍名録》
（00418）。

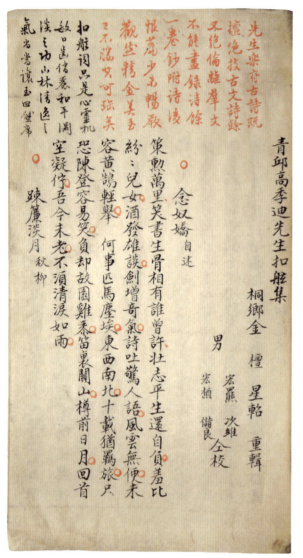

84　高季迪先生大全集十八卷　（明）高啟撰　清康熙許氏竹素園刻本　青邱高季迪先生扣舷集一卷　（清）金檀輯　民國傅氏雙鑑樓抄本　傅增湘批校　四册

　　半葉十行二十字，白口，左右雙邊，單黑魚尾。框高19.7厘米，廣14.6厘米。藏印"獨寐寤歌"（白文）、"葉鳳毛書畫之章"（白文）、"五雲深處掌圖書"（朱文）、"忠恕"（朱文）、"傅增湘"（白文）、"沅叔手校"（朱文）、"沅叔校題"（朱文）、"沅叔"（朱文）、"雙鑑樓藏書印"（朱文）。内封題"高季迪先生大全集　□訂原本　竹素園藏板"。青邱高季迪先生扣舷集爲傅氏雙鑑樓據明洪武刊本抄補。傅增湘舊藏。

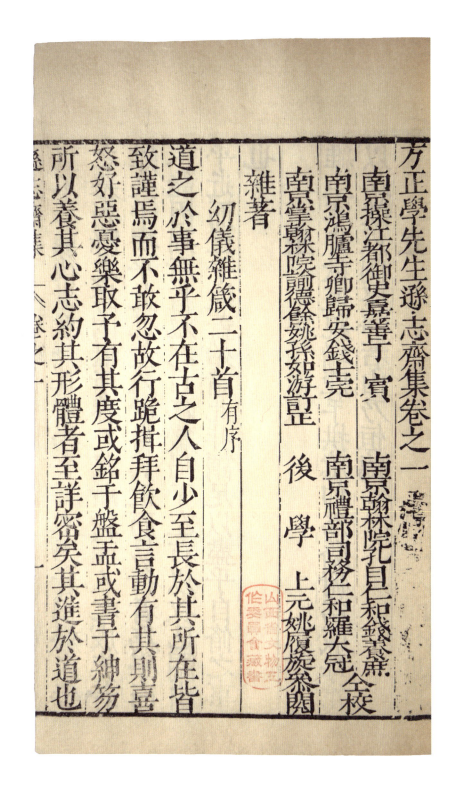

85　方正學先生遜志齋集二十四卷　（明）方孝孺撰　明萬曆四十年（1612）丁賓等刻本　十六冊

半葉十行二十字，白口，四周單邊，單白魚尾。框高 21.8 厘米，廣 15 厘米。版心下題刻工：萬林、薛洪、邢繼立、陳倫、洪其刊、宋敖、李堯、朱迅、胡正、石松、張忠、孫見等。藏印"樂意軒吳氏藏書"（朱文）。

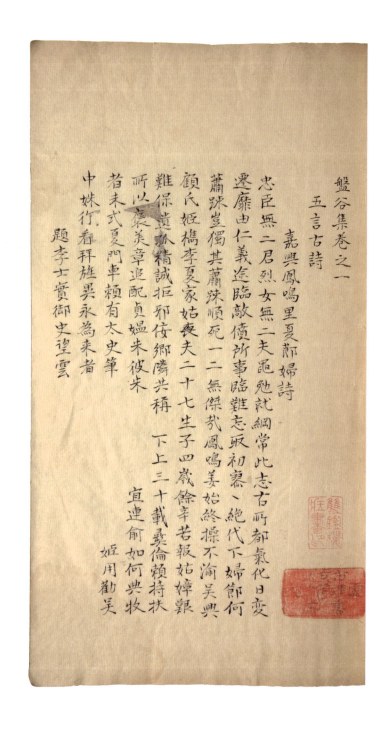

盤谷集卷之一

五言古詩

嘉興鳳嗚里夏節婦詩

忠臣無二君烈女無二夫甌勉就綱常此志古丽都氣化日變

遷廉由仁義途臨歐償所事臨難志取初慕人絕代下婦節何

蕭諫豈獨其蕭諫順死一二無傑哉鳳嗚姜始終操不渝吳興

顧氏姬嬌李夏家姑喪夫二十七生子四歲餘辛苦報姑嬉報

難保遺孤精誠拒邪佞鄉隣共稱下上三十載憂倫賴持狀

所以襃美章追配貞媼朱彼朱

者未式夏門車賴有太史筆宜連俞如何典牧

中妹行看拜旌吳永爲來者姬用勤吳

題李士賓御史望雲

86　盤谷集十卷　（明）劉鷹撰　清抄本　傅增湘跋　四册

　　半葉十二行二十四字。無欄格。藏印"雙鑑樓藏書印"（朱文）、"薑庵"（朱文）、"雙鑑樓"（朱文）、"傅沅叔藏書記"（朱文）。傅增湘舊藏。

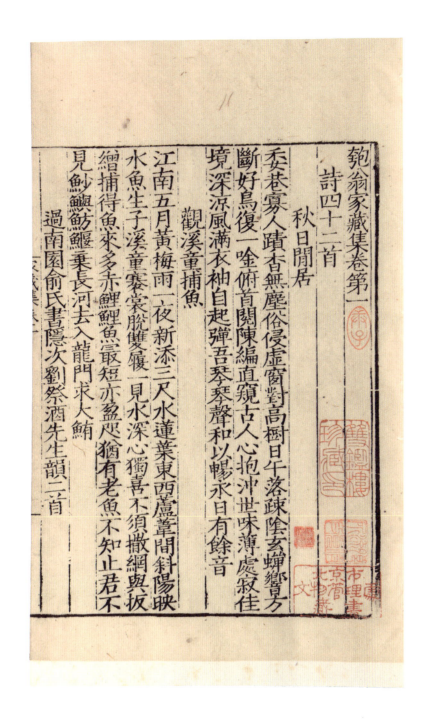

87　匏翁家藏集七十七卷補遺一卷　（明）吳寬撰　明正德三年（1508）吳奭刻本　傅增湘跋
二十四冊

　　半葉十二行二十四字，白口，左右雙邊。框高19.6厘米，廣14.9厘米。藏印"洗心室圖書章"（朱文）、"朗倩流覽所及"（朱文）、"雙鑑樓"（朱文）、"薖庵"（朱文）、"雙鑑樓藏書印"（朱文）、"雙鑑樓珍藏印"（朱文）、"增湘"（朱文）、"傅增湘"（白文）、"沅叔"（朱文）、"企驎軒"（白文）、"忠謨讀書"（白文）、"庚子"（朱文）。傅增湘舊藏。入選第三批《國家珍貴古籍名録》（09088）和第三批《山西省珍貴古籍名録》（00419）。

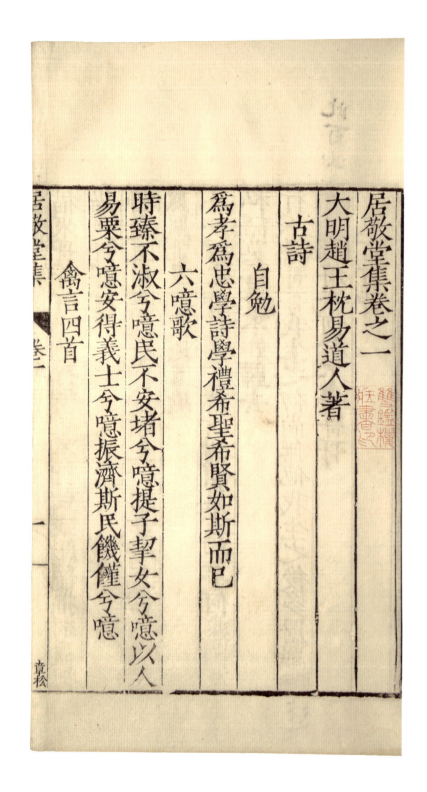

88　居敬堂集十卷　（明）朱厚煜撰　明嘉靖四十四年（1565）趙府刻本　二冊

半葉九行二十字，白口，左右雙邊，單黑魚尾。框高 18.5 厘米，廣 14 厘米。存四卷（一、五至七）。藏印"雙鑑樓藏書印"（朱文）、"傅沅叔藏書記"（朱文）、"企驎軒"（白文）。版心下題刻工：崔仲臣、章松、王召、陸倫、楊惠、崔恒等。傅增湘舊藏。入選第三批《國家珍貴古籍名錄》（09191）和第三批《山西省珍貴古籍名錄》（00422）。

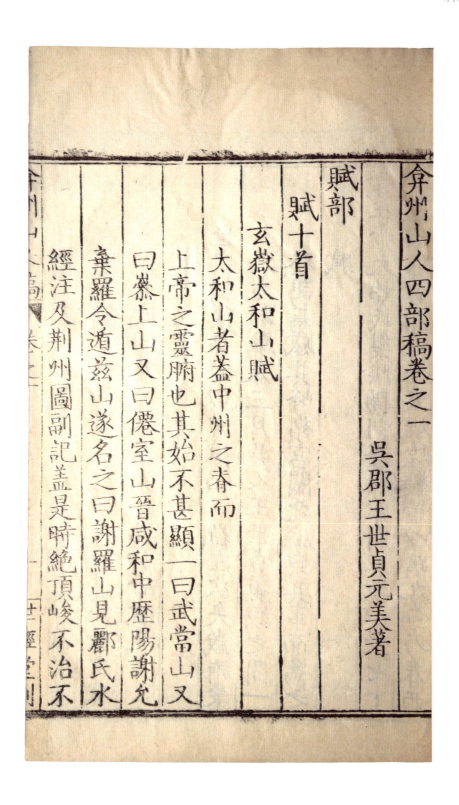

89　弇州山人四部稿一百七十四卷目録十二卷　　（明）王世貞撰　明萬曆五年（1577）王氏世

經堂刻本　三十册

　　半葉十行二十字，白口，四周雙邊，單黑魚尾。框高 21.4 厘米，廣 15.5 厘米。存

九十二卷（一至八十，目録十二卷）。版心下題"世經堂刻"；又題刻工：唐尹等。

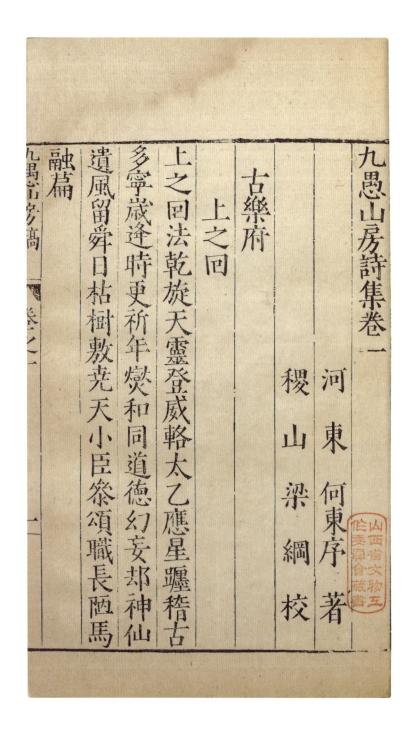

九愚山房詩集卷一

河東　何東序　著

稷山　梁　綱　校

古樂府

上之回

上之回法乾旋天靈登威輅太乙應星躔稽古

多寧歲逢時更祈年燦和同道德幻妄郤神仙

遺風留舜日枯樹敷堯天小臣黍頌職長陋馬

融篇

90　九愚山房詩集十三卷　（明）何東序撰　明萬曆刻清乾隆印本　六册

半葉九行十八字，小字雙行同，白口，四周單邊，單黑魚尾。框高19.1厘米，廣14.2厘米。

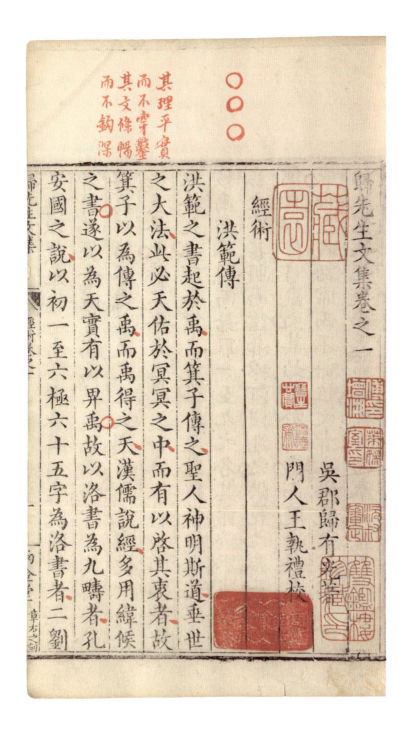

91 歸先生文集三十二卷 （明）歸有光撰 明萬曆四年（1576）翁良瑜雨金堂刻本 佚名

録 清錢謙益批點 六册

　　半葉十行二十字，白口，四周雙邊，單黑魚尾。框高 18.9 厘米，廣 14 厘米。存二十九卷（一至二十九）。藏印"吳乙淳印"（白文）、"雲中"（朱文）、"江安傅沅叔珍藏善本"（朱文）、"江安傅增湘沅叔珍藏"（朱文）、"藏園"（朱文）、"佩德齋"（朱文）、"沅叔審定"（朱文）、"萊娛室印"（朱文）、"雙鑑樓藏書印"（朱文）、"佩德齋珍藏印"（朱文）、"雙鑑樓"（朱文）、"傅增湘印"（白文）、"江安傅忠謨晉生珍藏"（白文）。版心下題"雨金堂"；又題刻工：章右之等。傅增湘舊藏。

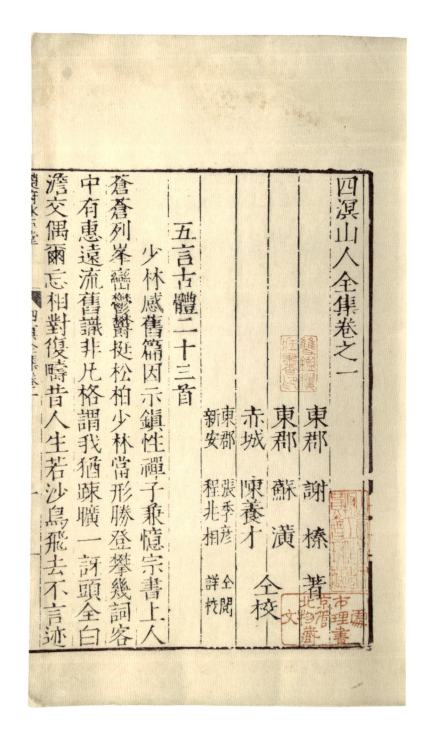

92　四溟山人全集二十四卷　（明）謝榛撰　明萬曆三十二年（1604）趙府冰玉堂刻本　傅增
湘跋　十六册

　　半葉十行二十字，白口，左右雙邊，單黑魚尾。框高19.8厘米，廣14.6厘米。藏印"秀
水莊氏蘭味軒收藏印"（朱文）、"雙鑑樓"（朱文）、"雙鑑樓藏書印"（朱文）、"薑庵"
（朱文）、"傅沅叔藏書記"（朱文）、"耽書是宿緣"（朱文）、"企驥軒"（白文）、"增
湘"（白文）。版心上題"趙府冰玉堂"；下題刻工：裴國堂、崔仲臣刊等。傅增湘舊藏。
入選第三批《國家珍貴古籍名録》（09236）和第三批《山西省珍貴古籍名録》（00441）。

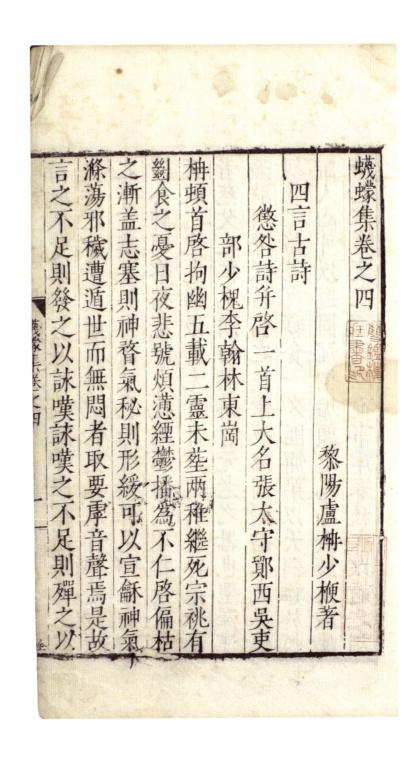

93　蟻蜋集五卷　（明）盧柟撰　明隆慶刻本　一冊

　　半葉十行十九字，白口，四周單邊，單黑魚尾。框高19.2厘米，廣13.5厘米。存二卷（四至五）。藏印"雙鑑樓藏書印"（朱文）、"傅沅叔藏書記"（朱文）。傅增湘舊藏。

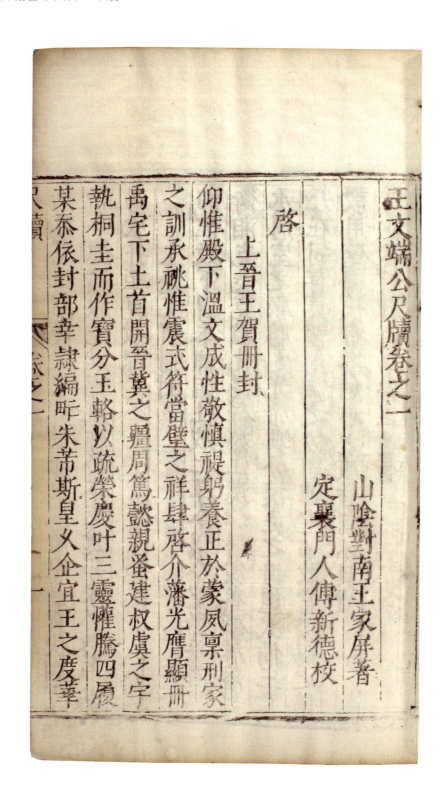

94　王文端公詩集二卷奏疏四卷尺牘八卷　（明）王家屏撰　明萬曆四十年至四十五年
（1612-1617）家刻本　八册

　　半葉十行二十字，白口，四周雙邊，單黑魚尾。框高20厘米，廣15厘米。存八卷（尺
牘八卷）。

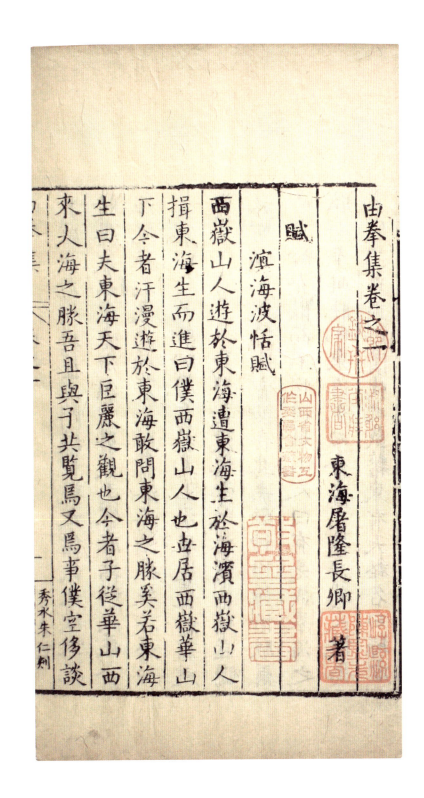

95　由拳集二十三卷　（明）屠隆著　明萬曆八年（1580）馮夢禎刻本　八冊

半葉九行十九字，下細黑口，左右雙邊，單白魚尾。框高 19.7 厘米，廣 14.6 厘米。藏印"寶坻顧氏慎齋藻鑒"（朱文）、"淑躬堂藏書"（朱文）、"淑躬堂藏書"（白文）、"嵊縣陳鑑光藏書"（朱文）、"陳氏樂水堂藏書"（白文）、"敬齋藏書"（白文）、"鍼軒范家"（朱文）。版心下題寫工：朱恒，刻工：章華、朱恒、朱仁等。

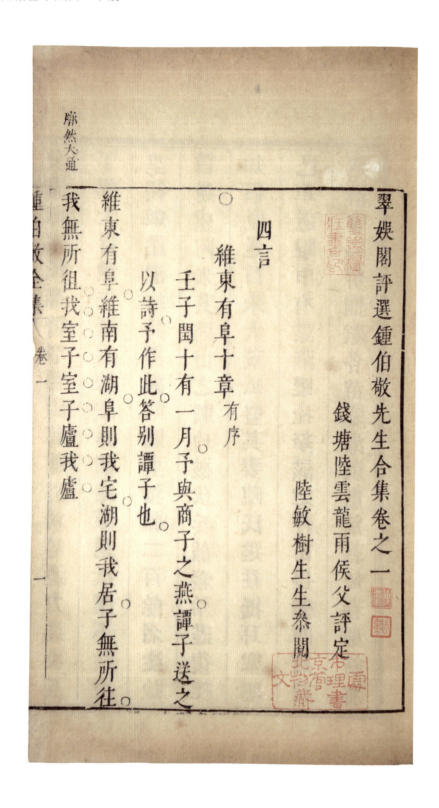

96 翠娛閣評選鍾伯敬先生合集十六卷 （明）鍾惺撰 （明）陸雲龍評 明崇禎九年（1636）
陸雲龍刻本 十六册

半葉九行二十字，白口，四周單邊，單白魚尾。框高 20 厘米，廣 14.4 厘米。藏印"雙鑑樓藏書印"（朱文）、"傅增湘"（白文）、"沅叔"（朱文）。傅增湘舊藏。

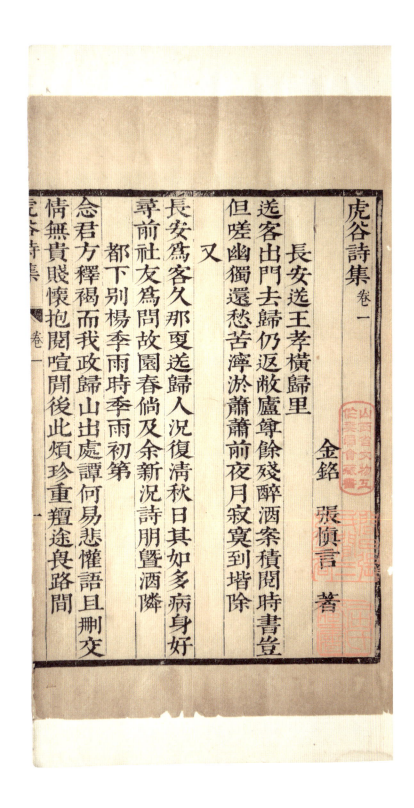

97 虎谷詩集五卷 （明）張慎言撰 明末刻本 屈燨跋 二册

半葉十一行二十一字，白口，左右雙邊，單黑魚尾。框高24.8厘米，廣14.3厘米。藏印"屈氏藏書"（朱文）、"屈燨之印"（白文）、"閒田張氏聞三藏書"（朱文）。入選第三批《山西省珍貴古籍名録》（00434）。

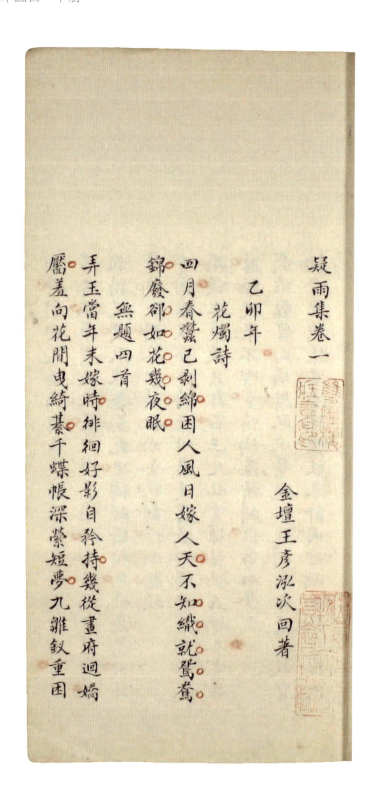

98　疑雨集四卷　（明）王彦泓撰　清抄本　二册

　半葉九行二十字。無欄格。藏印"雙鑑樓藏書印"（朱文）、"傅沅叔藏書記"（朱文）。
有朱筆圈點。傅增湘舊藏。

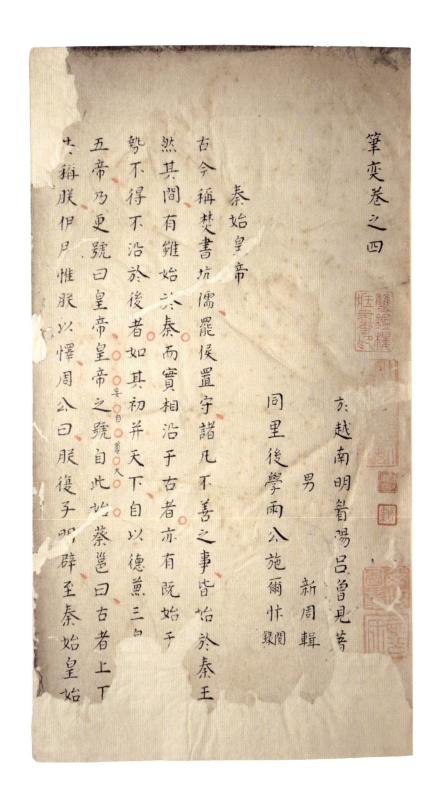

99 筆弈八卷 （明）呂曾見撰 （明）呂新周輯 明末清初抄本 五冊

　　半葉十行二十二字。無欄格。存四卷（四至五、七至八）。藏印"雨公氏"（朱文）、
"爾忭圖章"（白文）、"沉叔"（朱文）、"雙鑑樓藏書印"（朱文）、"傅增湘"（白
文）。傅增湘舊藏。

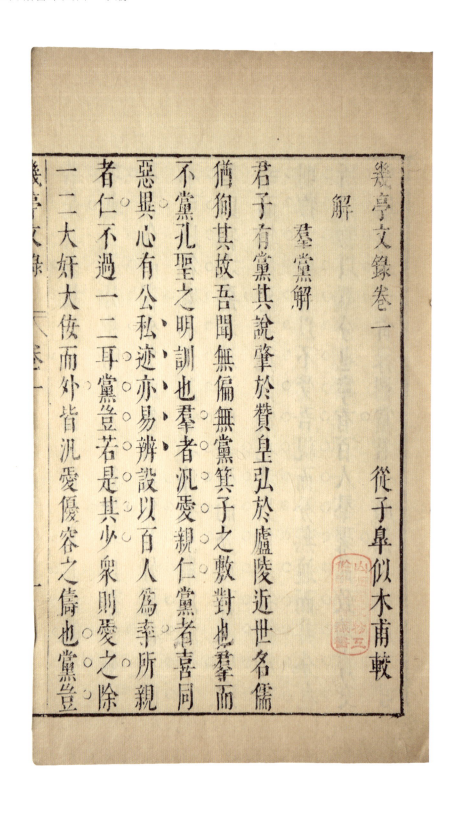

幾亭文錄卷一　　從子皋似木甫較

羣黨解

解

君子有黨其詭肇於贊皇弘於盧陵近世名儒

猶狗其故吾聞無偏無黨箕子之敷對也羣而

不黨孔聖之明訓也羣者汎愛親仁黨者喜同

惡異心有公私迹亦易辨設以百人爲羣所親

者仁不過一二耳黨豈若是其少衆則愛之除

一二大奸大佞而外皆汎愛優容之儔也黨豈

幾亭文錄　　卷一

100　幾亭文錄三卷續録八卷　（明）陳龍正撰　明崇禎刻本　四册
　　半葉九行十八字，白口，四周單邊，單白魚尾。框高 20.8 厘米，廣 14.3 厘米。

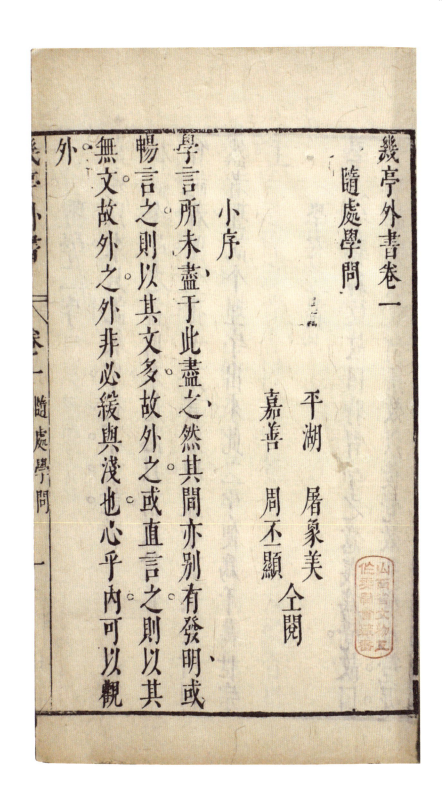

101　幾亭外書九卷續三卷　（明）陳龍正撰　明崇禎刻本　八冊
半葉九行十八字，白口，四周單邊，單白魚尾。框高 20.8 厘米，廣 14.3 厘米。

102　傅青主詩文稿一卷　（清）傅山撰　稿本　董壽平、康生跋　一冊

　　半葉行字不等。藏印"傅山"（白文）、"壽平"（朱文）、"康生"（朱文）。入選第二批《國家珍貴古籍名録》（06152）和第二批《山西省珍貴古籍名録》（00312）。

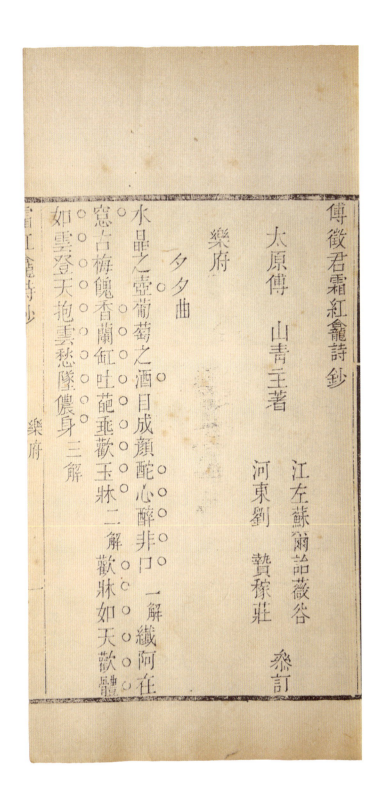

103　傅徵君霜紅龕詩鈔不分卷　（清）傅山撰　清乾隆三十二年（1767）劉贊刻本　二册
半葉八行二十一字，白口，左右雙邊。框高 18 厘米，廣 12.5 厘米。

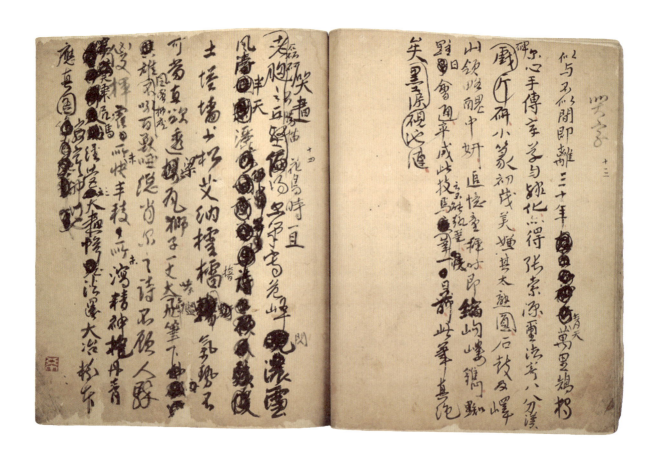

104 哭子詩一卷 （清）傅山撰 稿本 一册

半葉行字不等。入選第三批《國家珍貴古籍名録》（09283）和第三批《山西省珍貴古籍名録》（00557）。

太原段帖

金光明經三身品

利一

止念憶持發心備行得精進力除懶墮

障滅一切眾於諸學處離不尊重息

掉悔心入於初地于初地心除利有情障

得入二地於此地中除不過惱障入于三地

于此地中除心輕淨障入於四地於此地中

除善方便障入于五地於此地中除見

真俗障入于六地於此地中除見行相障

入於七地於此地中除不見滅相障入于八

105　太原段帖不分卷　（清）傅山撰　稿本　四冊

半葉行字不等。藏印"傅山印"（白文）、"麥邱陳氏鑒定"（朱文）。入選第三批《國家珍貴古籍名録》（09284）和第三批《山西省珍貴古籍名録》（00489）。

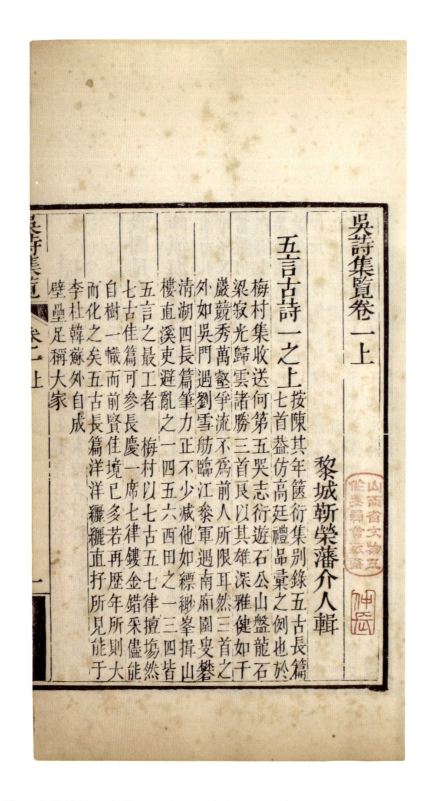

106　吳詩集覽二十卷補註二十卷　（清）吳偉業撰　（清）靳榮藩注　吳詩談藪二卷拾遺一卷　（清）靳榮藩輯　清乾隆四十年（1775）凌雲亭刻本　二十册

　　半葉九行二十一字，小字雙行同，黑口，四周雙邊，單黑魚尾。框高 18.3 厘米，廣 13.8 厘米。藏印“渾源田氏所藏”（白文）、“仲長”（朱文）。內封題“吳詩集覽　凌雲亭藏版”；“吳詩談藪　凌雲亭藏版”。

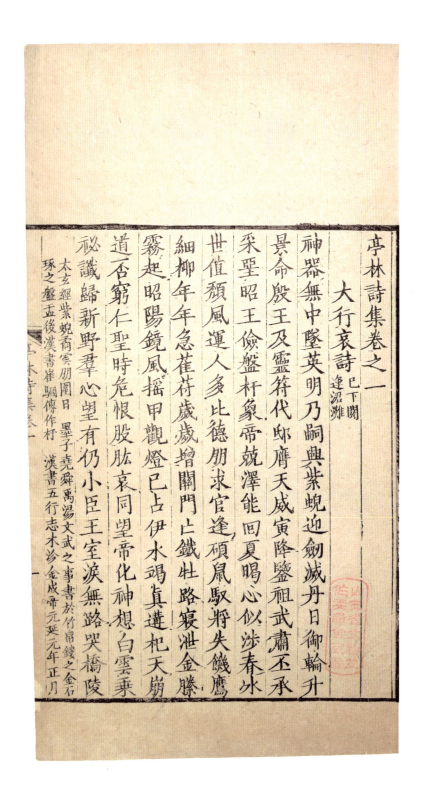

107　亭林文集六卷詩集五卷　（清）顧炎武撰　清刻本　六冊

　　半葉十一行二十字，小字雙行二十九字，白口，左右雙邊，單黑魚尾。框高 18.3 厘米，廣 14.7 厘米。藏印"渾源田氏所藏"（白文）。

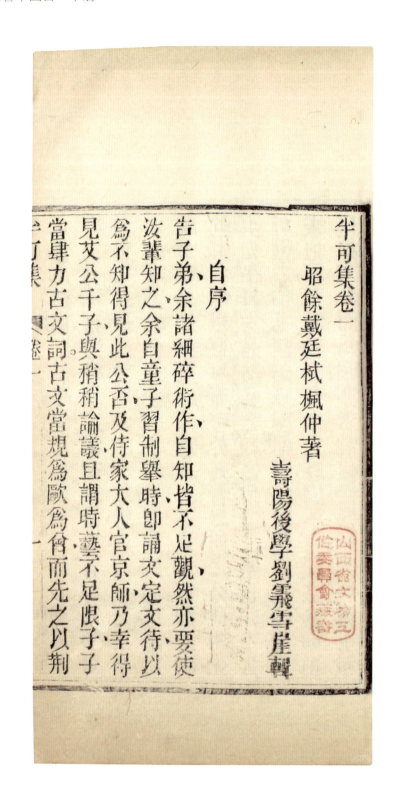

108　半可集四卷　（清）戴廷栻撰　清初刻本　二册

　　半葉十行十九字，白口，四周雙邊，單黑魚尾。框高 16.5 厘米，廣 12 厘米。入選第三批《山西省珍貴古籍名録》（00555）。

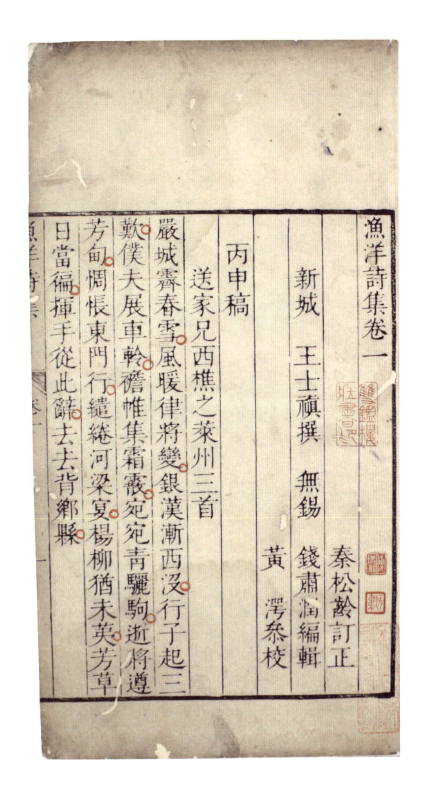

109　漁洋詩集六卷　（清）王世禎撰　（清）秦松齡訂正　清康熙三十八年（1699）錫山黃氏刻本　朱、墨筆圈點　三册

　　半葉十行十九字，白口，四周單邊，單黑魚尾。框高 17.9 厘米，廣 13.6 厘米。藏印“雙鑑樓藏書印”（朱文）、“傅沅叔藏書記”（朱文）、“沅叔”（朱文）、“傅增湘”（白文）。傅增湘舊藏。

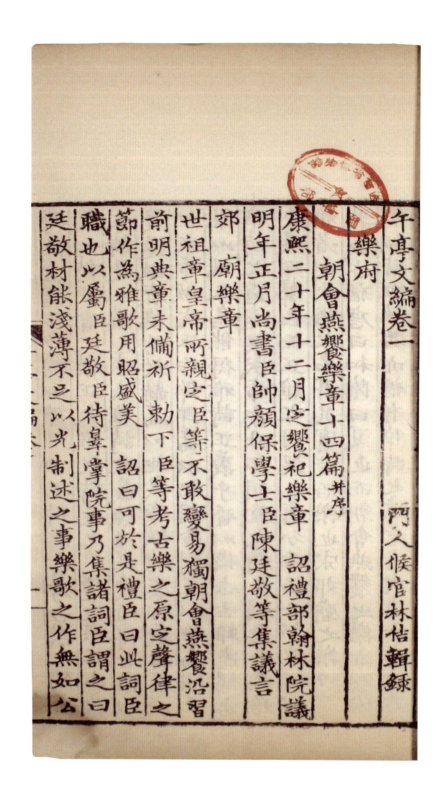

110 午亭文編五十卷 （清）陳廷敬撰 （清）林佶輯録 清乾隆四十七年（1782）林佶寫
刻本 十六册

半葉十一行二十一字，黑口，左右雙邊，單黑魚尾。框高19.1厘米，廣14.9厘米。

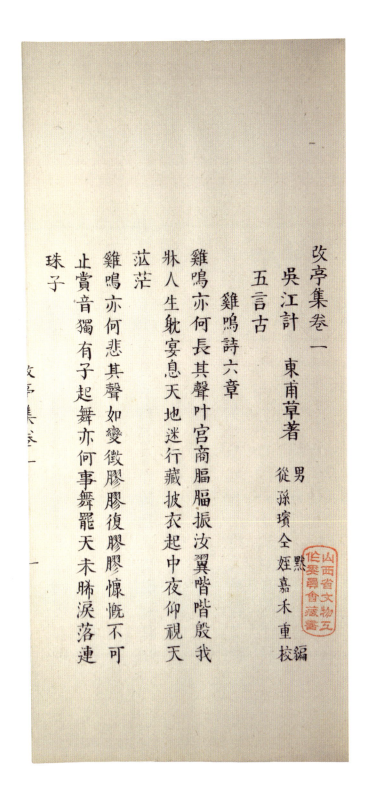

改亭集卷一

吳江計　東甫草著

男　　　黯
從孫璸仝　編
姪嘉禾重校

五言古

雞鳴詩六章

雞鳴亦何長其聲叶宮商腷膊振汝翼喈喈殷我
牀人生軌宴息天地迷行藏披衣起中夜仰視天
茫茫

雞鳴亦何悲其聲如變徵膠膠復膠膠懍慨不可
止賞音獨有子起舞亦何事舞罷天未睇涙落連
珠子

111　改亭文集十六卷詩集六卷　（清）計東撰　清抄本　三冊

半葉十行十九字。無欄格。存六卷（詩集六卷）。藏印"西城范氏貞如藏書"（朱文）、
"貞如"（朱文）。范貞如舊藏。

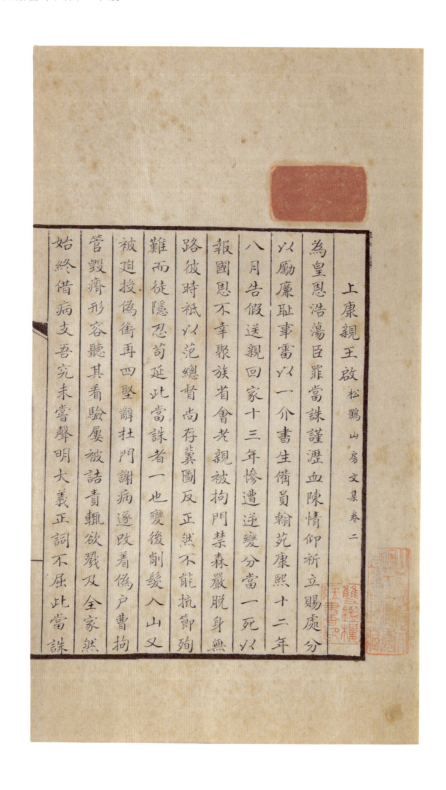

112　松鶴山房文集摘鈔不分卷　（清）陳夢雷撰　傅增湘輯　民國傅氏雙鑑樓抄本　一冊

　　半葉十行二十字，白口，四周單邊，單黑魚尾。框高 16.7 厘米，廣 13.4 厘米。藏印"雙鑑樓藏書印"（朱文）、"傅沅叔藏書記"（朱文）。欄外下鎸"藏園傅氏寫本"。傅增湘舊藏。

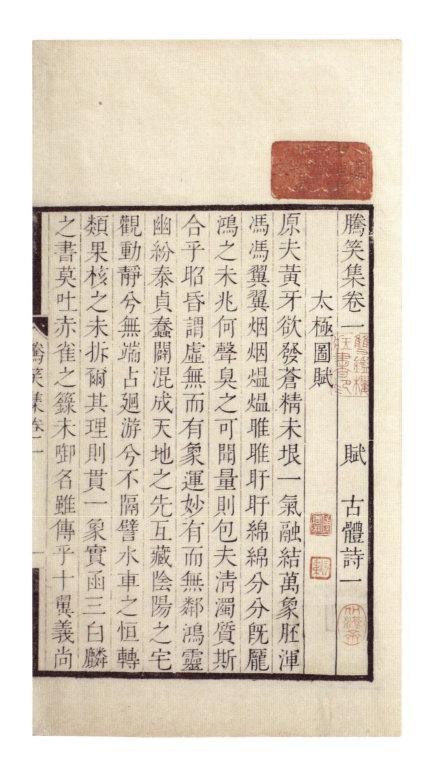

113　騰笑集八卷　（清）朱彝尊撰　清康熙二十五年（1686）曝書亭自刻本　傅增湘跋　四冊

　　半葉十行十八字，黑口，四周單邊，單黑魚尾。框高17.6厘米，廣12.8厘米。藏印"銕眉藏書畫鐘鼎文字"（朱文）、"季劫"（朱文）、"沅叔"（朱文）、"企驎軒"（白文）、"傅增湘"（白文）、"竹溪齋"（朱印）、"雙鑑樓"（朱文）、"薀庵"（朱文）、"雙鑑樓藏書印"（朱文）、"傅沅叔藏書記"（朱文）。内封題"騰笑集　朱竹垞都下詩　曝書亭藏版"。有朱文印"姑蘇閶門内吳趨坊徐河橋北塊宛委堂書鋪發兑"。傅增湘舊藏。

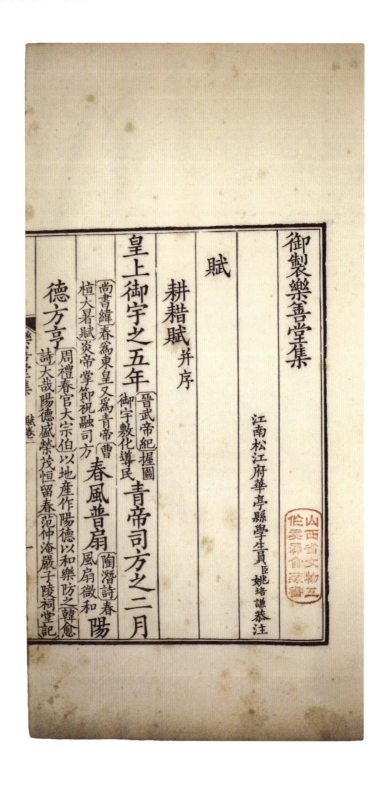

114　御製樂善堂集四卷　（清）高宗弘曆撰　（清）姚培謙注　清乾隆六年（1741）內府刻本　六冊

　　半葉七行十八字，小字雙行二十七字，白口，四周雙邊，單黑魚尾。框高 16.6 厘米，廣 12.5 厘米。

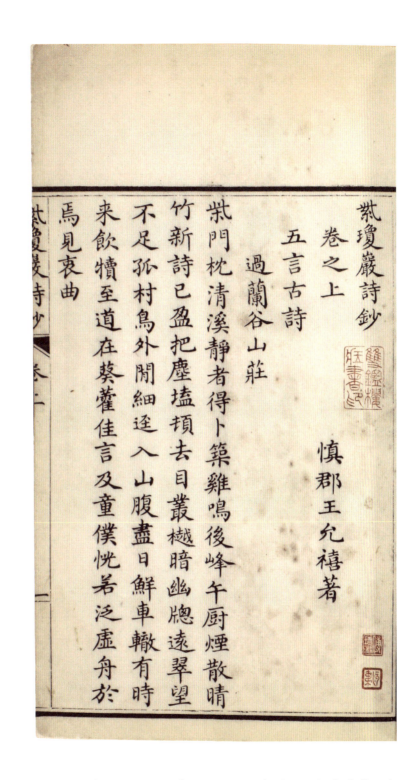

115　紫瓊巖詩鈔三卷　　（清）允禧撰　清乾隆二十三年（1758）永珹等刻本　二冊

　　半葉九行十九字，白口，四周雙邊，單黑魚尾。框高 19.7 厘米，廣 13.8 厘米。藏印"皇四子章"（白文）、"學山"（朱文）、"此中有真意"（白文）、"皇六子章"（朱文）、"果親王寶"（朱文）、"端卿"（朱文）、"顧元揆印"（白文）、"賞雨茅室"（朱文）、"沅叔"（朱文）、"佩德齋珍藏印"（朱文）、"雙鑑樓藏書印"（朱文）、"傅沅叔藏書印"（朱文）、"企驎軒"（白文）、"傅增湘"（白文）。傅增湘舊藏。

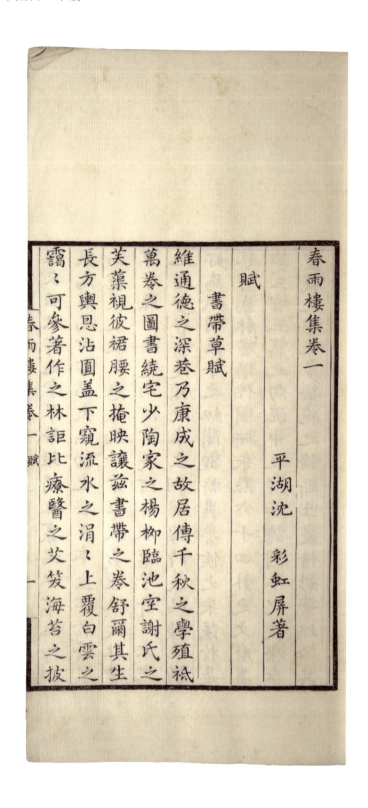

116 春雨樓集十四卷 （清）沈彩撰 題詞一卷 清乾隆刻本 二册

半葉九行十九字，黑口，左右雙邊。框高 17 厘米，廣 12.1 厘米。藏印 "傅沅叔藏書記"（朱文）。傅增湘舊藏。

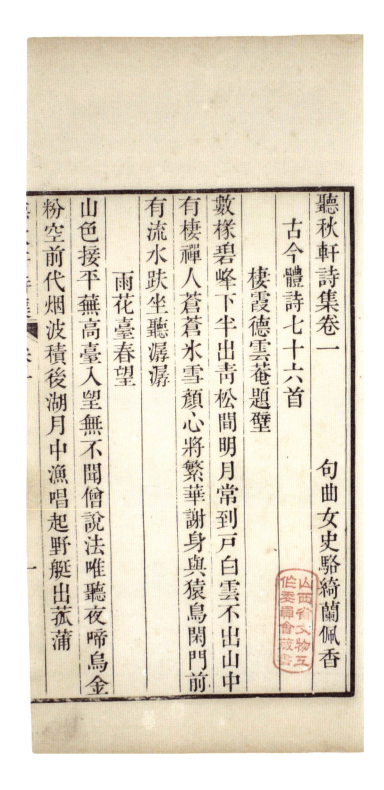

聽秋軒詩集卷一

句曲女史駱綺蘭佩香

古今體詩七十六首

棲霞德雲菴題壁

數椽碧峰下半出青松間明月常到戶白雲不出山中

有棲禪人蒼蒼冰雪顏心將繁華謝身與猿鳥閒門前

有流水趺坐聽潺潺

雨花臺春望

山色接平蕪高臺人望無不聞僧說法唯聽夜啼烏金

粉空前代烟波積後湖月中漁唱起野艇出菰蒲

117　聽秋軒詩集四卷聽秋軒贈言三卷聽秋軒閨中同人集一卷　（清）駱綺蘭撰　清乾隆六十年至嘉慶二年（1795－1797）刻本　六冊

　　半葉九行二十一字，白口，左右雙邊，單黑魚尾。框高18.3厘米，廣12.1厘米。內封題“聽秋軒詩集　金陵龔氏藏板”；“聽秋軒贈言　句曲駱氏藏板”；“聽秋軒閨中同人集　句曲駱氏藏板”。

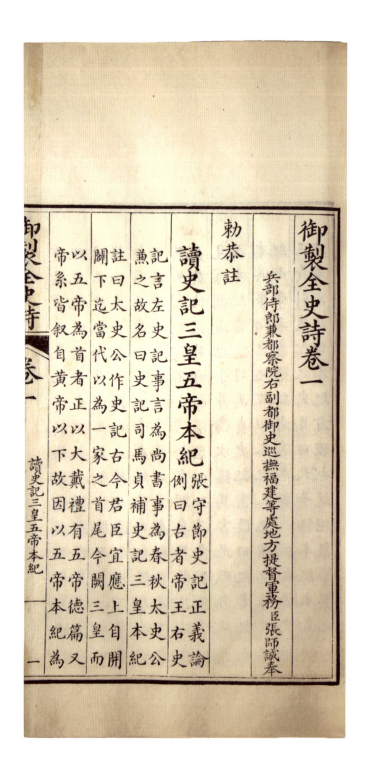

118　御製全史詩六十四卷首二卷　（清）仁宗顒琰撰　（清）張師誠注　清嘉慶十六年（1811）
内府刻本　二十四册
　　半葉七行十八字，小字雙行同，白口，四周雙邊，單黑魚尾。框高17.7厘米，廣12.2厘米。

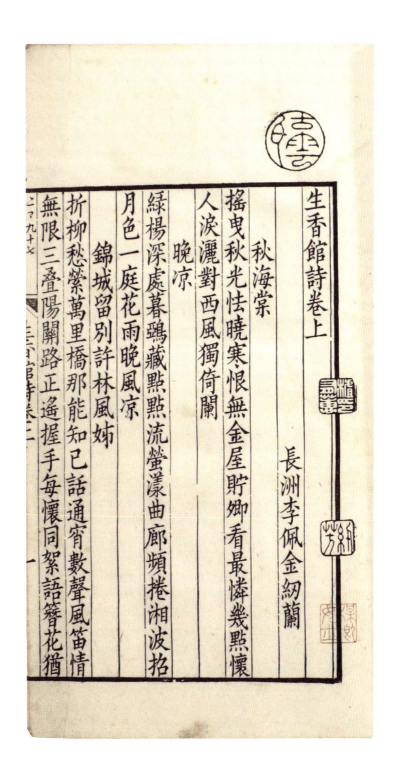

119　生香館詩二卷詞二卷　（清）李佩金撰　清嘉慶二十四年（1819）刻本　一冊

　　半葉十一行十九字，白口，左右雙邊，單黑魚尾。框高17.9厘米，廣11.5厘米。藏印
"纖女子"（朱文）、"佩印"（朱文）、"楳卿詩畫"（朱文）、"楳卿女士"（朱文）、
"瘦吟樓"（白文）、"洞淵樓"（白文）、"傅沅叔藏書記"（朱文）。内封題"生香館
詩詞　嘉慶己卯秋八月　遂初居士題"。有牌記"嘉慶己卯秋開雕於吳門"；卷末鐫"長洲
許翰屏仿宋書周宜和董刊"。傅增湘舊藏。

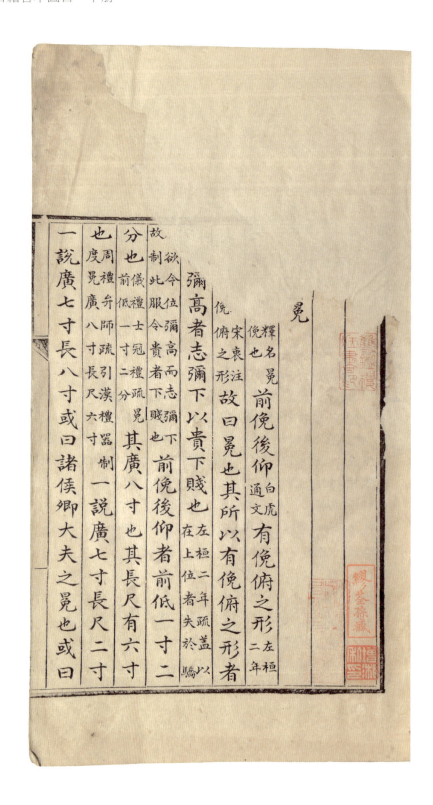

120　愛日精廬文鈔一卷　（清）張金吾撰　清道光抄本　一冊

半葉十行二十字，小字雙行同，黑口，四周雙邊，單黑魚尾。框高19厘米，廣14.5厘米。藏印"繆荃孫藏"（朱文）、"傅沅叔藏書記"（朱文）、"增湘私印"（白文）。經繆荃孫、傅增湘遞藏。

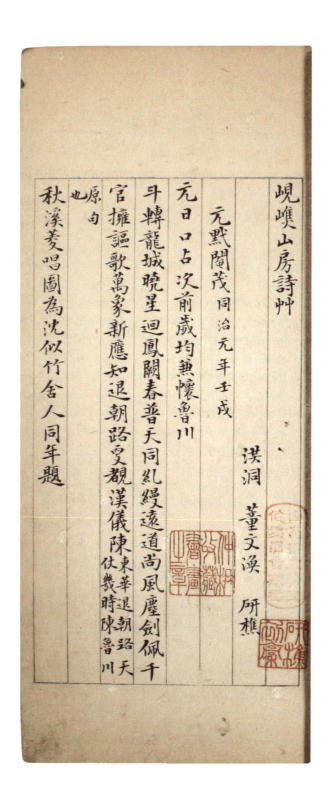

121　峴嶕山房詩艸不分卷　（清）董文渙撰　清同治四年（1865）稿本　二册

　　半葉八行二十三至二十四字，白口，四周單邊。框高18.2厘米，廣9.8厘米。藏印"研
樵初稿"（朱文）、"研樵所藏書畫章"（朱文）、"仲栘收藏書畫之章"（朱文）。

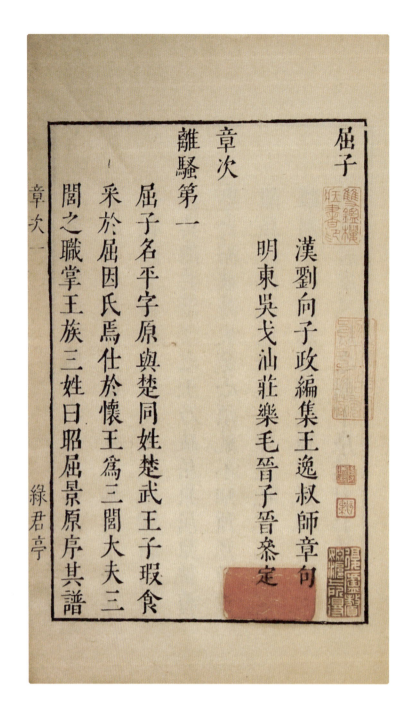

122　屈陶合刻十六卷　［屈子七卷　（楚）屈原撰　評一卷　（明）毛晉輯　楚辭二卷參疑一卷　（明）毛晉撰　陶靖節集二卷　（晉）陶潛撰　總評一卷　（明）毛晉輯　參疑一卷　（明）毛晉撰　雜附一卷］　（明）毛晉編　明萬曆四十六年至天啓五年（1618－1625）毛氏綠君亭刻本　二冊

　　半葉八行十八字，小字雙行十七字，白口，四周單邊。框高20.1厘米，廣13.1厘米。藏印"復廬贅媤滬上所得"（白文）、"結一廬藏書印"（朱文）、"佩德齋珍藏書"（朱文）、"傅沅叔藏書記"（朱文）、"企驪軒"（白文）。內封題"屈陶合集　汲古閣梓　海虞藏版"。版心下題"綠君亭"。經朱學勤、傅增湘遞藏。

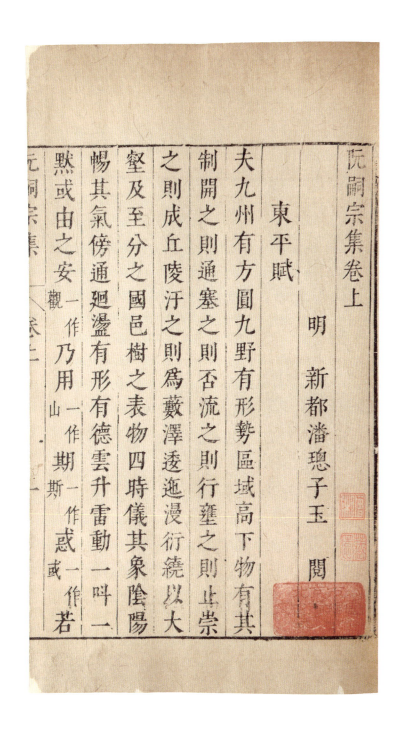

123　阮陶合集二種十一卷　（明）潘璁編　明崇禎刻本　一冊

　　半葉九行十八字，白口，左右雙邊，單白魚尾。框高 19.9 厘米，廣 14.2 厘米。存一種二卷（阮嗣宗集二卷）。藏印"雙鑑樓藏書印"（朱文）、"藏園"（朱文）、"增湘"（白文）。傅增湘舊藏。

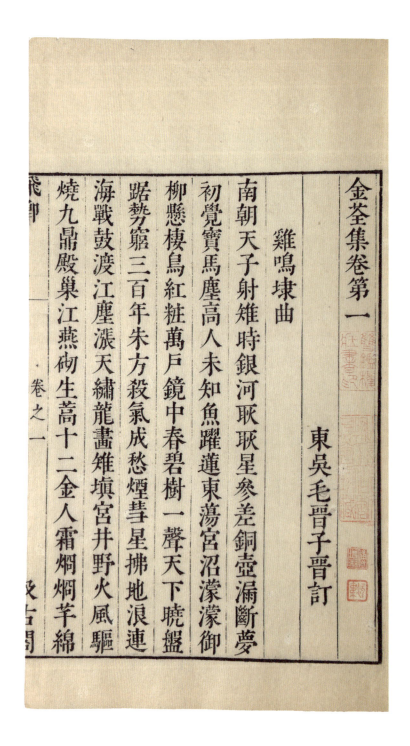

124　五唐人詩集二十六卷　[追昔遊集三卷　（唐）李紳撰　金荃集七卷別集一卷　（唐）溫庭筠撰　香奩集一卷　（唐）韓偓撰　孟襄陽集三卷　（唐）孟浩然撰　孟東野集十卷附一卷　（唐）孟郊撰]　（明）毛晉編　明末毛氏汲古閣刻本　十册

半葉九行十九字，白口，左右雙邊。框高19.3厘米，廣14.3厘米。藏印"擷藻堂藏書印"（白文）、"屢硯齋圖書印"（朱文）、"休甯汪季青家藏書籍"（朱文）、"古春樓"（朱文）、"傅沅叔藏書記"（朱文）、"雙鑑樓藏書印"（朱文）、"傅增湘"（白文）、"沅叔"（朱文）。版心下題"汲古閣"。傅增湘舊藏。

616

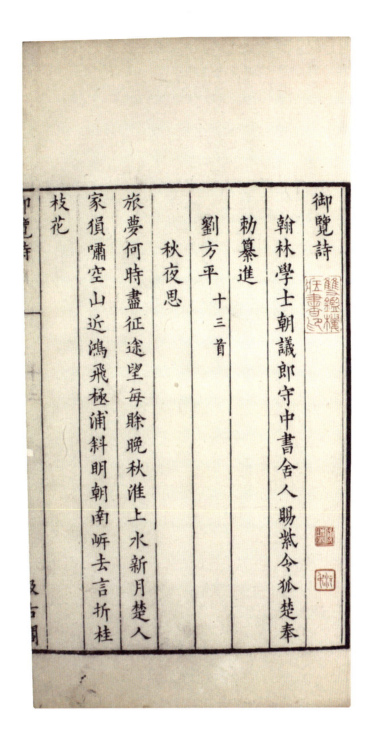

125　唐人選唐詩八種二十三卷　［御覽詩一卷　（唐）令狐楚輯　篋中集一卷　（唐）元結輯　國秀集三卷　（唐）芮挺章輯　河嶽英靈集三卷　（唐）殷璠輯　中興間氣集二卷　（唐）高仲武輯　搜玉小集一卷極玄集二卷　（唐）姚合輯　才調集十卷　（唐）韋縠輯］　（明）毛晉編　明崇禎元年（1628）毛氏汲古閣刻本　二十册

　　半葉八行十九字，白口，左右雙邊。框高19.3厘米，廣13.6厘米。藏印"企驎軒"（白文）、"傅增湘"（白文）、"沅叔"（朱文）、"雙鑑樓藏書印"（朱文）、"傅沅叔藏書記"（朱文）。版心下題"汲古閣"。傅增湘舊藏。

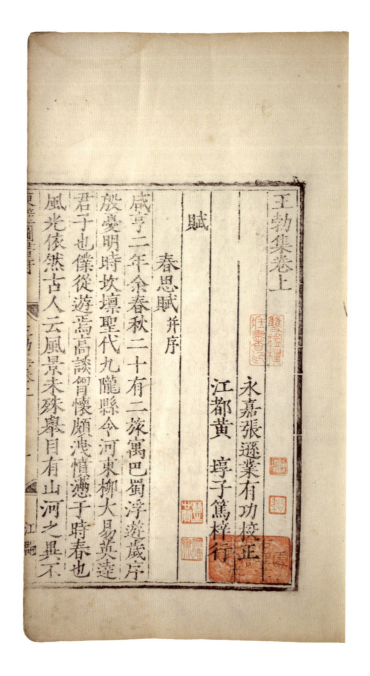

126 十二家唐詩二十四卷 ［王勃集二卷 （唐）王勃撰 楊炯集二卷 （唐）楊炯撰 盧照鄰集二卷 （唐）盧照鄰撰 駱賓王集二卷 （唐）駱賓王撰 陳子昂集二卷 （唐）陳子昂撰 杜審言集二卷 （唐）杜審言撰 沈佺期集二卷 （唐）沈佺期撰 宋之問集二卷 （唐）宋之問撰 孟浩然集二卷 （唐）孟浩然撰 王摩詰集二卷 （唐）王維撰 高常侍集二卷 （唐）高適撰 岑嘉州集二卷 （唐）岑參撰］ （明）張遜業編 明嘉靖黃埻刻本 佚名批點 十二册

半葉九行十九字，白口，四周雙邊，雙對黑魚尾。框高18.4厘米，廣12.9厘米。藏印"雙鑑樓藏書印"（朱文）、"傅沅叔藏書記"（朱文）、"沅叔"（朱文）、"傅增湘"（白文）、"增湘"（白文）、"沅叔心賞"（白文）。版心上題"東壁圖書府"；下題"須彌仙琴劍室""江郡新繩"。傅增湘舊藏。入選第五批《國家珍貴古籍名録》（12027）。

127　唐詩二十六家五十卷　［李嶠集三卷　（唐）李嶠撰　蘇廷碩集二卷　（唐）蘇廷碩撰　虞世南集一卷　（唐）虞世南撰　許敬宗集一卷　（唐）許敬宗撰　李頎集三卷　（唐）李頎撰　王昌齡集二卷　（唐）王昌齡撰　崔顥集二卷　（唐）崔顥撰　崔曙集一卷　（唐）崔曙撰　祖詠集一卷　（唐）祖詠撰　常建集二卷　（唐）常建撰　嚴武集一卷　（唐）嚴武撰　皇甫冉集三卷　（唐）皇甫冉撰　皇甫曾集二卷　（唐）皇甫曾撰　權德輿集二卷　（唐）權德輿撰　李益集二卷　（唐）李益撰　司空曙集二卷　（唐）司空曙撰　嚴維集二卷　（唐）嚴維撰　顧況集二卷　（唐）顧況撰　韓君平集三卷　（唐）韓翃撰　武元衡集三卷　（唐）武元衡撰　李嘉祐集二卷　（唐）李嘉祐撰　耿湋集三卷　（唐）耿湋撰　秦隱君集一卷　（唐）秦隱君撰　郎士元集二卷　（唐）郎士元撰　包何集一卷　（唐）包何撰　包佶集一卷　（唐）包佶撰］　（明）黃貫曾編　明嘉靖三十三年（1554）黃氏浮玉山房刻本　傅增湘跋　十二冊

　　半葉十行十九字，白口，四周單邊，單黑魚尾。框高18.8厘米，廣14.4厘米。存二十二家四十五卷（李嶠集三卷、蘇廷碩集二卷、虞世南集一卷、許敬宗集一卷、李頎集三卷、王昌齡集二卷、崔顥集二卷、崔曙集一卷、祖詠集一卷、常建集二卷、嚴武集一卷、皇甫冉集三卷、皇甫曾集二卷、權德輿集二卷、李益集二卷、司空曙集二卷、嚴維集二卷、顧況集二卷、韓君平集三卷、武元衡集三卷、李嘉祐集二卷、耿湋集三卷）。藏印“篋父珍藏”（朱文）、“雙鑑樓”（朱文）、“企驎軒”（白文）、“增湘”（白文）、“沅叔心賞”（白文）、“傅增湘”（白文）、“沅叔”（朱文）、“雙鑑樓藏書印”（朱文）、“傅沅叔藏書記”（朱文）、“佩德齋珍藏印”（朱文）、“佩德齋”（朱文）、“藏園題識”（朱文）、“薑庵”（朱文）、“長春室主”（朱文）、“子雦圖書”（白文）、“華娛室”（朱文）、“沅叔”（朱文）、“書潛”（朱文）、“沅叔藏書”（白文）、“藏園居士”（朱文）、“雙鑑樓”（朱文）、“雙鑑樓主人”（白文）、“龍龕精舍”（朱文）、“雙鑑樓藏書記”（朱文）、“忠謨讀書”（白文）、“晉生心賞”（白文）。傅增湘舊藏。

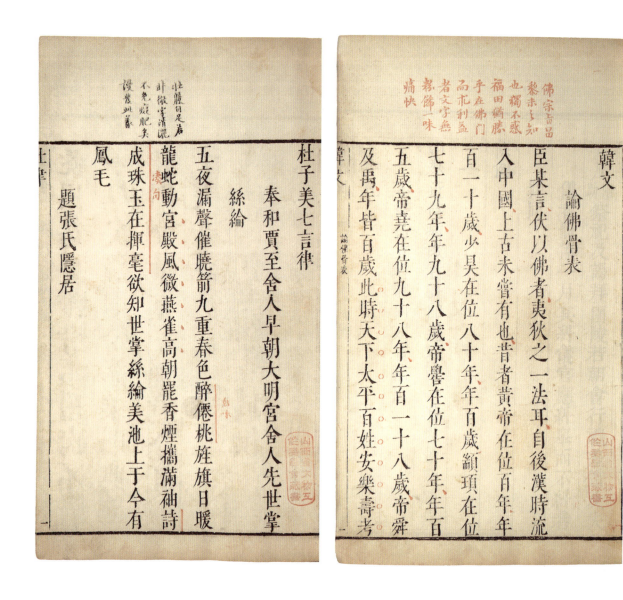

杜律

題張氏隱居

鳳毛

成珠玉在揮毫欲知世掌絲綸美池上于今有

龍蛇動宮殿風微燕雀高朝罷香煙攜滿袖詩

五夜漏聲催曉箭九重春色醉仙桃旌旗日暖

絲綸

奉和賈至舍人早朝大明宮舍人先世掌

杜子美七言律

韓文

論佛骨表

臣某言伏以佛者夷狄之一法耳自後漢時流

入中國上古未嘗有也昔者黃帝在位百年年

百一十歲少昊在位八十年年百歲顓頊在位

七十九年年九十八歲帝嚳在位七十年年百

五歲帝堯在位九十八年年百一十八歲帝舜

及禹年皆百歲此時天下太平百姓安樂壽考

128　韓文杜律二卷　［杜子美七言律不分卷　（唐）杜甫撰　郭明龍先生評選韓昌黎文不分
卷］　（明）郭正域評選并編　明閔齊伋刻朱墨套印本　二冊

　　半葉八行十八字，白口，左右雙邊。框高 20.5 厘米，廣 15.5 厘米。藏印"閒田張氏聞
三藏書"（朱文）。

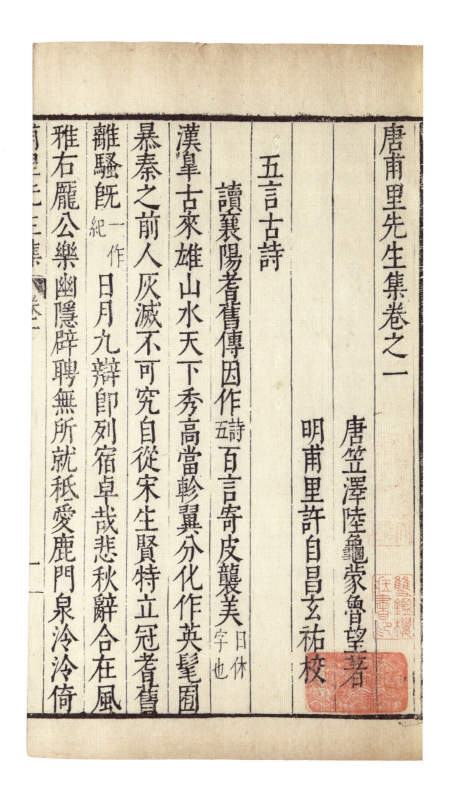

129　陸魯望皮襲美二先生集合刻三十八卷　［唐甫里先生集二十卷　（唐）陸龜蒙撰　唐皮日休文藪十卷從事倡酬詩八卷　（唐）皮日休撰］　（明）許自昌編　明萬曆許自昌刻本　十二冊

半葉九行二十字，白口，左右雙邊，單黑魚尾。框高 22.2 厘米，廣 14.7 厘米。藏印“修竹吾廬”（白文）、“衍門”（朱文）、“傅增湘藏書印”（朱文）、“傅沅叔藏書記”（朱文）。傅增湘舊藏。

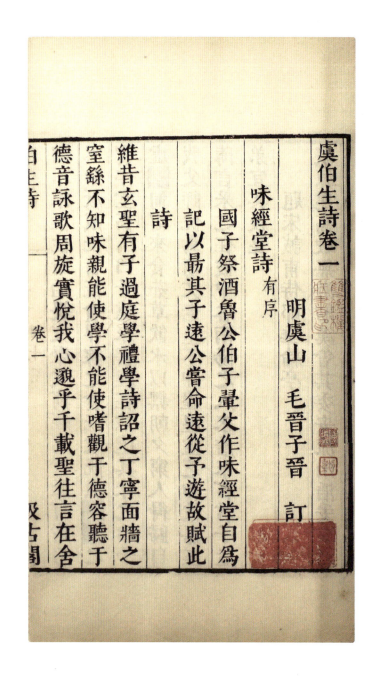

130　元四大家詩集二十七卷 ［虞伯生詩八卷補遺一卷 （元）虞集撰　楊仲弘詩八卷 （元）楊仲弘撰　范德機詩七卷 （元）范槨撰　揭曼碩詩三卷 （元）揭傒斯撰］ （明）毛晉編　明崇禎毛氏汲古閣刻本　六冊

　　半葉九行十九字，白口，左右雙邊。框高18.9厘米，廣14.3厘米。藏印“沅叔”（朱文）、“汲古閣”（白文）、“傅增湘”（白文）、“雙鑑樓藏書印”（朱文）、“傅沅叔藏書印”（朱文）。内封題“元四大家詩集　汲古閣藏板”。版心下鎸“汲古閣”。傅增湘舊藏。

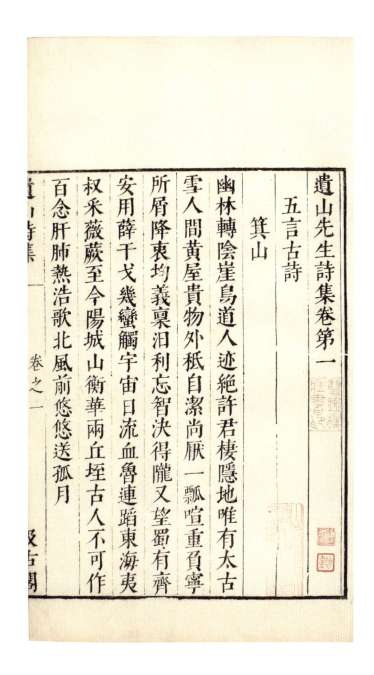

131　元人集十種六十二卷　〔遺山先生詩集二十卷　（金）元好問撰　薩天錫詩集三卷集外詩一卷　（元）薩都剌撰　金臺集二卷　（元）乃賢撰　玉山草堂集二卷集外詩一卷　（元）顧瑛撰　翠寒集一卷　（元）宋無撰　嘯嘷集一卷　（元）宋元撰　倪雲林先生詩集六卷附録一卷集外詩一卷　（元）倪瓚撰　南邨詩集四卷　（明）陶宗儀撰　句曲外史集三卷集外詩一卷補遺三卷　（元）張雨撰　霞外詩集十卷附録二卷　（元）馬臻撰〕　（明）毛晉編　明崇禎十一年（1638）毛氏汲古閣刻本　四十八冊

　　半葉九行十九字，小字雙行同，白口，左右雙邊。框高19厘米，廣14.4厘米。藏印“曾藏汪閬源家”（朱文）、“雙鑑樓藏書印”（朱文）、“沅叔”（朱文）、“傅沅叔藏書記”（朱文）、“佩德齋珍藏印”（朱文）、“傅增湘”（白文）、“企驦軒”（白文）。版心下題“汲古閣”。傅增湘舊藏。

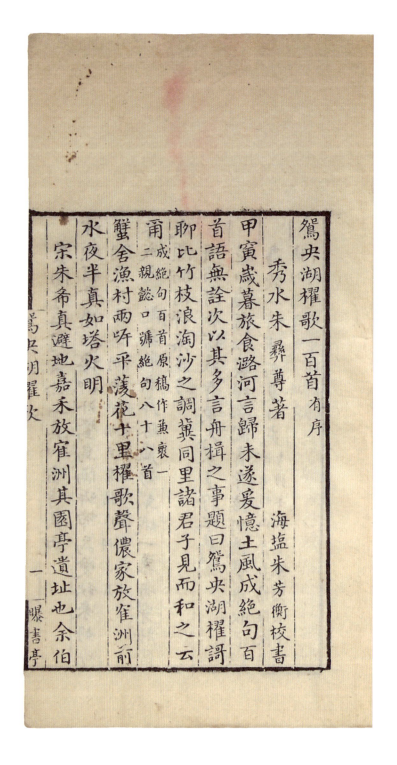

132　鴛央湖櫂歌五種五卷　［朱彝尊鴛鴦湖棹歌一卷　（清）朱彝尊撰　譚吉璁鴛鴦湖棹歌和韻一卷　（清）譚吉璁撰　譚吉璁續鴛鴦湖棹歌一卷　（清）譚吉璁撰　陸以誠鴛鴦湖棹歌一卷　（清）陸以誠撰　張燕昌鴛鴦湖棹歌一卷　（清）張燕昌撰］　（清）朱彝尊等撰　清乾隆四十年（1775）刻本　一册

　　半葉九行二十字，小字雙行同，黑口，四周單邊。框高 16.5 釐米，廣 11.3 釐米。藏印“傅沅叔藏書記”（朱文）。傅增湘舊藏。

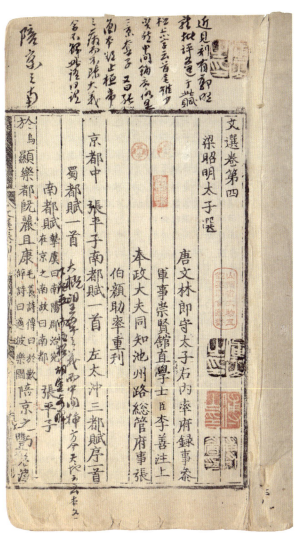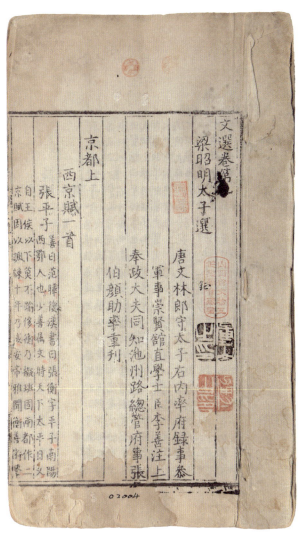

133 文選六十卷 （南朝梁）蕭統撰 （唐）李善注 明成化二十三年（1487）唐藩朱芝址刻本 （清）傅山批注 十六冊

　　半葉十行二十二字，小字雙行同，黑口，四周雙邊，雙順黑魚尾。框高22.3厘米，廣15厘米。存五十卷（一至十、十四至三十四、三十九至四十一、四十五至四十七、四十八至六十）。藏印"傅山印"（白文）、"傅山之印"（白文）。清傅山舊藏。

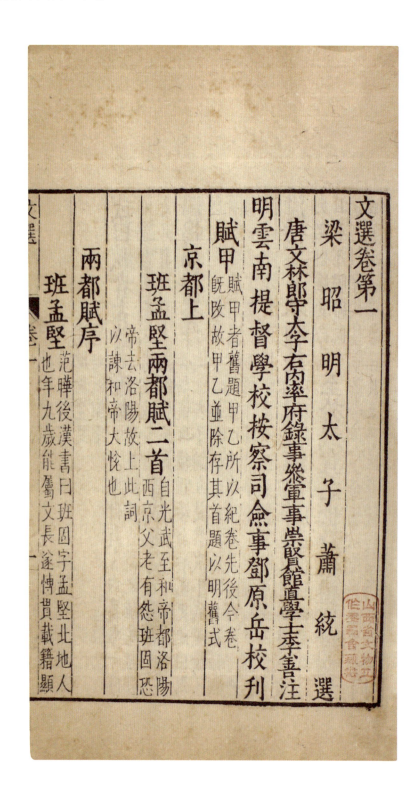

134　文選六十卷　（南朝梁）蕭統撰　（唐）李善注　明萬曆二十九年（1601）鄧原岳刻本　二十册

　　半葉十行二十字，小字雙行同，白口，左右雙邊，單黑魚尾。框高21.3厘米，廣15厘米。

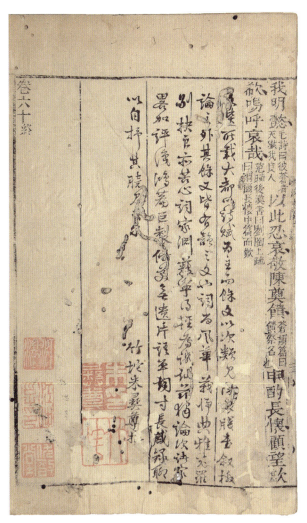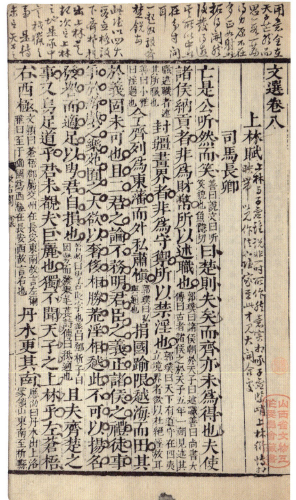

135　文選六十卷　（南朝梁）蕭統輯　（唐）李善注　明末毛氏汲古閣刻本　清朱彝尊跋　四冊

　　半葉十二行二十五字，小字雙行三十七字，白口，左右雙邊，單黑魚尾。框高21.7厘米，廣15.5厘米。存三十卷（八至二十二、三十一至三十八、五十四至六十）。藏印“朱彝尊”（白文）、“竹垞”（朱文）。版心題“汲古閣　毛氏正本”。

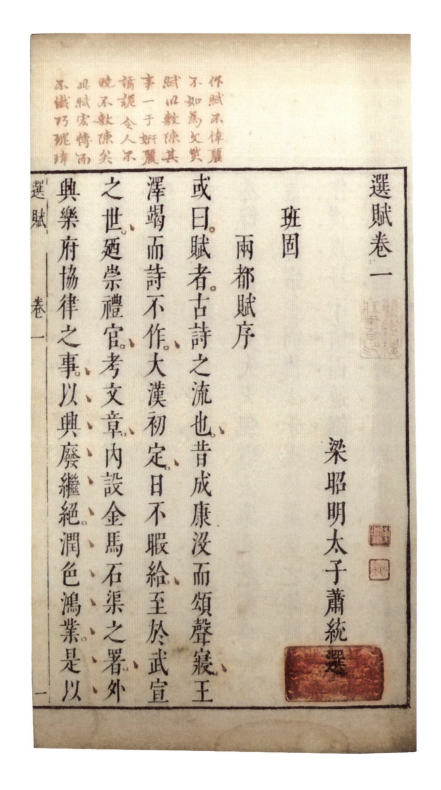

136 選賦六卷 （南朝梁）蕭統輯 （明）郭正域評點 明凌氏鳳笙閣刻朱墨套印本 六册

　　半葉八行十八字，白口，四周單邊。框高20.5厘米，廣14.5厘米。藏印"雙鑑樓藏書印"（朱文）、"沅叔"（朱文）、"傅增湘"（白文）、"耽書是宿緣"（朱文）、"猶龍"（朱文）。版心下題"閔刻選賦"。傅增湘舊藏。入選第二批《國家珍貴古籍名録》（06284）和第二批《山西省珍貴古籍名録》（00241）。

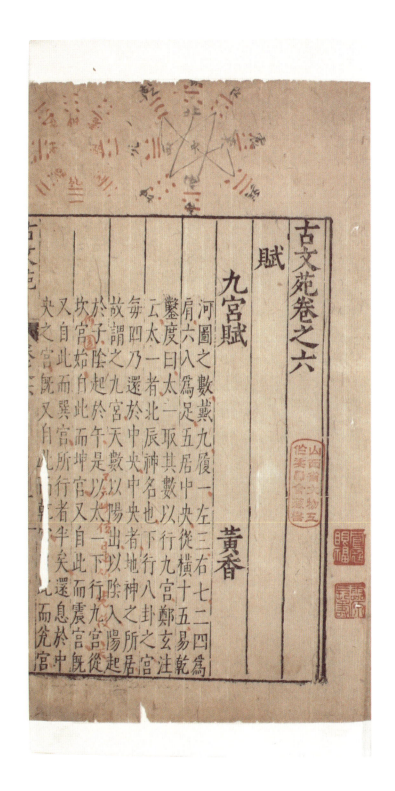

137　古文苑二十一卷　（宋）章樵注　明萬曆刻本　（清）傅山批校　一冊

　　半葉八行十八字，小字雙行同，白口，左右雙邊，單黑魚尾。框高 19.7 厘米，廣 13 厘米。存四卷（六至九）。藏印"靈原長壽"（朱文）、"鳳庭眼福"（白文）、"傅山之印"（白文）、"傅山印"（白文）、"傅眉印"（白文）。金鑲玉裝。清傅山舊藏。

138　詩紀一百五十六卷目録三十六卷　（明）馮惟訥輯　明萬曆吳琯、謝陞、陸弼、俞策刻本　四册

半葉九行十九字，小字雙行同，白口，四周雙邊，單黑魚尾。框高20.2厘米，廣13.6厘米。存十八卷（齊卷一至八、古逸卷一至十）。藏印"雙鑑樓藏書印"（朱文）、"傅沅叔藏書印"（朱文）、"李愈"（朱文）、"晞劼"（朱文）、"裨雅堂藏書記"（白文）。傅增湘舊藏。

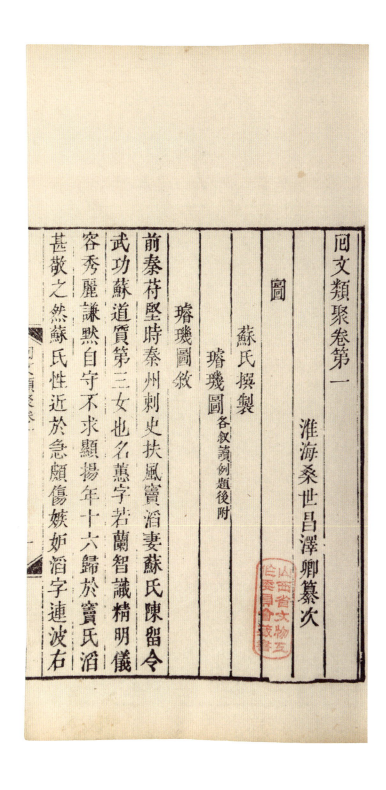

139　回文類聚四卷　（宋）桑世昌輯　續編十卷　（清）朱象賢輯　織錦回文圖一卷　（清）
朱象賢輯　清裕文堂刻本　八冊

　　半葉十行十九字，黑口，左右雙邊，雙對黑魚尾。框高17.2厘米，廣13.1厘米。內封題"回
文類聚　正續合鑴　內繪五彩織錦全圖　裕文堂藏版"。

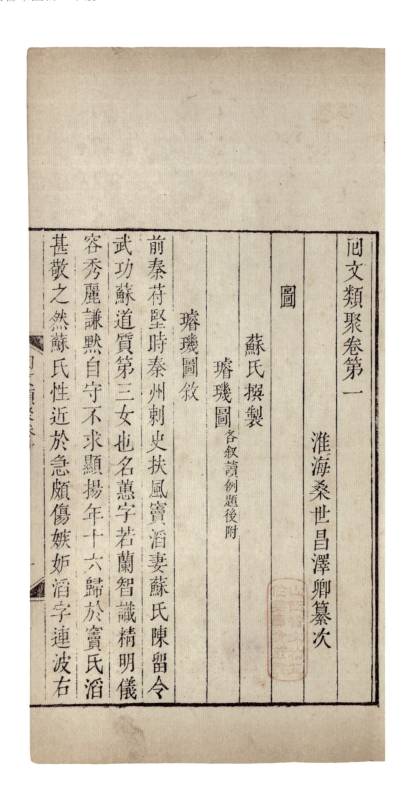

140 回文類聚四卷 （宋）桑世昌輯 續編十卷織錦回文圖一卷 （清）朱象賢輯 清麟玉堂刻本 八册

半葉十行十九字，黑口，左右雙邊，雙對黑魚尾。框高 17.4 厘米，廣 13 厘米。内封題"回文類聚 正續合鎸 内繪五彩織錦全圖 麟玉堂藏板"。版心下題"朱氏正本"。

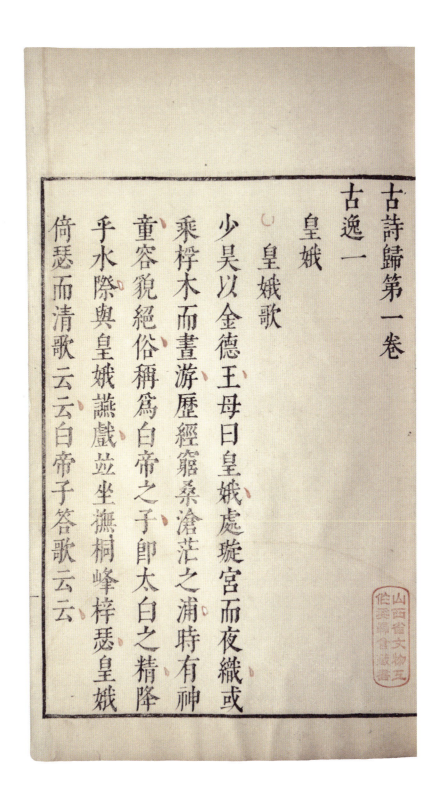

141 古詩歸十五卷 （明）鍾惺 （明）譚元春輯 明閔氏刻三色套印本 十六冊

半葉九行十八字，小字雙行同，白口，四周單邊。框高 20.2 厘米，廣 14 厘米。入選第三批《山西省珍貴古籍名錄》（00400）。

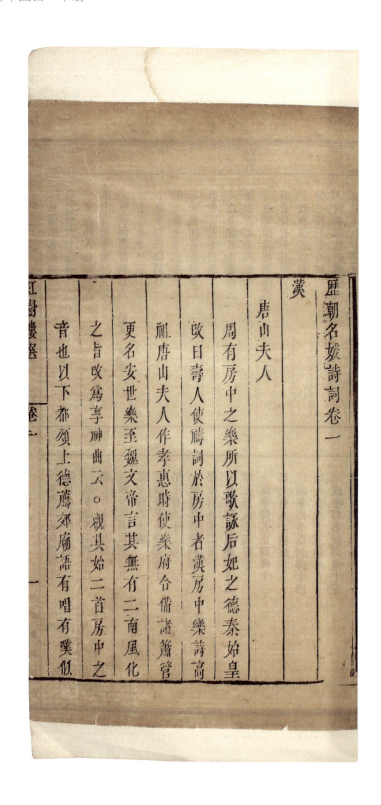

142　歷朝名媛詩詞十二卷　（清）陸昶輯　清乾隆三十八年（1773）紅樹樓刻本　佚名跋　八册

半葉九行十九字，白口，左右雙邊。框高 15.8 厘米，廣 14.5 厘米。金鑲玉裝。

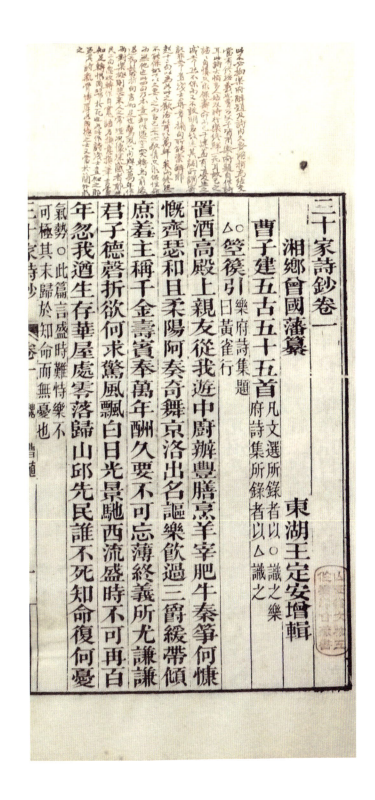

143 三十家詩鈔六卷 （清）曾國藩輯 （清）王定安增輯 清同治十三年（1874）傳忠書局
刻本 趙昌燮批注 六冊

　　半葉十行二十四字，粗黑口，左右雙邊，單黑魚尾。框高19.1厘米，廣14.2厘米。牌
記題"同治甲戌季秋傳忠書局校刊"。

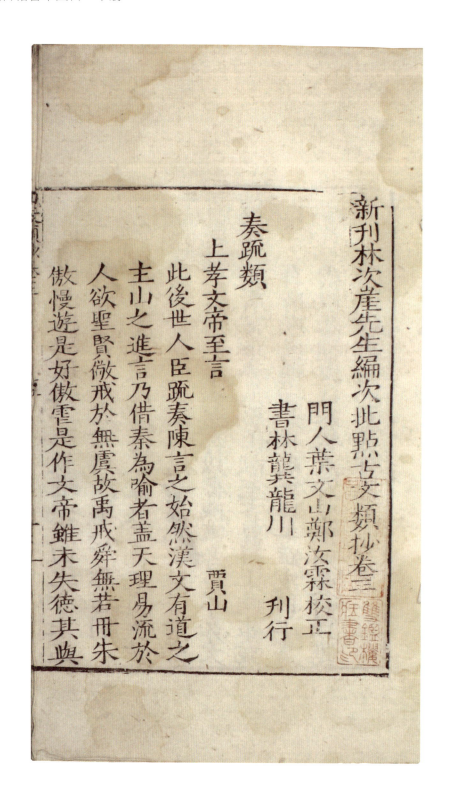

144 新刊林次崖先生編次批點古文類抄十二卷 （明）林希元輯　明刻本　五冊

　　半葉九行二十字，白口，四周單邊。框高 17.2 厘米，廣 13 厘米。存五卷（一、三、六、八至九）。藏印"雙鑑樓藏書印"（朱文）。傅增湘舊藏。

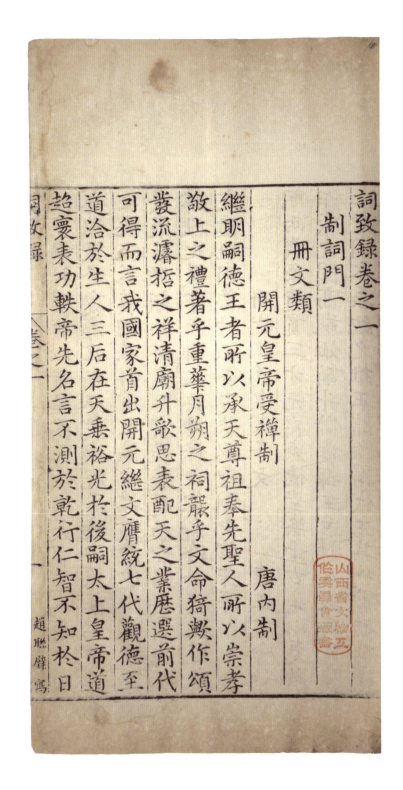

145　詞致録十六卷　（明）李天麟輯　明萬曆十五年（1587）刻本　清楊深秀跋　六冊

　　半葉十行二十字，白口，四周單邊，單白魚尾。框高20厘米，廣14厘米。存十二卷（一至十二）。藏印"深秀氏五品官身"（朱文）、"深秀"（白文）、"渾源田氏所藏"（白文）。版心下題寫工：趙聯壁、楊樹聲、郭之屏、郁士奇，刻工：朱軒、夏雲、陶汝成、陳木、陶惠等。

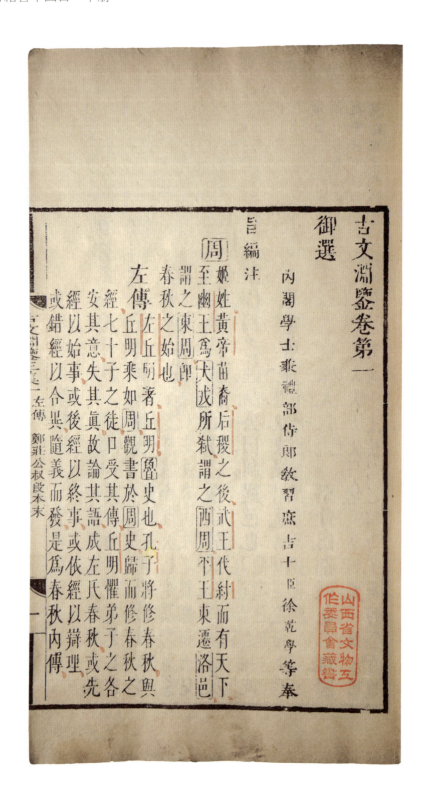

146　古文淵鑒六十四卷　（清）徐乾學等輯并注　清康熙二十四年（1685）內府刻五色套印本　十八冊

　　半葉九行二十字，小字雙行二十字，黑口，四周單邊，雙順黑魚尾。框高 19.1 厘米，廣 14.2 厘米。存四十九卷（一至四十九）。

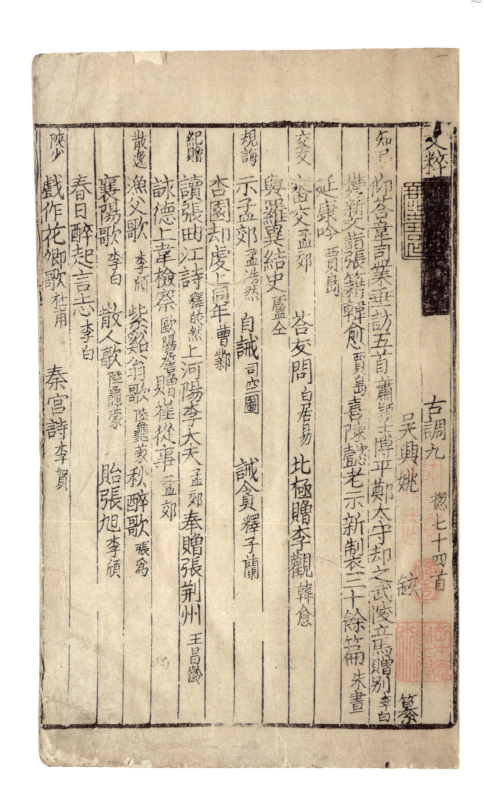

147　**文粹一百卷**　（宋）姚鉉輯　明初刻本　一冊
　　半葉十五行二十五字，白口，左右雙邊。框高 19.8 厘米，廣 14.1 厘米。存二卷（十六至十七）。有署名愚衍老題跋。

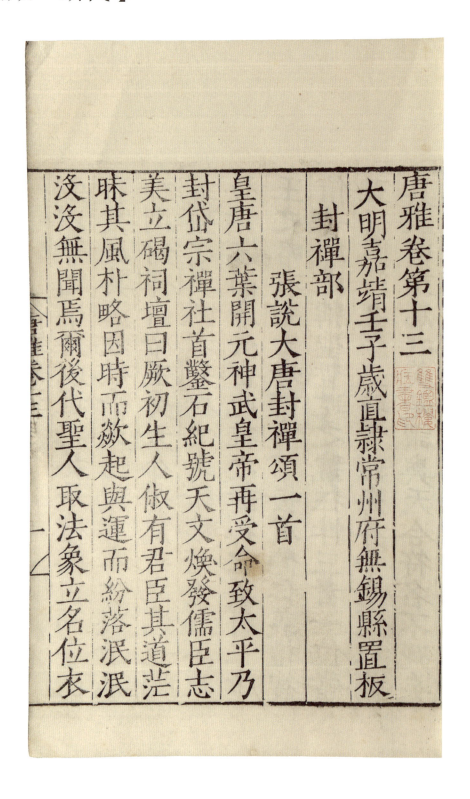

148　唐雅二十六卷　（明）張之象編　明嘉靖三十一年（1552）無錫縣刻本　三冊

　　半葉九行十七字，白口，左右雙邊，雙對白魚尾。框高 19.9 厘米，廣 15.9 厘米。存八卷（十三至十七、二十四至二十六）。藏印“雙鑑樓”（朱文）、“雙鑑樓藏書印”（朱文）、“傅沅叔藏書記”（朱文）。傅增湘舊藏。

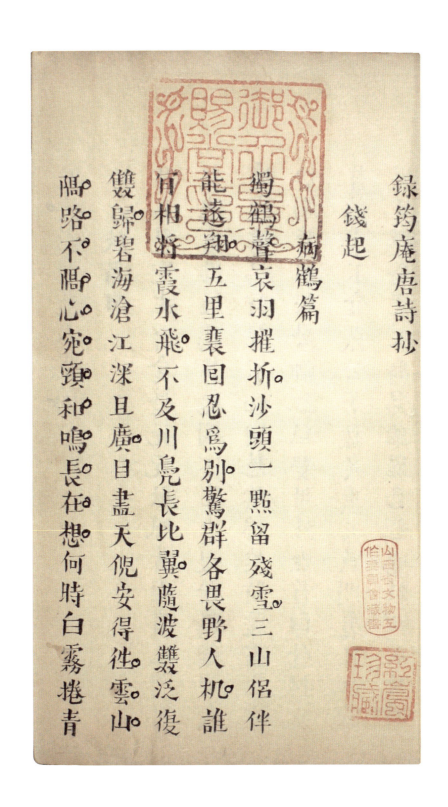

錄筠庵唐詩抄

錢起

病鶴篇

獨鶴聲哀羽摧折。沙頭一點留殘雪。三山侶伴
能遠翔。五里裵回忍爲別。驚群各畏野人机。誰
用相將。霞水飛不及。川原長比翼隨波雙汎復
雙歸。碧海滄江深且廣。目盡天倪安得徙雲山。
隔路不隔心。宛頸和鳴長在想。何時白霧捲青

149　綠筠庵唐詩抄不分卷　清初抄本　五冊

　　半葉十行十八字。無欄格。藏印“紅嵐珍藏”（朱文）、“御介景賜堂印”（朱文）。

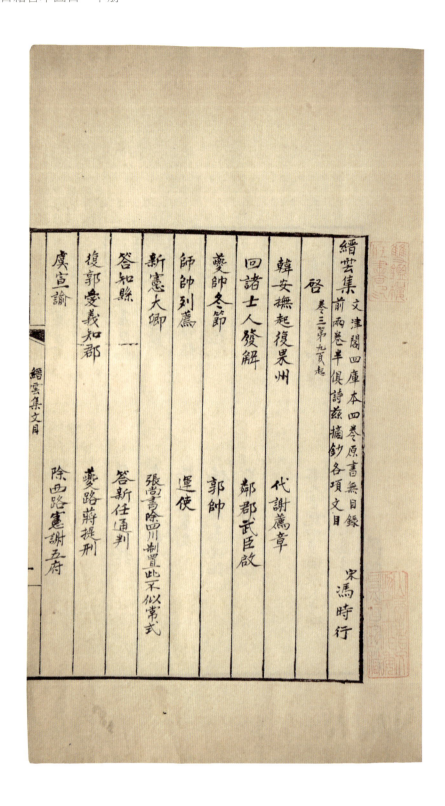

150　**九宋人目録不分卷**　民國傅氏雙鑑樓抄本　一册

　　半葉十行字不等，白口，四周單邊，單黑魚尾。框高 17.5 厘米，廣 13.4 厘米。藏印"傅沅叔藏書記"（朱文）、"雙鑑樓藏書印"（朱文）。欄外下鎸"藏園傅氏寫本""長春室寫本"。傅增湘舊藏。

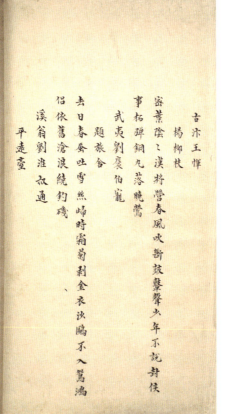

151　詩家鼎臠二卷　清抄本　一册

　　半葉十行二十字。無欄格。藏印"雙鑑樓藏書印"（朱文）、"藏園"（朱文）、"龍
龕精舍"（朱文）。傅增湘舊藏。

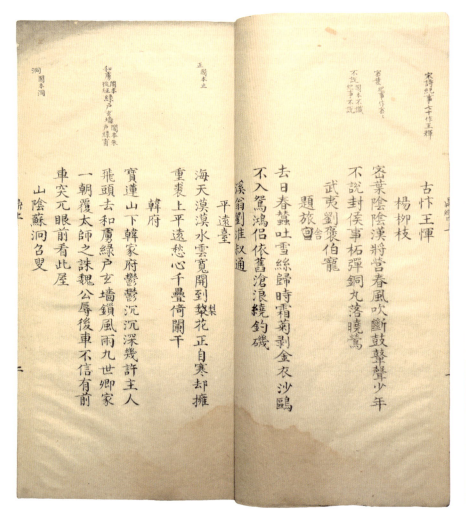

152 詩家鼎臠二卷 清咸豐七年（1857）勞權抄本 勞權、胡珽批校 二册（與《賈氏談録》合一册）

半葉九行十六字。無欄格。藏印"雙鑑樓藏書印"（朱文）、"傅沅叔藏書印"（朱文）、"沅叔手校"（朱文）。清咸豐七年勞權過録朱彝尊曝書亭舊抄本。傅增湘舊藏。

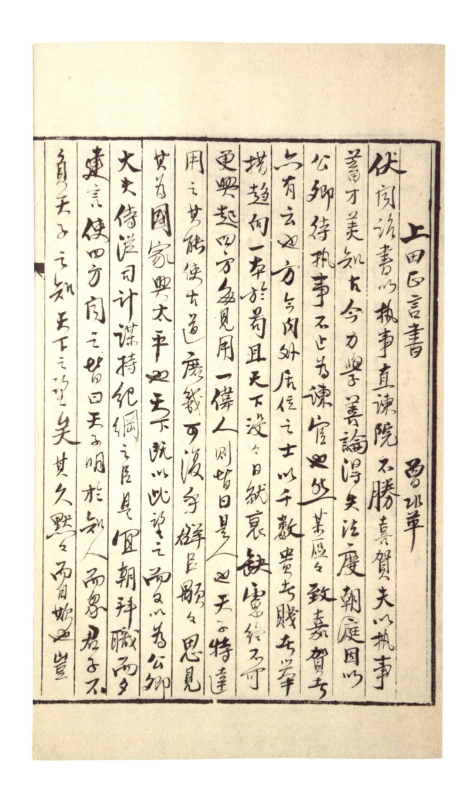

153　新刊國朝二百家名賢文粹三百卷　民國傅氏雙鑑樓抄本　朱筆批校　一冊

半葉十二行十八至二十四字，白口，左右雙邊，單黑魚尾。框高20厘米，廣14.8厘米。藏印"雙鑑樓藏書印"（朱文）。欄外下鎸"藏園傅氏寫本"。傅增湘舊藏。

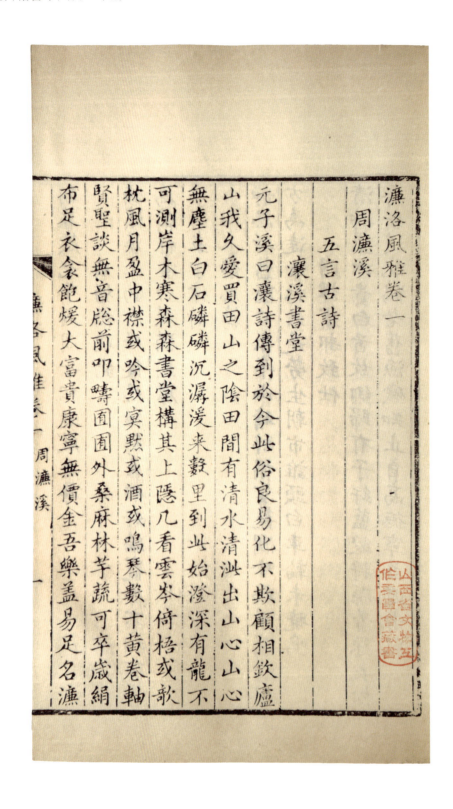

154　濂洛風雅八卷　（元）金履祥輯　清康熙四十七年（1708）張氏正誼堂刻本　二册

　　半葉十一行二十一字，白口，左右雙邊，單黑魚尾。框高20厘米，廣14厘米。内封題"濂洛風雅　大中丞儀封張公手定　正誼堂藏板"。版心下題"正誼堂"。

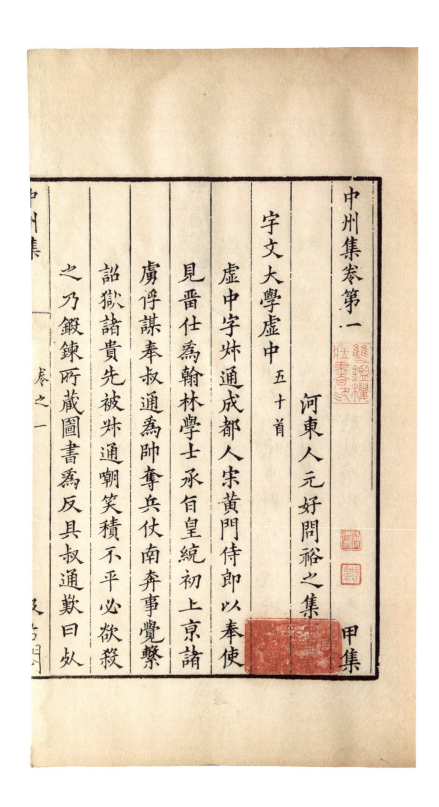

155 中州集十卷首一卷樂府一卷 （金）元好問輯 明末毛氏汲古閣刻本 十冊

　　半葉八行十九字，小字雙行同，白口，左右雙邊。框高 19 厘米，廣 13.5 厘米。藏印"雙鑑樓藏書印"（朱文）、"佩德齋珍藏印"（朱文）、"傅沅叔藏書記"（朱文）、"沅叔"（朱文）、"企驛軒"（白文）、"傅增湘"（白文）。版心下題"汲古閣"。傅增湘舊藏。

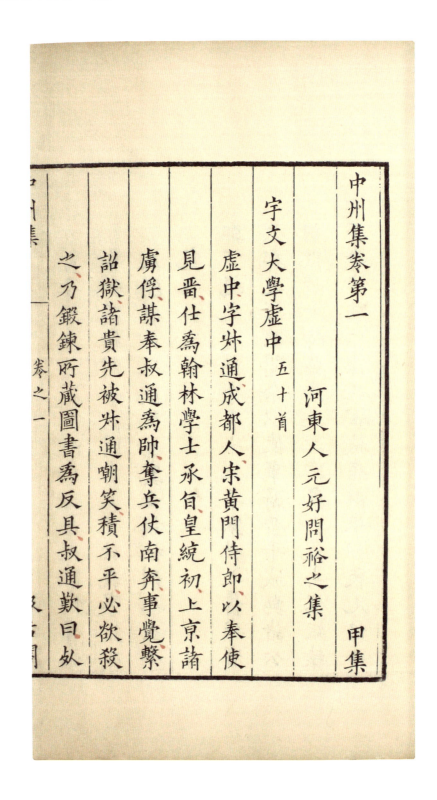

156　中州集十卷首一卷樂府一卷　（金）元好問輯　明末毛氏汲古閣刻本　十册

　　半葉八行十九字，小字雙行同，白口，左右雙邊。框高 19.1 厘米，廣 13.6 厘米。藏印"古吳陳氏藏書"（白文）、"沈似蘭印"（白文）、"寶坻顧氏慎齋藻鑒"（朱文）、"二褱收藏"（朱文）、"敬齋"（朱文）。版心下題"汲古閣"。

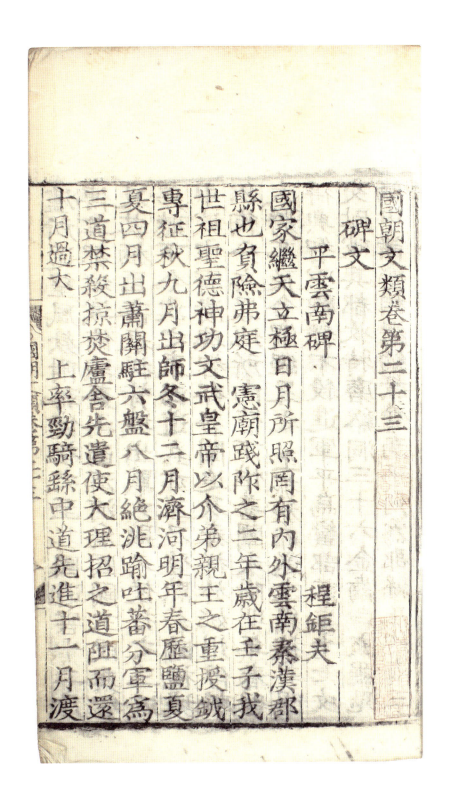

157　國朝文類七十卷目録三卷　　（元）蘇天爵輯　元至元至正間西湖書院刻明修本　八冊

半葉十行十九字，細黑口，左右雙邊，雙對黑魚尾。框高 21.6 厘米，廣 15.7 厘米。存十六卷（二十三至三十八）。藏印"雙鑑樓藏書印"（朱文）。傅增湘舊藏。入選第三批《國家珍貴古籍名録》（07241）和第三批《山西省珍貴古籍名録》（00339）。

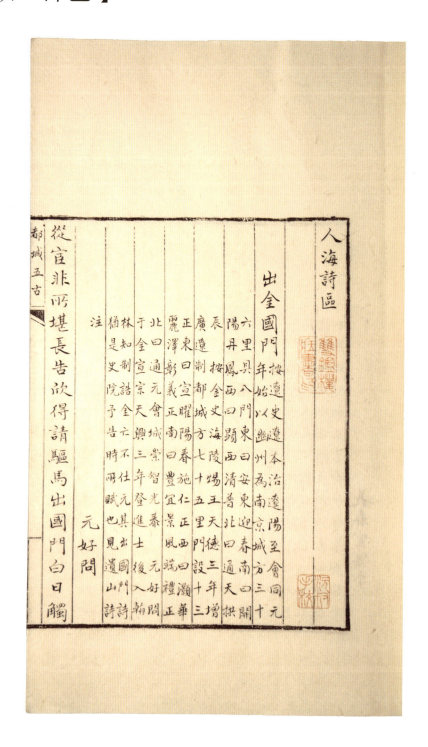

158　人海詩區四卷　民國傅氏雙鑑樓抄本　傅增湘題識　十六冊

　　半葉十行十八字，小字雙行同，黑口，四周單邊，單黑魚尾。框高16.7厘米，廣13.4厘米。藏印“雙鑑樓藏書印”（朱文）、“傅沅叔藏書記”（朱文）、“雙鑑樓”（朱文）、“彊庵”（朱文）、“增湘”（朱文）、“傅增湘藏書印”（朱文）、“沅叔校刊”（朱文）、“沅叔”（朱文）、“沅叔手校”（朱文）、“傅增湘”（白文）、“校書亦已勤”（白文）、“企驎軒”（白文）。民國雙鑑樓據趙元方家藏抄本轉錄。版框左下印“長春室寫本”。傅增湘舊藏。

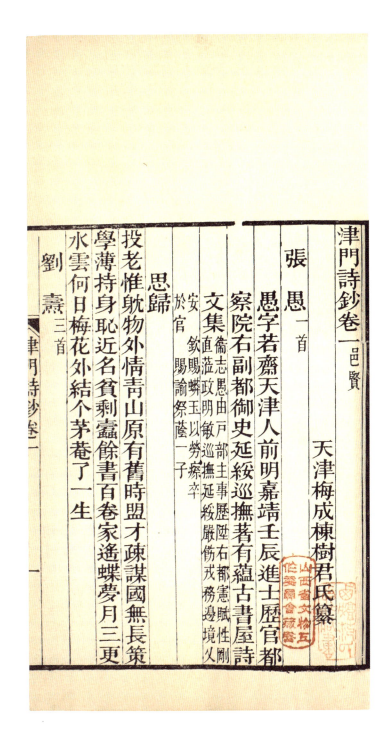

劉鬐 三首

　水雲何日梅花外結个茅菴了一生
　學薄持身恥近名貧剩蠹餘書百卷家遙蝶夢月三更
　投老惟躭物外情青山原有舊時盟才疎謀國無長策

思歸

安於官
欽賜蟒玉以勞瘁卒
賜諭諭察蔭一子

張愚 一首

文集

　察院右副都御史延綏巡撫著有蘊古書屋詩
　愚字若齋天津人前明嘉靖壬辰進士歷官都
篇志思由戶部主事歷陞右都憲賦性剛直涖政明敏巡撫延綏嚴飭戎務邊境乂

天津梅成棟樹君氏纂

津門詩鈔卷一 邑賢

159　津門詩鈔三十卷　（清）梅成棟輯　清道光四年（1824）思誠書屋刻本　十冊

半葉十二行二十一字，小字雙行同，白口，左右雙邊，單黑魚尾。框高18.6厘米，廣14.1厘米。藏印"西城范氏貞如藏書"（白文）。内封題"津門詩鈔　欲起竹間樓纂輯　思誠書屋藏板"。有牌記"道光十四年冬刊於兩廣節署"。范貞如舊藏。

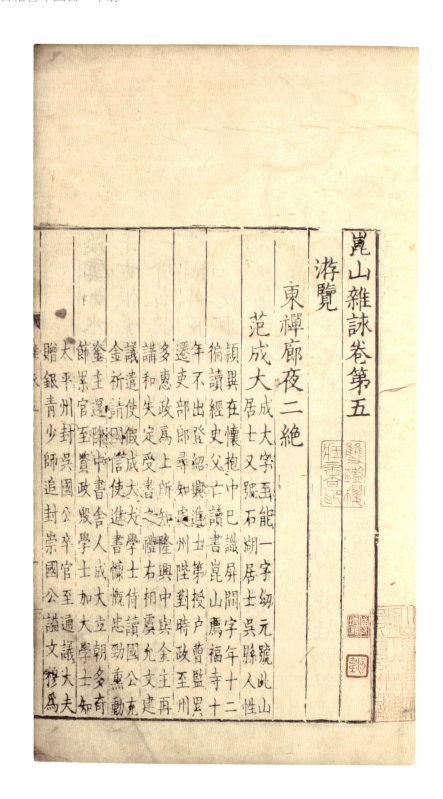

160　崑山雜詠二十八卷　（明）俞允文輯　明隆慶四年（1570）孟紹曾刻本　二册

　　半葉十行十八字，小字雙行同，白口，四周單邊，單黑魚尾。框高17.8厘米，廣12.3厘米。存十四卷（五至十一、十五至二十一）。藏印"雙鑑樓藏書印"（朱文）、"沅叔"（朱文）、"傅增湘"（白文）。傅增湘舊藏。

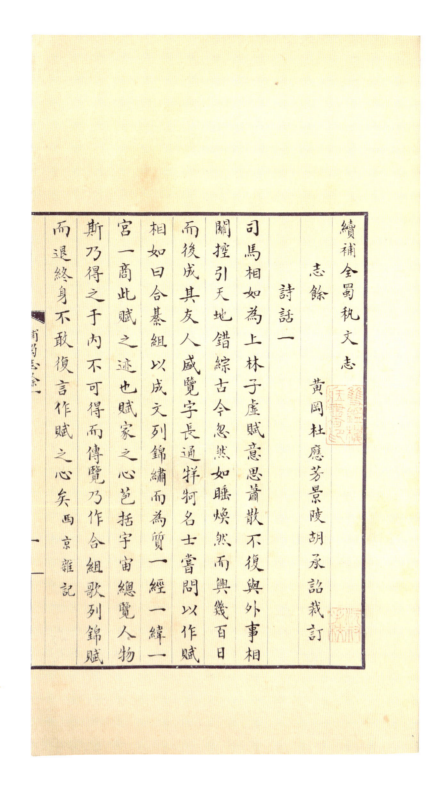

161　續補全蜀藝文志志餘十卷逸編一卷　（明）杜應芳　（明）胡承詔輯　民國傅氏雙鑑樓
抄本　傅增湘校　四冊

　　半葉十行二十字，細藍口，四周單邊，單藍魚尾。框高17.6厘米，廣13.2厘米。藏印"雙
鑑樓藏書印"（朱文）、"傅沅叔藏書印"（朱文）、"沅叔手校"（朱文）。欄外下鎸"藏
園傅氏寫本"。傅氏雙鑑樓據明抄本轉錄。傅增湘舊藏。

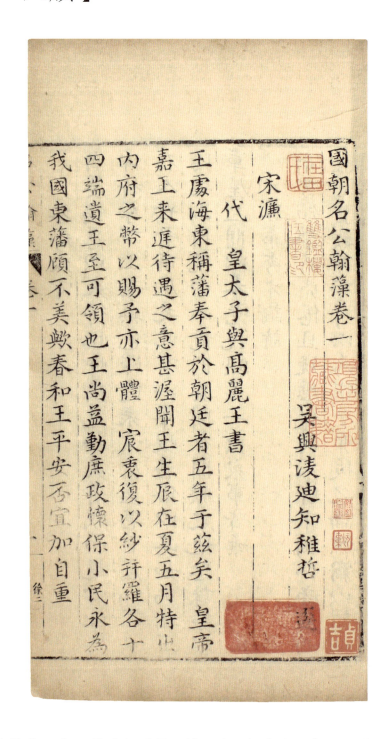

162　國朝名公翰藻五十二卷氏名爵里一卷　　（明）凌迪知輯　明萬曆十年（1582）刻本　十二册

　　半葉九行二十字，白口，四周單邊，單黑魚尾。框高20.8厘米，廣13.8厘米。存二十四卷（國朝名公翰藻卷一至二十四）。藏印"耕耘子"（白文）、"貞吉"（朱文）、"楊炯圖書"（白文）、"在田氏"（朱文）、"項芝房所藏書籍"（朱文）、"雙鑑樓藏書印"（朱文）、"沅叔"（朱文）、"蘆林"（朱文）、"傅沅叔藏書記"（朱文）、"企驎軒"（白文）、"傅增湘"（白文）。版心下題刻工：章右之、徐二、右之、顧言、彦、昂、士、子等。傅增湘舊藏。

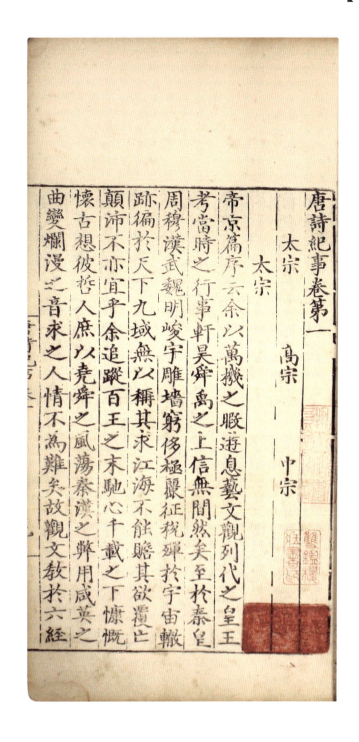

163　唐詩紀事八十一卷　　（宋）計有功撰　明嘉靖二十四年（1545）張子立刻本　十冊

　　半葉十行二十一字，白口，四周單邊。框高 19.5 厘米，廣 13.1 厘米。存三十七卷（一至三十七）。藏印"任邱邊氏"（白文）、"雙鑑樓藏書印"（朱文）、"傅沅叔藏書記"（朱文）。傅增湘舊藏。

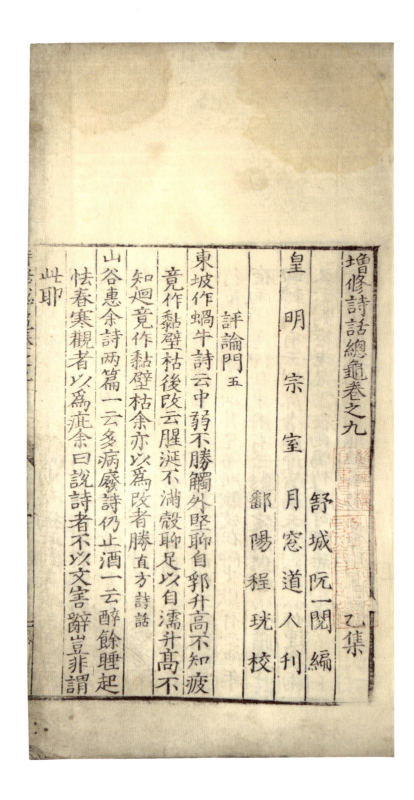

164　增修詩話總龜四十八卷後集五十卷　（宋）阮閱編　明嘉靖二十四年（1545）月窓道人
刻本　傅增湘題識　三冊

　　半葉十一行二十二字，白口，四周單邊，單黑魚尾。框高 17 厘米，廣 13.2 厘米。存
三十卷（增修詩話總龜卷九至三十八）。藏印"雙鑑樓藏書印"（朱文）、"沅叔"（朱文）、
"傅沅叔藏書印"（朱文）、"傅沅叔藏書記"（朱文）、"傅增湘"（白文）。傅增湘舊藏。

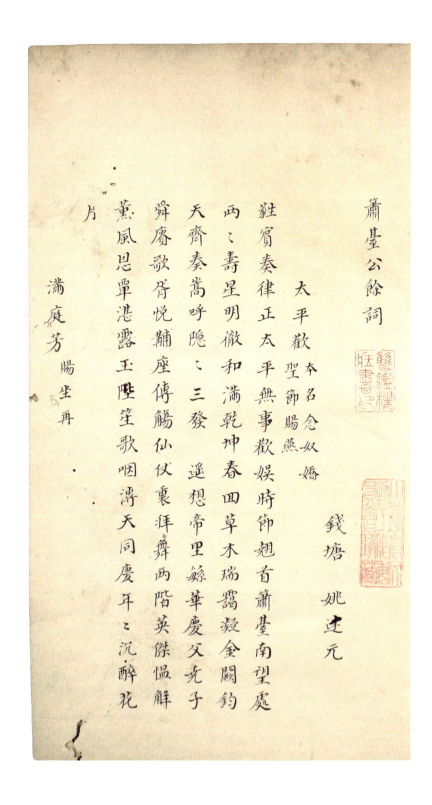

蕭臺公餘詞

錢塘　姚述堯

太平歡　本名念奴嬌

聖節賜燕

兩兩壽星明徹和滿乾坤春田草木瑞靄凝金闕鈞
致賓奏律正太平無事歡娛時節翹首蕭臺南望處
天齊奏嵩呼隱隱三發遙想帝里蘇華慶父堯子
舜廚歌脣悅黼座傳觴仙伏奉拜舜兩階英傑慍解
薰風思罩湛露玉堂笙歌咽漙天同慶年年沉醉花

片

滿庭芳　賜坐再

165　蕭臺公餘詞一卷　（宋）姚述堯撰　清抄本　一冊

　　半葉十行二十字。無欄格。藏印“雙鑑樓藏書印”（朱文）、“傅沅叔藏書記”（朱文）。
傅增湘舊藏。

657

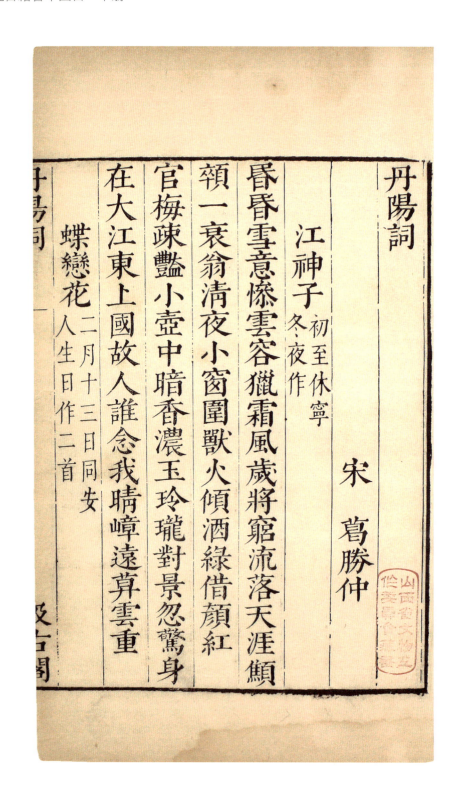

166　宋名家詞九十卷　（明）毛晉編　明崇禎毛氏汲古閣刻本　五册

　　存四卷（丹陽詞一卷、散花菴詞一卷、逃禪詞一卷、平齋詞一卷）。半葉八行十八字，白口，左右雙邊。框高 18.7 厘米，廣 14.4 厘米。藏印"貴陽趙氏壽花軒藏"（朱文）。版心下題"汲古閣"。

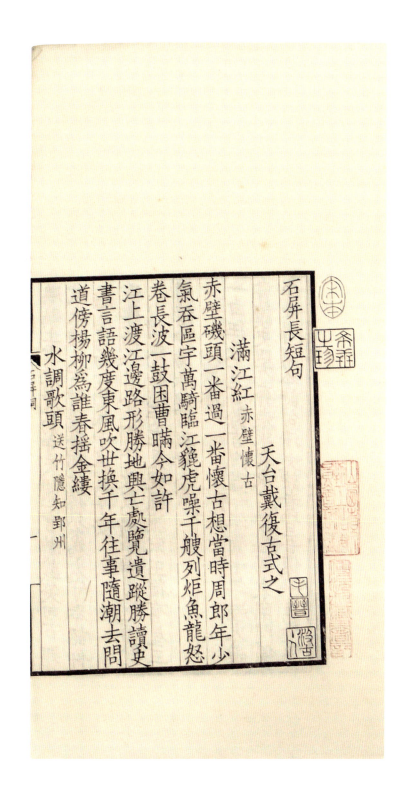

167　石屏長短句一卷　（宋）戴復古撰　梅屋詩餘一卷　（宋）許棐撰　明毛氏汲古閣影宋刻本　傅增湘題識　一冊

　　半葉十行十八字，粗黑口，左右雙邊，單黑魚尾。框高 18.1 厘米，廣 13.1 厘米。藏印"傅沅叔藏書記"（朱文）。傅增湘舊藏。

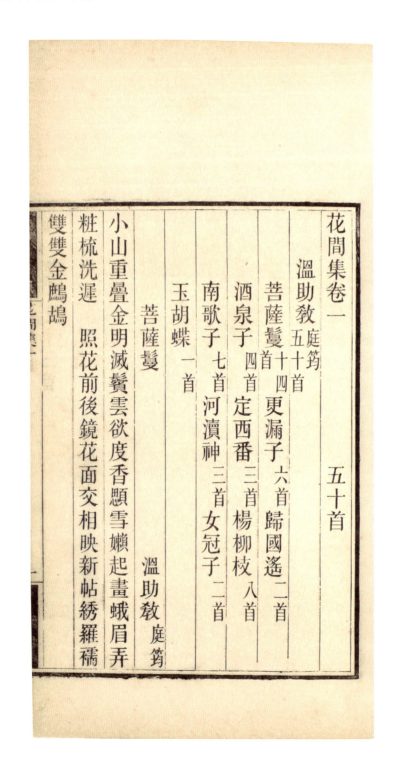

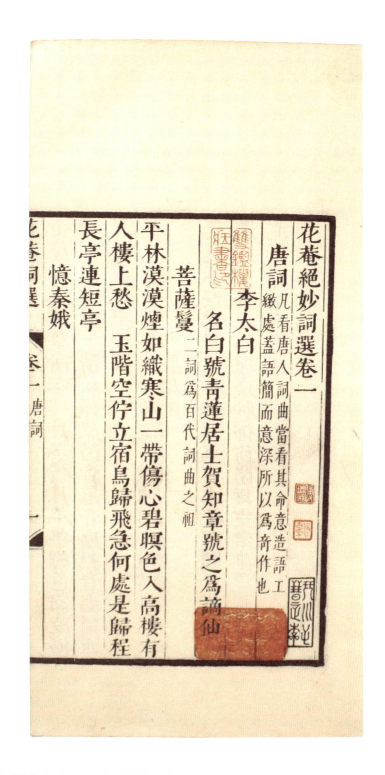

169 花庵絕妙詞選十卷中興以來絕妙詞選十卷 （宋）黃昇輯　明末毛氏汲古閣刻詞苑英華本　五册

半葉九行二十字，小字雙行同，白口，左右雙邊，雙對黑魚尾。框高17.8厘米，廣12.1厘米。藏印"雙鑑樓藏書印"（朱文）、"傅沅叔藏書記"（朱文）、"彀士"（朱文）、"古匋抱百城廛主人珍藏書畫印記"（朱文）、"沅叔"（朱文）、"傅增湘"（白文）、"企驎軒"（白文）。傅增湘舊藏。

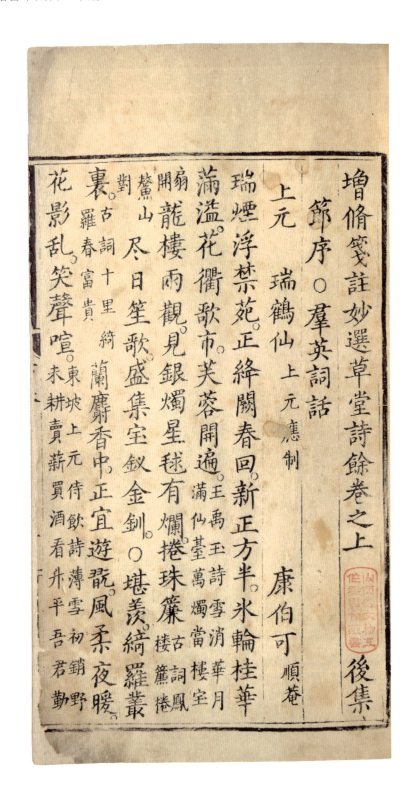

170　增脩箋註妙選群英草堂詩餘前集二卷後集二卷　（宋）何士信輯　明荆聚刻本　二册

　　半葉九行十八字，小字雙行同，黑口，四周雙邊，單黑魚尾。框高25.1厘米，廣16.1厘米。存二卷（後集二卷）。入選第三批《國家珍貴古籍名録》（09553）和第三批《山西省珍貴古籍名録》（00413）。

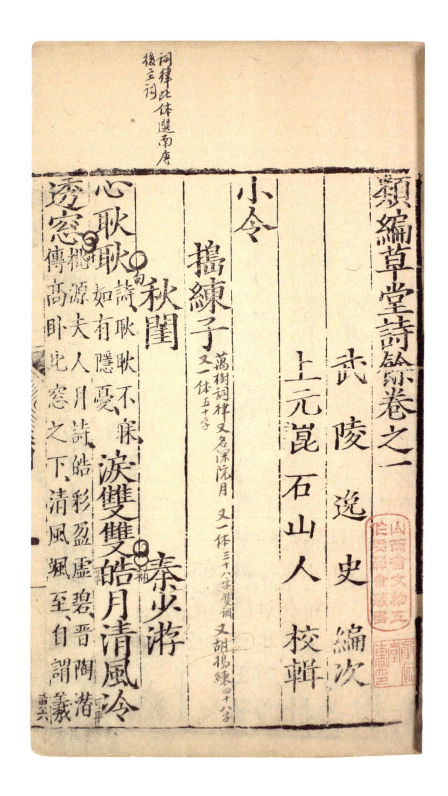

171　類編草堂詩餘四卷　（明）顧從敬編次　（明）崑石山人校輯　明刻致和堂印本　佚名批點　六冊

半葉八行十六字，小字雙行同，白口，四周單邊，單黑魚尾。框高17.1厘米，廣12.7厘米。藏印"心日園藏書印"（朱文）、"介休曹世藏書"（朱文）、"承裕堂曹印"（朱文）、"書倉故業"（白文）。內封題"新刻註釋　草堂詩餘　致和堂梓行"。版心下題字數。

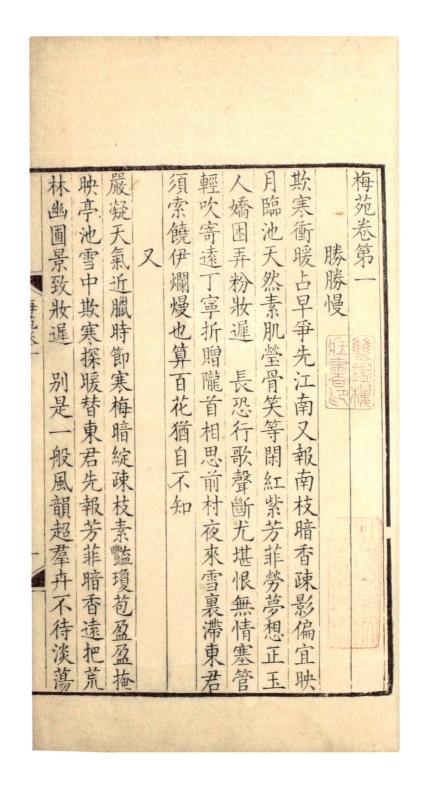

172 梅苑十卷 （宋）黃大輿輯　清乾隆三十一年（1766）揚州使院刻本　四冊

半葉十一行二十一字，白口，左右雙邊，雙對黑魚尾。框高 16.7 厘米，廣 11.8 厘米。藏印"雙鑑樓藏書印"（朱文）、"傅沅叔藏書記"（朱文）。卷末鐫"棟亭藏本丙戌九月重刊於揚州使院"。傅增湘舊藏。

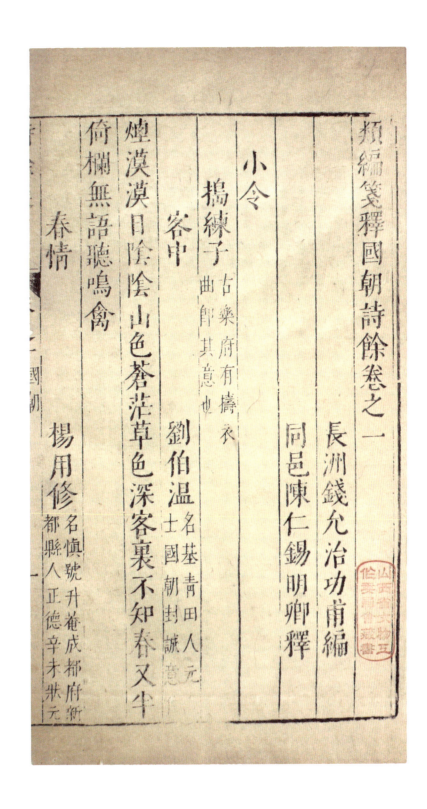

173 類編箋釋國朝詩餘六卷 （明）錢允治輯 （明）陳仁錫釋 明萬曆四十二年（1614）
刻本 四冊

　　半葉九行二十字，小字雙行同，白口，左右雙邊，單黑魚尾。框高22.6厘米，廣14.2厘米。
藏印"寶坻顧氏慎齋藻鑒"（朱文）。

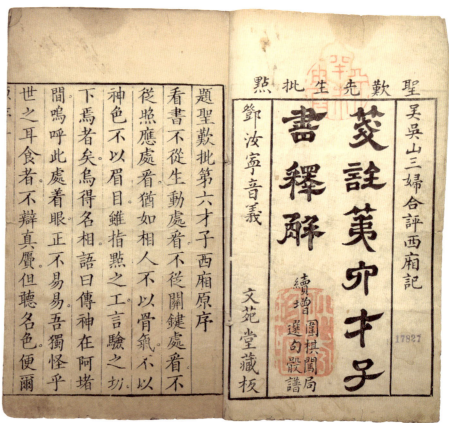

174 增補箋註繪像第六才子書西廂釋解八卷 （元）王生 （明）湯顯祖等輯 清文苑堂刻本 六冊

　　半葉十行二十二字，小字雙行同，白口，左右雙邊，單黑魚尾。框高20.3厘米，廣13.1厘米。藏印"映秀珍藏"（白文）。內封題"聖歎先生批點　吳吳山三婦合評西廂記　箋註第六才子書釋解　續增圍棋闖局　選句骰譜　鄧汝寧音義　文苑堂藏板"。版心下題"文苑堂"。

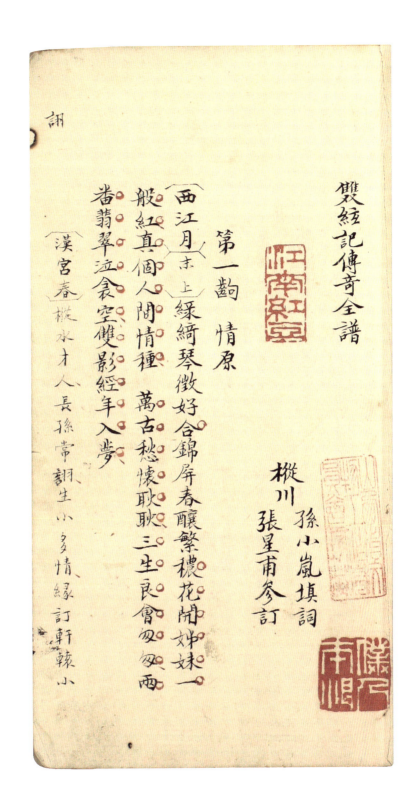

175　雙絃記傳奇全譜十六齣　（清）孫小嵐填詞　（清）張星甫參訂　清道光十七年（1837）抄本　一冊

　　半葉八行二十二字，小字雙行同，白口，左右雙邊。藏印"未免有情"（朱文）、"琴秋珍藏"（朱文）、"江南紅豆"（朱文）。

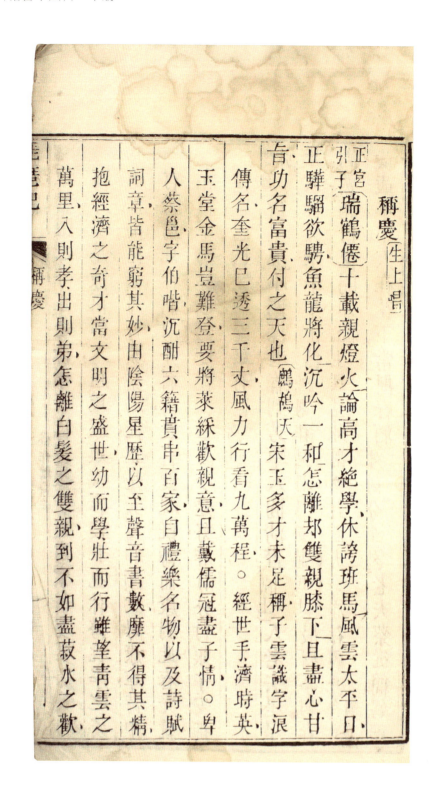

176 琵琶記十六齣 （元）高明撰 清初刻審音鑒古録本 一册

半葉十行二十四字，白口，四周雙邊，單黑魚尾。框高24厘米，廣15厘米。藏印"雙鑑樓藏書印"（朱文）。書名據目録題名著録。有圖。傅增湘舊藏。

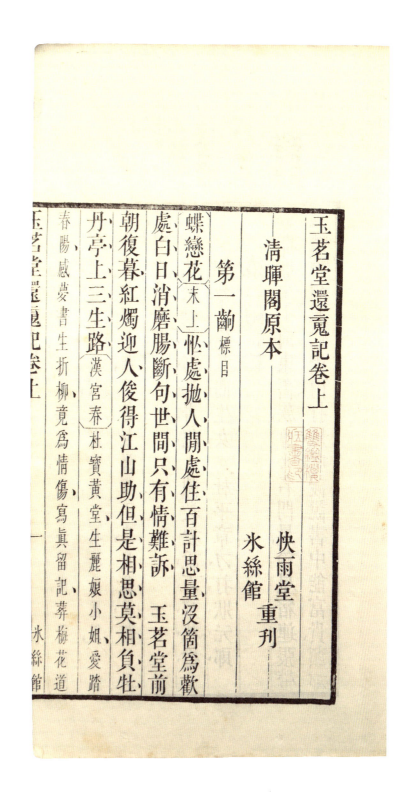

177　玉茗堂還魂記二卷　（明）湯顯祖撰　清乾隆五十年（1785）冰絲館刻本　二冊

　　半葉九行二十字，白口，四周單邊。框高 21 厘米，廣 13.3 厘米。眉欄鐫評。藏印"雙鑑樓藏書印"（朱文）。內封題"玉茗堂還魂記　清暉閣原本　乾隆乙巳年　冰絲館增圖重梓"。有圖。版心下題"冰絲館"。傅增湘舊藏。

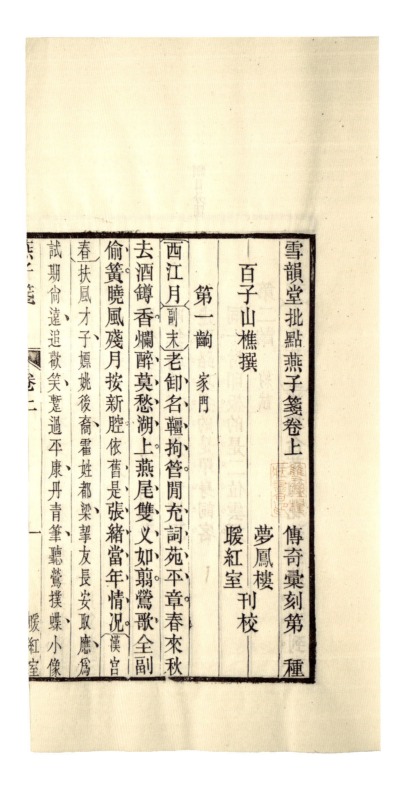

178　雪韻堂批點燕子箋二卷　（明）阮大鋮撰　清宣統二年（1910）貴池劉氏暖紅室刻彙刻傳奇本　二册

　　半葉九行二十字，白口，四周單邊，單黑魚尾。框高 19.2 厘米，廣 12.7 厘米。版心下題 "暖紅室摩德壽堂原圖" "暖紅室" "暖紅室德壽堂原本" 等。藏印 "江安傅沅叔藏書記"（朱文）、"雙鑑樓藏書印"（朱文）、"傅沅叔藏書記"（朱文）。傅增湘舊藏。

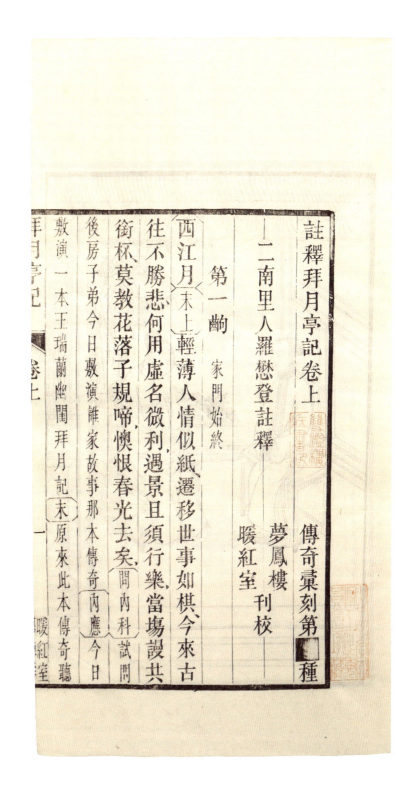

179　註釋拜月亭記二卷　（明）羅懋登注釋　清宣統元年（1909）貴池劉氏暖紅室刻彙刻傳奇本　二冊

半葉九行二十字，白口，四周單邊，單黑魚尾。框高 20.2 厘米，廣 12.8 厘米。

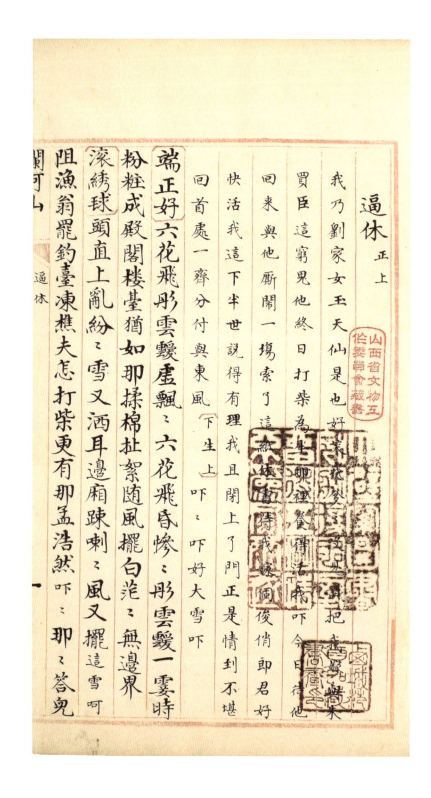

180　三十二種曲不分卷　清抄本　十六册

半葉十行二十四字，小字雙行同，白口，四周雙邊，單紅魚尾。框高 23.8 厘米，廣 15.3 厘米。藏印"西城范貞如藏書畫印"（朱文）。范貞如舊藏。

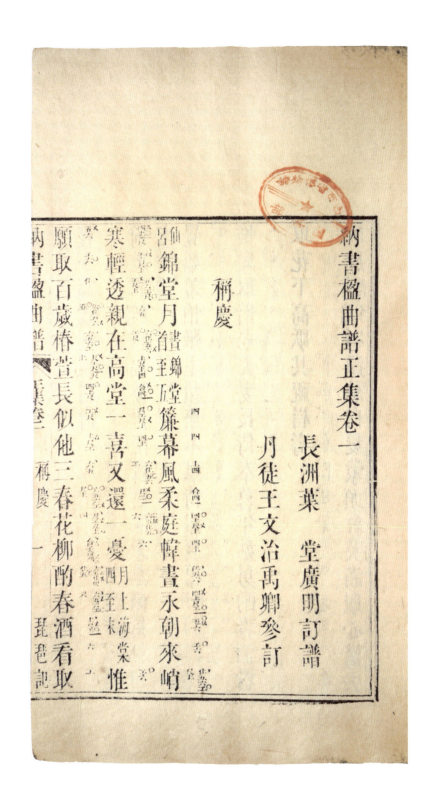

181　納書楹曲譜正集四卷續集四卷補遺四卷外集二卷納書楹玉茗堂四夢曲譜八卷　（清）葉
堂撰　清乾隆五十七年至五十九年（1792-1794）葉氏納書楹刻本　二十四冊
　　半葉六行十八字，白口，四周雙邊，單黑魚尾。框高 19.2 厘米，廣 14.2 厘米。

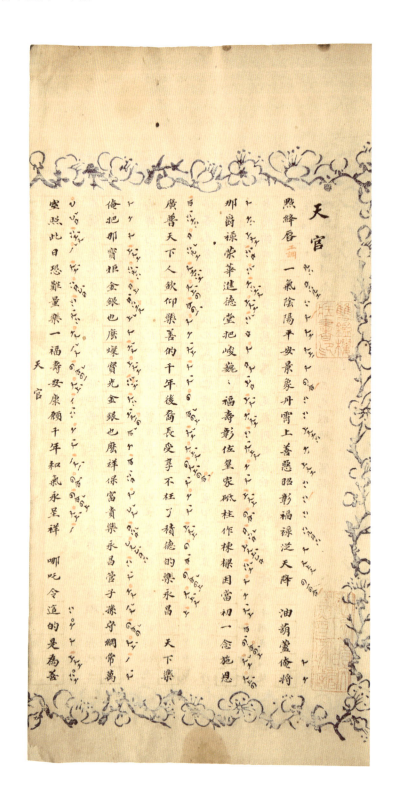

182 曲譜不分卷 （清）汪穎泉正曲　清道光抄本　朱筆圈點　二冊

　　半葉五行三十字，白口，花邊。框高 23.5 厘米，廣 15 厘米。藏印"雙鑑樓"（朱文）、
"雙鑑樓藏書印"（朱文）、"傅沅叔藏書記"（朱文）。傅增湘舊藏。

叢　部

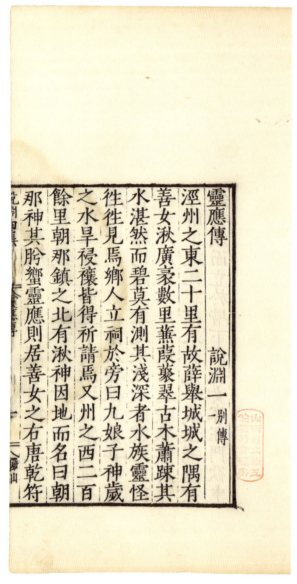
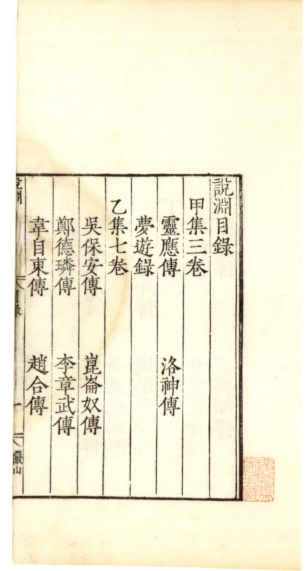

1 古今説海一百三十五種一百四十二卷 （明）陸楫等編　明嘉靖二十三年（1544）陸楫儼山書院雲山書院刻本　佚名題跋　八册

　　半葉八行十六字，白口，左右雙邊，單白魚尾。框高17厘米，廣12.3厘米。存一種六十四卷（説淵部別傳家六十四卷）。藏印"黃紹齋家珍藏"（朱文）。版心下題"儼山書院"。黃紹齋舊藏。

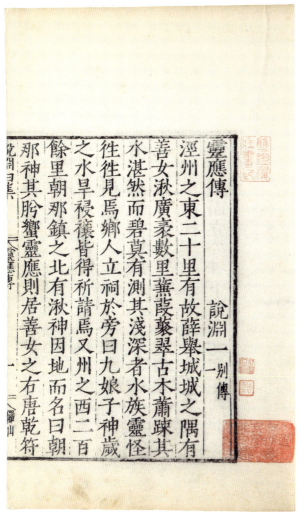

2　古今説海一百三十五種一百四十二卷　　（明）陸楫等編　明嘉靖二十三年（1544）陸楫儼
山書院雲山書院刻本　八冊

　　半葉八行十六字，白口，左右雙邊，單白魚尾。框高 17.1 厘米，廣 12.2 厘米。存一種
六十四卷（説淵部別傳家六十四卷）。藏印"宛平王氏家藏"（白文）、"雙鑑樓藏書印"（朱
文）、"傅增湘"（白文）、"沅叔"（朱文）、"企驎軒"（白文）、　"佩德齋珍藏印"
（朱文）、"傅沅叔藏書記"（朱文）。版心下題"儼山書院"。傅增湘舊藏。

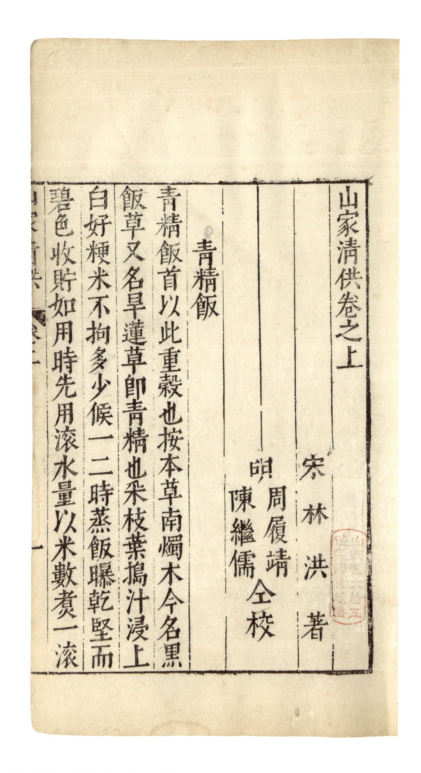

3　夷門廣牘一百七種一百六十五卷　（明）周履靖編　明萬曆二十五年（1597）金陵荆山書林刻本　七册

　　半葉九行十八字，白口，四周單邊，單黑魚尾。框高20厘米，廣14.1厘米。存十六種二十二卷（山家清供二卷、水品全秩二卷、茶品要錄一卷、茶寮記一卷附一卷、詩牌譜一卷、丸經二卷、觔陣篇一卷、禽經一卷、獸經一卷、相鶴經一卷、魚經一卷、蠶書一卷、蠶經二卷、宋明名公和陶詩一卷、中峯禪師梅花百咏一卷、茹草編卷三至四）。

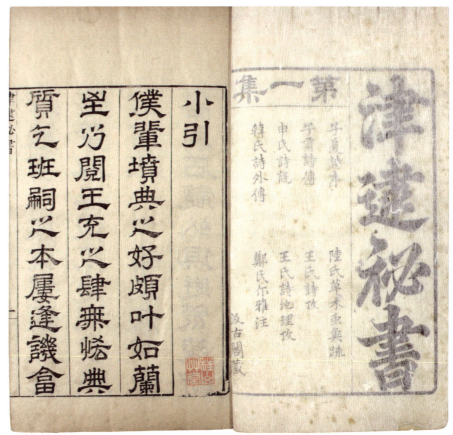

4　津逮秘書十五集一百四十一種七百四十八卷

釋 元包數總義二卷 （宋）張行成撰 周易舉正三卷 （唐）郭京撰題 麻衣道者正易心法一卷 （宋）麻衣道者撰

第三集

通鑑地理通釋十四卷 （宋）王應麟撰 通鑑問疑一卷 （宋）劉義仲撰 小學紺珠十卷 （宋）王應麟撰 齊民要術十卷 （北魏）賈思勰撰 急就篇四卷雜説一卷 （漢）史游撰 （唐）顏師古注 （宋）王應麟音釋 漢制攷四卷 （宋）王應麟撰

第四集

佛説四十二章經一卷 （漢）釋迦葉摩騰竺法蘭譯 （宋）釋守遂注 道德指歸論六卷 （漢）嚴遵撰 青烏先生葬經一卷 （漢）青烏子撰 （金）兀欽仄注 葬經翼一卷 （明）繆希雍撰 古本葬經内篇一卷 （金）兀欽及注 葬圖一卷雜解二十四篇一卷 周髀算經二卷 （漢）趙爽注 （北周）甄鸞重述 （唐）李淳風等注釋 吾義一卷 （宋）李籍撰 數術記遺一卷 （漢）徐岳撰 （北周）甄鸞注 黃帝授三子玄女經一卷 胎息經一卷 （□）幻真先生注 風后握奇經一卷 （漢）公孫弘解 握奇經續圖一卷 八陣總述一卷 （晉）馬隆撰 耒耜經一卷 （唐）陸龜蒙撰 五木經一卷 （唐）李翱撰 （唐）元革注 女孝經一卷 （唐）鄭□撰 九經二卷 （元）佚名撰 通占大象曆星經二卷 忠經一卷 （漢）馬融撰 （漢）鄭玄注 黃帝宅經二卷 （□）佚名注 墨經一卷 （宋）晁貫之撰 古文參同契集解一卷箋注集解一卷三相 類集解一卷 （漢）魏伯陽撰 （明）蔣一彪輯

第五集

全唐詩話六卷 （宋）尤袤撰 六一詩話一卷 （宋）歐陽修撰 滄浪詩話一卷 （宋）嚴羽撰 後山詩話一卷 （宋）陳師道撰題 彦周詩話一卷 （宋）許顗撰 二老堂詩話一卷 （宋）周必大撰 紫薇詩話一卷 （宋）吕本中撰 石林詩話一卷 （宋）葉夢得撰 中山詩話一卷 （宋）劉邠撰 竹坡詩話一卷 （宋）周紫芝撰 續詩話一卷 （宋）司馬光撰

第六集

法書要録十卷 （唐）張彦遠撰 東觀餘論二卷附録一卷 （宋）黄伯思撰 廣川書跋十卷 （宋）董逌撰 宣和書譜二十卷 （宋）佚名撰

第七集

圖畫見聞志六卷 （宋）郭若虛撰 歷代名畫記十卷 （唐）張彦遠撰 古畫品録一卷 （南齊）謝赫撰 續畫品録一卷 （唐）李嗣真撰 宣和畫譜二十卷 （宋）佚名撰 圖繪寶鑒六卷補遺一卷 （元）夏文彦撰 （明）韓昂續 後畫録一卷 （唐）釋彦悰撰 續畫品一卷 （南朝陳）姚最撰 畫繼十卷 （宋）鄧椿撰 畫史一卷 （宋）米芾撰

第八集

詩品三卷 （南朝梁）鍾嶸撰 詩品二十四則一卷 （唐）司空圖撰 風騷旨格一卷 （唐）釋齊己撰 芥隱筆記一卷 （宋）龔頤正撰 冷齋夜話十卷 （宋）釋惠洪撰 西溪叢語二卷 （宋）姚寬撰 益部方物略記一卷 （宋）宋祁撰 捫虱新話十五卷 （宋）陳善撰 歲華記麗四卷 （唐）韓鄂撰 王藥辨證一卷 （宋）周必大撰 桯史十五卷附録一卷 （宋）岳珂撰 泉志十五卷 （宋）洪遵撰

第九集

酉陽雜俎二十卷續集十卷 （唐）段成式撰 甘澤謠一卷附録一卷 （唐）袁郊撰 本事詩一

卷 （唐）孟棨撰 誠齋雜記二卷 （元）林坤撰 五色綫二卷 （宋）佚名撰 却掃編三卷 （宋）徐度撰 劇談録二卷 （唐）康駢撰 琅嬛記三卷 （元）伊世珍撰 輟耕録三十卷 （元）陶宗儀撰

第十集

洛陽伽藍記五卷 （北魏）楊衒之撰 佛國記一卷 （晉）釋法顯撰 洛陽名園記一卷 （宋）李格非撰 靈寶真靈位業圖一卷 （南朝梁）陶弘景撰 東京夢華録十卷 （宋）孟元老撰 西京雜記六卷 （晉）葛洪撰 大唐創業起居注三卷 （唐）溫大雅撰 老學菴筆記十卷 （宋）陸游撰 漢雜事秘辛一卷 （漢）佚名撰 康熙玉堂雜記三卷 （宋）周必大撰 焚椒録一卷 （遼）王鼎撰 唐國史補三卷 （唐）李肇撰

第十一集

搜神記二十卷 （晉）干寶撰 搜神後記十卷 （晉）陶潛撰 録异記八卷 （前蜀）杜光庭撰 稽神録六卷拾遺一卷 （宋）徐鉉撰 周氏冥通記四卷 （南朝梁）陶弘景撰 异苑十卷 （南朝宋）劉敬叔撰

第十二集

東坡題跋六卷 （宋）蘇軾撰 山谷題跋九卷 （宋）黃庭堅撰 無咎題跋一卷 （宋）晁補之撰 宛丘題跋一卷 （宋）張耒撰 淮海題跋一卷 （宋）秦觀撰 鶴山題跋七卷 （宋）魏了翁撰 放翁題跋六卷 （宋）陸游撰 姑溪題跋二卷 （宋）李之儀撰 石門題跋二卷 （宋）釋德洪撰 西山題跋三卷 （宋）真德秀撰

第十三集

六一題跋十一卷 （宋）歐陽修撰 元豐題跋一卷 （宋）曾鞏撰 水心題跋一卷 （宋）葉適撰 益公題跋十二卷 （宋）周必大撰 後邨題跋四卷 （宋）劉克莊撰 止齋題跋二卷 （宋）陳傅良撰 魏公題跋一卷 （宋）蘇頌撰 晦菴題跋三卷 （宋）朱熹撰 海岳題跋一卷 （宋）米芾撰 容齋題跋二卷 （宋）洪邁撰

第十四集

樂府古題要解二卷 （唐）吳兢撰題 癸辛雜識前集一卷後集一卷續集二卷別 集二卷 （宋）周密撰 紹興內府古器評二卷 （宋）張掄撰 揮塵前録四卷後録十一卷三録三卷餘話二卷 （宋）王明清撰

第十五集

夢溪筆談二十六卷 （宋）沈括撰 湘山野録三卷續録一卷 （宋）釋文瑩撰 春渚紀聞十卷 （宋）何薳撰 齊東野語二十卷 （宋）周密撰 茅亭客話十卷 （宋）黃休復撰 錦帶書一卷 （南朝梁）蕭統撰 河南邵氏聞見前録二十卷 （宋）邵伯溫撰 河南邵氏聞見後録三十卷 （宋）邵博撰 避暑録話二卷 （宋）葉夢得撰 貴耳集三卷 （宋）張端義撰］

（明）毛晉輯 明崇禎毛氏汲古閣刻本 二百册

　　半葉九行十九字，小字雙行十八字，白口，左右雙邊。框高 19.3 厘米，廣 14.2 厘米。《通鑑地理通釋》爲八行十九字，小字雙行同；《齊民要術》爲九行十八字，小字雙行同；《青烏先生葬經》《古本葬經內篇》《洛陽伽藍記》均爲白口，四周單邊。版心下題"緑君亭""汲古閣"等。

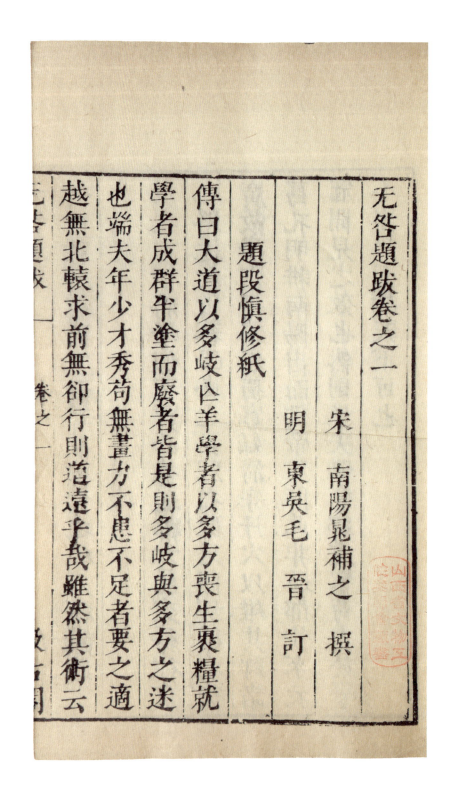

5　津逮秘書十五集一百四十一種七百四十八卷　（明）毛晉輯　明崇禎毛氏汲古閣刻本（有抄配）　六冊

　　半葉八行十九字，白口，左右雙邊。框高 19 厘米，廣 13.5 厘米。存七種十七卷（無咎題跋一卷、宛丘題跋一卷、淮海題跋一卷、鶴山題跋七卷、姑溪題跋二卷、石門題跋二卷、西山題跋三卷）。藏印"統鈞之印"（白文）、"仲衡氏"（白文）。版心下題"汲古閣"。

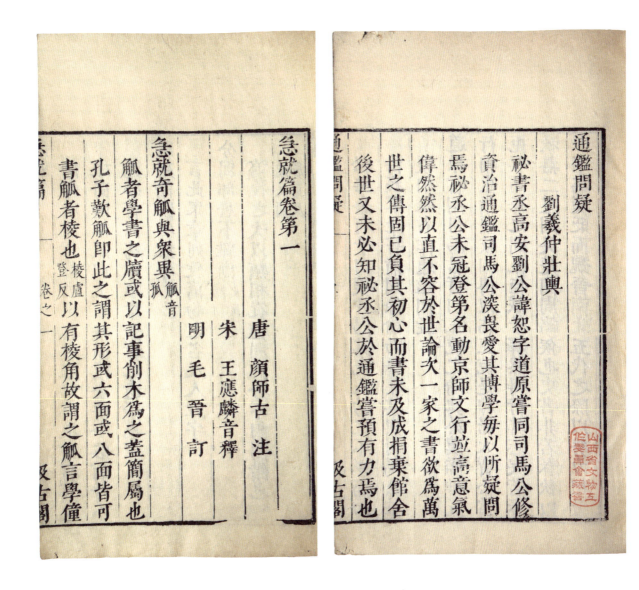

6　津逮秘書十五集一百四十一種七百四十八卷　（明）毛晉輯　明崇禎毛氏汲古閣刻本　一冊

半葉八行十九字，小字雙行同，白口，左右雙邊。框高 19 厘米，廣 13.5 厘米。存二種

五卷（通鑑問疑一卷、急就篇四卷）。版心下題"汲古閣"。

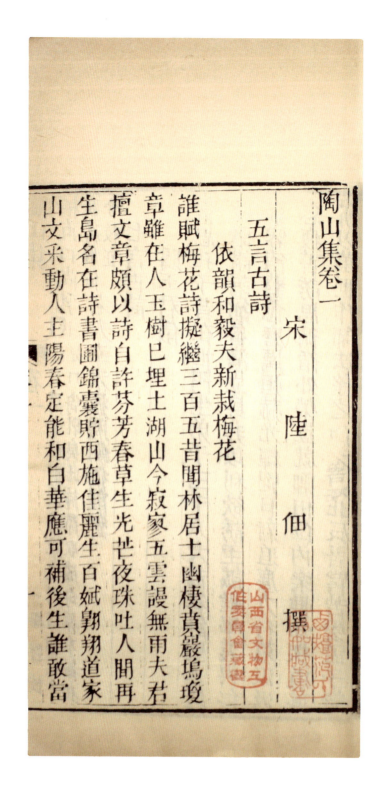

7　武英殿聚珍版全書　清乾隆福建翻刻武英殿活字印聚珍版書道光遞修本　八册

　　半葉九行二十一字，白口，四周雙邊，單黑魚尾。框高 19 厘米，廣 12.5 厘米。存二種三十四卷（陶山集十六卷、止堂集十八卷）。版心下題"吳舒幃校""彭紹觀校""繆晉校""穀際岐校""劉躍雲校""宋炳垣校""項家達校"等。藏印"西城范氏貞如藏書"（朱文）、"貞如"（朱文）。范貞如舊藏。

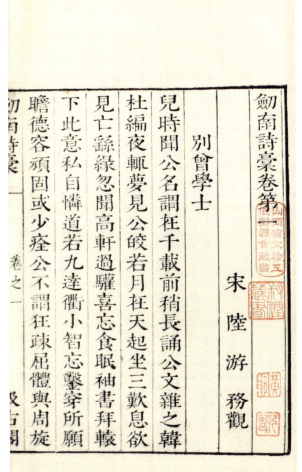

8　陸放翁全集六種一百五十七卷　［渭南文集五十卷　劍南詩稿八十五卷　放翁逸稿二卷　南唐書十八卷　家世舊聞一卷　齋居紀事一卷］　（宋）陸游撰　明末毛氏汲古閣刻本　四十八册

　　半葉八行十八字，白口，左右雙邊。框高21.2厘米，廣14.5厘米。藏印"黃氏次歐所藏"（白文）、"古芸書屋"（白文）、"叔潤藏書"（朱文）、"潘叔潤圖書記"（朱文）、"玉筍"（朱文）、"古吳潘介祉叔潤氏收藏印記"（朱文）、"潘介祉印"（白文）、"古吳潘念慈收藏印記"（朱文）、"念慈"（白文）、"渾源田氏所藏"（白文）。版心下題"汲古閣"。潘介祉舊藏。

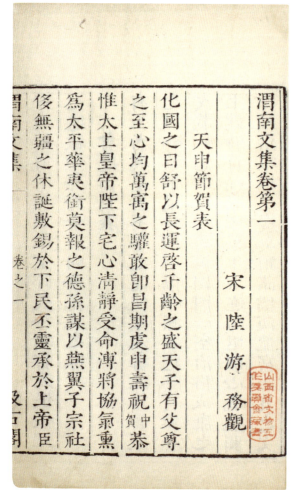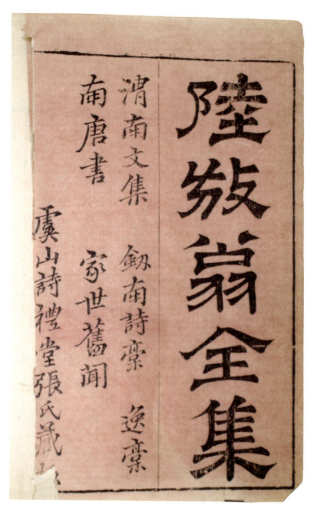

9　陸放翁全集六種一百五十七卷　［渭南文集五十卷　劍南詩稿八十五卷　放翁逸稿二卷　南唐書十八卷　家世舊聞一卷　齋居紀事一卷］（宋）陸游撰　明毛氏汲古閣刻清虞山張氏詩禮堂印本　四十八册

　　半葉八行十八字，小字雙行同，白口，左右雙邊。框高18.8厘米，廣14.8厘米。內封題"陸放翁全集　渭南文集　劍南詩稿　逸稿　南唐書　家世舊聞　虞山詩禮堂張氏藏板"。版心下題"汲古閣"。藏印"淵照樓藏書記"（朱文）、"聚星樓"（朱文）、"元叔藏書"（朱文）。傅增湘舊藏。

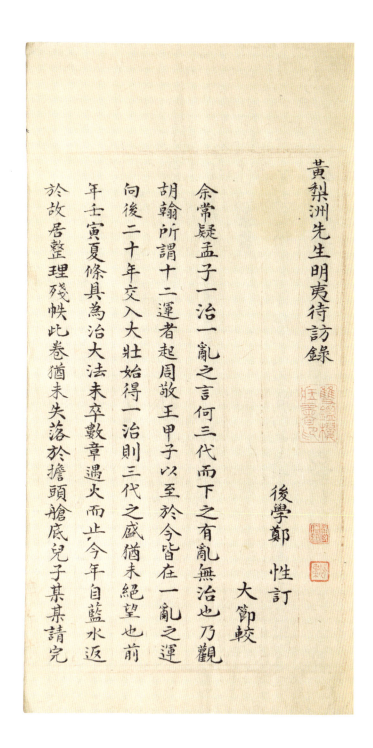

10　黄黎洲先生遺書三種三卷　［明夷待訪録一卷　留書一卷　思舊録一卷］　（明）黄宗義撰　清醉竹軒抄本　清方來氏　傅增湘題識　一册

　　半葉八行二十五字，白口，四周雙邊，單紅魚尾。框高20.8厘米，廣13.2厘米。藏印"雙鑑樓"（朱文）、"沅叔"（朱文）、"雙鑑樓藏書印"（朱文）、"傅沅叔藏書記"（朱文）、"佩德齋珍藏印"（朱文）、"佩德齋"（朱文）、"企驎軒"（白文）、"傅增湘"（白文）、"忠謨讀書"（白文）、"晉生心賞"（白文）。版心下題"醉竹軒"。書名據題簽著録。傅增湘舊藏。

書名索引

五畫

十畫

十一畫

十二畫

十三畫

十四畫

二十二畫

二十三畫

二十四畫

著者索引

八畫

後　記

　　公元 1919 年，在新文化思潮影響之下，山西教育圖書博物館創立。其責任是："廣搜中外教育品及教育圖書而陳列之，以資公衆觀覽，促進教育之普及及進步。"各類古籍圖書成爲博物館徵集和收藏的重要組成部分，頗爲可觀。

　　百年滄桑，白雲蒼狗，斗轉星移，博物館幾度易名。這批古籍圖書流離失所，輾轉他藏，散佚嚴重。中華人民共和國成立後，百廢俱興，山西圖書館與山西博物館分家，版本比較珍貴的圖書留藏博物館。其後又通過徵集收購和接受捐贈，纍積古籍圖書近 6000 餘部約 7 萬册，藏於山西省文物工作委員會資料室。

　　"文革"十年浩劫，這批古籍圖書也受波及，所幸損傷有限。但圖書資料工作癱瘓，大多古籍圖書没有書目登記。祇有 606 部 5043 册善本古籍有簡單的目録信息，還有少量的書目卡片，但無法與古籍圖書一一對應。

　　2005 年，山西博物院承繼山西省博物館正式開館，山西博物院圖書館隨即開始籌建。山西省文物局資料室收藏的古籍圖書正式入藏山西博物院圖書館。

　　山西博物院圖書館成立以來，全體員工投入全力整理這批珍貴的古籍。到 2007 年基本就緒，圖書館正式開始接待讀者。2008 年，山西博物院圖書館入選第一批國家古籍重點保護單位，有 49 部古籍入選一至五批《國家珍貴古籍名録》，67 部古籍入選《山西省珍貴古籍名録》。

　　2014 年，山西省文物局啓動"山西省文物保護科學和技術研究"課題，開展"山西博物院古籍善本整理、研究與編目"工作。山西博物院圖書館詳細整理采集 635 種古籍善本版本相關信息，查找資料進行研究審核鑒定。此次《山西博物院古籍善本書目》按確定的體例格式完稿，邀請古籍版本專家李致忠先生作序，最終以圖目形式出版。這是山西博物館事業近百年來的第一次，意義自不待言。

　　谷錦秋爲課題負責人，全體業務人員參與了本書的編撰工作。承擔各部類編撰的人員有，經部：周君平、谷錦秋；史部：肖君、李鳳琴、谷錦秋；子部：暢遠恒、田智紅、柴斌峰；集部：李鳳琴、肖君；叢部：柴斌峰。在該課題研究過程中，國家圖書館古籍館陳紅彥副館長與國家圖書館的李堅、趙前、李文潔、唱春蓮等專家一道，對我院古籍善本書目進行終審，對殘損難已確定的古籍現場鑒定，使版本信息更加準確，謹此鳴謝！

山西博物院學術委員會主任　渠傳福

2017 年 9 月